知识领航财富人生

舵手俱乐部 www.duoshou108.com

日内交易入门

【美】杰克·伯恩斯坦 著

张梦雅 施 游 译

山西出版传媒集团
山西人民出版社

图书在版编目(CIP)数据

日内交易入门／(美)杰克·伯恩斯坦著；张梦雅，施游译. --太原：山西人民出版社，2017.11
ISBN 978-7-203-09863-8

Ⅰ.①日… Ⅱ.①杰… ②张… ③施… Ⅲ.①证券交易—通俗读物 Ⅳ.①F830.91-49

中国版本图书馆 CIP 数据核字(2016)第 317119 号

Jake Bernstein
All About Day Trading
0-07-177860-8
Copyright© [2014] by McGraw-Hill Education.
All Rights reserved. No part of this publication may be reproduced or transmitted in any form or by any means, electronic or mechanical, including without limitation photocopying, recording, taping, or any database, information or retrieval system, without the prior written permission of the publisher.
This authorized Chinese translation edition is jointly published by McGraw-Hill Education and SHANXI PEOPLE'S PUBLISHING HOUSE.This edition is authorized for sale in the People's Republic of China only, excluding Hong Kong, Macao SAR and Taiwan.
Copyright© [2017] by McGraw-Hill Education and SHANXI PEOPLE'S PUBLISHING HOUSE.
版权所有。未经出版人事先书面许可，对本出版物的任何部分不得以任何方式或途径复制或传播，包括但不限于复印、录制、录音，或通过任何数据库、信息或可检索的系统。
本授权中文简体字翻译版由麦格劳-希尔(亚洲)教育出版公司和山西人民出版社合作出版。此版本经授权仅限在中华人民共和国境内(不包括香港特别行政区、澳门特别行政区和台湾)销售。
版权© [2017]由麦格劳-希尔(亚洲)教育出版公司与山西人民出版社所有。
本书封面贴有 McGraw-Hill Education 公司防伪标签，无标签者不得销售。

著作权合同登记号　图字：04-2016-045

日内交易入门

著　　者：	(美)杰克·伯恩斯坦
译　　者：	张梦雅　施　游
责任编辑：	薛正存
复　　审：	魏美荣
终　　审：	张文颖

出 版 者：	山西出版传媒集团·山西人民出版社
地　　址：	太原市建设南路 21 号
邮　　编：	030012
发行营销：	0351-4922220　4955996　4956039　4922127(传真)
天猫官网：	http://sxrmcbs.tmall.com　电话:0351-4922159
E-mail　：	sxskcb@163.com　发行部
	sxskcb@126.com　总编室
网　　址：	www.sxskcb.com

经 销 者：	山西出版传媒集团·山西人民出版社
承 印 者：	大厂回族自治县德诚印务有限公司
开　　本：	710mm×1000mm　1/16
印　　张：	16
字　　数：	180 千字
印　　数：	1—4100 册
版　　次：	2017 年 11 月　第 1 版
印　　次：	2017 年 11 月　第 1 次印刷
书　　号：	ISBN 978-7-203-09863-8
定　　价：	48.00 元

如有印装质量问题请与本社联系调换

"舵手经典证券图书" 开篇序

20个世纪末,随着中国证券投资市场的兴起,我们怀揣梦想与激情,开创了"舵手证券图书"品牌,为中国投资者分享最有价值的投资思想与技术。

世界经济风云变幻,资本市场牛熊交替,我们始终秉承"一流作者创一流作品"方针,与约翰&威立、培生教育、麦格-劳希尔、哈里曼、哈珀&科林斯等世界著名出版机构合作,引进了一批畅销全球的金融投资著作,涵盖了股票、期货、外汇、基金等主要投资领域。

时光荏苒,初心不改,我们将一如既往地与您分享专业而丰富的投资类作品。我们以书交友,与天南海北的读者成为朋友,收获信任、支持。许许多多投资者成为我们的老师、知己,给予我们真诚的赞许、批评、建议。更有一些资深人士由此成为我们的编辑、翻译、评审,这一切我们感念于心。

我们希望与每位投资者走得更近,我们希望以"舵手投资学院"的方式,给每位读者一个反馈和深化学习的家园,一个交流探索的新平台。我们邀请作者进驻我们的投资交流论坛(www.duoshou108.com),

为读者答疑解惑，交流切磋。在这里，您可以与华尔街投资大师亲密接触；在这里，您可以与全国最聪明投资者同台炫技；在这里，您可以体验全球最新投资技术课程；在这里，必将因为有您而伟大！

前　言

所有日内交易者，不论是"菜鸟"还是老手，所面对的任务，不是越来越容易，而是越来越难，因为这个交易竞赛在一分一秒中变得更为激烈。对手不仅来自其他日内交易者，还有整个业务领域的专业交易者们。对冲基金、高频交易者、有数年交易经验的老手们，在执行、进出交易的时间和能力方面，无疑具备更大的优势，他们付出的佣金更低，甚至还能知道一般人不能获得的信息。如果你发现自己每天花很多时间在日内交易上，但到头来所获的利润比在麦当劳里打工挣的钱多不了多少，那很明显你已朝着错误的方向发展了。

改变一下你所做的事吧，仔细审视一下整个交易过程：看到你的错误，理解你为何在此处犯错，分析你的交易顺序。你需要记录你所做的事（请确保你有本交易日记），列明你为何做这个交易、进入的规则、退出的规则、进入的价格、退出的价格以及与你决策过程相关的所有细节。

从表面上看，更低的佣金、信息的快速传播、先进的交易分析软件和更快的交易执行，都有助于投资者们获得更多的利润和更大的成功，但那些只是外因，不断完善理论体系，不断更新投资理念，不断提高交易技能，才是在市场中立于不败之地的根本保证。我相信，一个更公平的竞争平台是会出现的，只要通过适当的程序和有效的学习。

为了帮你更有效地学习日内交易、更全面地掌握交易技能，我撰写了《日内交易入门》这本书：除了关于日内交易的方法和流程，我还在书中列举了大量材料，包括日内交易中该做和不该做的事，以及交易心理或行为的描述。需要注意的是，到目前为止，交易行为已成为交易链条上最薄弱的一环，如果投资者无法控制情绪、制定铁的纪律、保持完美的组织以及持有足够的资本，那就无法从日内交易中持续获利。

我把《日内交易入门》这本书献给成千上万想进入这一日内交易投资游戏，并怀远大目标和乐观期望的人们；客观地讲，我所讲述的东西和我所用的方法，不是百用百灵的，但它们有良好的结构、逻辑和客观性，书中所述策略和方法能为"保底"的成功做出贡献。

虽然我已经在《日内交易入门》里提供了尽可能具体、详尽的日内交易方法及案例，包括我在过去 40 年的交易生涯中所遇到的案例与总结出的论点，但最终，如何实施的任务，在于读者自己，也就是说，你的任务才是难点——你必须以纪律、耐心与持续来实施所有方法。日内交易的技术是呈几何级加速发展的，今后必将涌现许多新的工具和方法，在不断学习和使用新技术、新方法的过程中，你一定要做到：开始时要有足够的资本；交易得少一些，不贪多；系统化；遵循自己的规则；利润最大化。

如果我能改变一个投资者的命运，助其成功，我会有十足的成就感；如果我没有改变投资者的命运，但至少启发了其思考，引导其提高交易利润，那也是我莫大的荣幸！

目 录

引　言　诱惑、神话和魔法／1

第1章　什么是日内交易／7

第2章　为什么要进行日内交易／11

第3章　如何进行日内交易（一）／19

第4章　如何进行日内交易（二）／31

第5章　如何进行日内交易（三）／53

第6章　移动平均线通道在日内交易中的应用／65

第7章　股票、期货和外汇日内交易中的波段交易／79

第8章　30分钟突破法／91

第9章　要知道什么不该做／113

第10章　风险、回报与利润最大化策略／123

第11章　做什么才能促进成功／143

第12章　日内交易的平台突破／151

第13章　动量日内交易法：两个应用案例／161

第 14 章　类日内交易：节前效应 / 177

第 15 章　在日内交易中该做的和不该做的 / 187

第 16 章　高频交易之我见 / 197

第 17 章　一个日内交易者成功的关键要素 / 209

第 18 章　使用新闻，但不要滥用 / 225

第 19 章　案例分析：脸书 / 235

引　言　诱惑、神话和魔法

有些人称日内交易为赌博，另一些人则称其为经过训练的推测，乐观主义者们认为它是资本主义最后的堡垒，而既得利益的倡导者与经纪商们则称其为绝佳的赚钱方法。很多时候，日内交易被称为类科学，也有一些较为极端的观点认为，它是一种不规范甚至是不道德的交易模式。不论你持有何种观点或言论，正面抑或负面，你都无法否认一点，那就是日内交易这一模式已经存在并且延续至今。

经过这些年的不断发展和变化，日内交易早已不再是最初的模样。曾经需要几个月才能完成的价格变动，如今仅在须臾之间。高频交易是最新鲜的发展创新，据估计，任一交易日内的股票交易量，约60%以上都由其实现。

随着交易和投资迅速进入订单输入和执行的电子化时代，佣金成本的降低以及订单执行速度的提高，都为日内交易机会的产生创造了非常有利的条件。如今，日内交易者们凭借自身的努力享受着前所未有的高额利润。相较于过去，现在的普通投资者们亦可抓住曾经只有内幕交易和那些专业投资者们才有可能取得的获利机会。能够使用先进的交易软件分析市场趋势，并在几秒钟之内完成下单和执行，这一切都吸引着更多新的投资者和交易者进入股票、期货、外汇还有期权的交易中。对每一个具有一定风险资本和电脑的普通投资者来说，这些优势是如此的显而易见。但凡事都有两面性，其优势所对的另一面，就是它无法消除的风险。

无处不在的机会之下，是蛰伏的风险。那些获益的媒体、股票及大宗商品交易所、经纪公司，已经投入了大量的工作，倡导和促进日内交易的发展，他们声称可以为投资者提供有利可图的交易建议与策略。然而，他们却没有让新入场者充分了解日内交易所伴随着的风险。关于外汇交易、日内交易、电子交易还有期货交易的各种优点的广告宣传，通过大量电视和平面媒体正在被广泛地传播着。此外，交易所在帮助交易员学习如何成功地交易这一方面做的工作却是甚少。我时常疑惑，是什么导致了这样的现象？

先进的计算机量化技术，能够深度分析市场机会的程序，低成本的佣金和快速传播的资讯，所有的这些优点似乎都可以促使投资者获得显著的利润。然而，事实却并非如此。在这个高风险的游戏中绝大部分的失败者，应该是一些普通投资者，还有那些日内交易的新入门者。可惜，这项可以使专业交易者赚钱的技术，已然不能使单纯的普通投资者获取利润。作为这个"游戏"的一部分，他们不断地产生亏损，并且在很大程度上是比以往更快地亏损。虽然没有严格的数据支持这一观点，但凭借参加和举办数以百计的全球网络研讨会和作为众多投资会议的主讲人的方式，我有机会接触公众并听取他们的失败经历，不仅如此，我个人也亲自指导了大约1000名交易员，大量的经验让我可以深入了解普通日内交易者。

你可能觉得很奇怪，我对《日内交易入门》这本书的阐述是从对其的担忧开始，这看起来并不是一个很好的吸引读者的方式。但在交易

引　言　诱惑、神话和魔法

行业近40年里，我有一个让我看起来显得很疯狂的目标，那就是让我自己和有机会学习到我的交易机会、交易方法和策略的人有能力创造财富。我自身对这一机会有深刻认识，同时也很熟悉风险。我所参与的这个行业，往往强调的是潜在的利润，而不是损失的风险。我想通过发出"健康警示"来弥补这一缺陷。

这个市场上有无数的机会，也有大量关于如何通过交易白手起家的故事。任何大的市场波动能创造更丰厚利润的潜力，比以往任何时候都大，但问题是潜在利润并不代表一定会获利。每一个行业都有其规则、流程、最小化损失的策略、最大化利润的策略、许多的行为规范、操作流程和组织结构等问题。了解这些细节至关重要，但我所看见的媒体宣传材料上无一提到这一点。

就在今天早上，我看到了一条在消费者新闻与商业频道的电视节目上播出的广告，称其提供的交易软件具备着"今天你就可以开始使用的策略"。我很疑惑，因为不知道这个广告承诺中本应提及的其余方面在哪里。事实上，这个告诉你"今天就可以开始使用"的策略，并没有对它的潜在获利能力提到过只言片语，即使你购买某个特定的程序并免费获取到一些功能，对于这个程序如何使用及产生的效果如何，你也是一无所知的，你不知道其中涉及了多少风险和工作量，该策略是否提供了明确的、客观的、可操作的和潜在的获利机会。凡此种种，都没有被解释和说明。就好像我给你一支枪，你不知道如何使用它，你可能会射中自己或者别人，不仅如此，你也可能得到的是一把有缺陷的枪。

在交易和投资生涯的第四十四年，我发现自己处于一种特别不适的环境中。我注意到在一些关键领域明显缺乏有助于普通交易者和投资者们成功的技术及有效信息。失败不是因为缺少可以利用的信息，而是在于信息的质量和对这些信息的重要性缺少重视。我在这里所指的信息，正是如何在日内交易中获利的具体细节。很少有人愿意或有能力为普通投资者提供这种教育，这正是我撰写本书的原因之一。

那是什么造成了这一奇怪的现状呢？是因为有机会和潜在的利润；是因为现在比以往任何时候都更容易赚钱这一事实；是因为价格变化或摇摆，即价格波动，在一天的交易过程愈发巨大的现象；是因为交易指令可以以最低的佣金成本在任何地方、任意时间下达的这一事实；也是因为在许诺利润之时对其随之而来风险的忽视。我的目的就是利用讲解、分辨和清晰定义规程的方式，来让普通投资者能够对这一现状有全方位的了解。为此我会避免使用一些长久以来在交易圈被大量交易者熟知的词语和观念，我也不会用一些类似于"看起来像"、"似乎是"、"这可能是"或其他任何需要基于情景理解才能够被解释的术语。因为解释是一种主观性的表达，而每一个人的主观感受又会因其自身条件的各异而产生不同，比如你是谁，怎样被抚养长大，对一个问题的看法，对事情发展的期望，曾经有过的经历，在某一时刻的感受和你所希望相信的理念，等等，以上种种因素都会影响每一个个体的主观感受，甚至希望也是一种主观感觉。"希望"正是我们作为交易人员和投资者在交易这个领域中应该被摒弃的概念，因为其代表着不确定性，或者说代表着对所使用的交易方法缺乏信心的一种不安全感。

对于我们本来讨论的内容来说，我可能有些太过超前而偏题了。让我们回到这些讨论之初，去清楚地理解为什么需要写这样的一本书，而立志成为日内交易者的人们，又应该做些什么去提高自己的收益，或者说摆脱持续亏损的困境并获得利润。

如果你对日内交易的风险和其潜在风险并没有清楚的认知，下面这个与我们之前讨论的问题相关的例子，能够非常清楚地解释我的观点。图 A-1 中表示的是 2005 年 9 月迷你标准普尔 500 股指期货合约 3 天的交易时段数据，图 A-2 则是在同样的时间跨度下发生在 2011 年 9 月的交易数据。以美元价格为衡量，通过一定的分析可以发现这两张插图中的价格范围的差异：毫无疑问，在2011年的价格变动范围大约3倍于2005年的变动。

图A-1　2005年9月迷你标准普尔500股指期货合约日内价格涨跌幅

图A-2　2011年9月迷你标准普尔500股指期货合约日内价格涨跌幅

这基本上意味着，只用3000美元至5000美元价格范围之间的迷你标准普尔500股指期货合约保证金，期货交易者就能有机会每天获得约为成本40%的利润。当然，存在获利机会的同时，期货交易者也有可能损失这笔钱。虽然在股指期货市场上涨跌幅已然不小，但外汇市场上的涨跌幅更为显著。我们可以发现，股票日内交易中风险和潜在利润相对较低。尽管日内涨跌幅的数据在过去的10年里也大幅上升，特别是过去的3年里尤为显著，但因为股票交易需要的初始保证金高于其他品种，所以其产生的潜在风险及利润也相应较低。一般在期货交易中保证金多设定为合约标的金额的1%到3%之间；换言之，买卖标的价值在35000美元的大豆期货合约，仅需约2000美元的保证金。在股票交易中保证金比例为50%，在很少有交易者熟知的个股期货市场，保证金比例也约为20%。

上述的所有仅用来说明一个简单的事实，那就是投资者可以通过日内交易赚取大量的利润。这是一个好消息，而更重要的好消息，是实现赚取利润有许多行之有效的方法。但绝大部分的日内交易者并非都是专业人士，且不具备在这场"游戏"取得胜利的要素，如交易工具、金融知识、交易纪律性、规程或组织能力等。

我相信，我的经验和明确定义的交易方法，可以帮助你提高获胜的可能性，但我无法保证百分之百的成功。有明确而具体的方法，的确有助于任何一个人在任何领域取得成功，但其自身的能力也是确保这一方法真正有效的关键。曾经有些人通过学习并且使用了我的方法获得了非常好的成就。但同样的方法下，有些人仅仅是略有小成，更有一部分人仍旧失败并持续亏损。为什么会有这样的差异呢？为什么在获得了明确的规则、特定的规程、不受主观影响且清楚定义的方法后，一些人能取得成功，而另一些人却以失败收场？这一问题甚至更多实质性问题的答案，都将在接下来的章节中揭晓。

第1章　什么是日内交易

　　日内交易就是以赚钱为目的的交易模式。仅凭表面上来看，日内交易似乎真的仅以赚钱为目的。对于某些人而言，比钱更重要的是，日内交易能够给他们带来的挑战和刺激。每一天我们的生活面临着许多挑战，也有许多方式令我们能够处于被挑战的境况，在我看来，绝不应为了享受挑战而进行日内交易，当然，作为一个成功的日内交易者肯定能够获得很多的满足感，但我们绝不应该仅为了满足挑战而不是以获得财务上的胜利为目标去进行日内交易。

　　考虑到20世纪90年代至2000年之间波动率显著增加，不论交易时段价格变化是大是小，现在交易者都比以前拥有更多的机会从中获利，同时，佣金、计算机和网络通信成本也比以往任何时候都低，对那些能够掌握游戏规则的人而言，这样的组合无疑是创造了一个双赢的局面，这就引出了一个问题：我们应如何掌握日内交易的游戏规则？

　　在交易世界里，有成百上千种关于如何作为一个日内交易者获得成功的观点。在网络上如果用"日内交易"作为关键字进行搜索，可以得到4400万项结果。这是一个非常惊人的数字，如果我们去仔细查看每一个搜索出来的结果,就没有时间让我们来进行真正的日内交易了。大量关于日内交易的信息可供参与者获取,但由于数量庞大,审慎评估所有信息的准确性和有效性,近乎是一件不可能的事情。最终,我们可以得到一个最坏的消息:声称能够成功的交易方法中有超过98%的内容既不客观也无法令使用者获利。

如今有志成为日内交易者的人,须得格外小心,不要把钱浪费在那些没有意义的方法上。学习、研究如何获得正确的日内交易方法之时,这些人也应时刻保持警惕。尽管日内交易被表述或炒作为一种有利于大众的好事情,对大多数的交易者而言,事实并非如此。这并不是指日内交易是一种注定失败的交易模式,而是因为日内交易模式不仅非常难被执行,也很难获得成功。

日内交易是通过预测发生在股票、外汇和期货市场中大大小小的价格波动来获取利润,而成功的日内交易则是指通过使用客观的、具有可操作性且具有明确盈利能力工具去实现收益。将这些工具还有风险管理的理论结合起来,是获得成功的关键。然而缺少利润最大化这一策略,在日内交易这样的一个游戏中,投资者将面临的是失败和亏损。

无论你是使用我的方法或者采取其他有效的理论,接下来我所强调的这些重要事实和影响因素,都将有助于你成为一个成功的日内交易者。

1. 为开始日内交易投资准备足够多的资金。我这里所指的足够多的资金,应是不仅满足投机需求,还应有多余部分可以作为缓冲,确保进行日内交易之时有能力承受一系列的损失。

2. 日内交易所采用的时间框架应具有连贯性并且切实可行。假设你选取了5分钟时间间隔作为你日内交易信号指标,那么当你坐在电脑前准备进行股指期货日内交易的时候，确保你能够真正做到每 5 分钟甚至更频繁地查看交易信号。

3. 不要同时在多个市场上进行交易。如果同时进行多只股票、货币或者商品期货品种的日内交易，交易者不可能不遗漏交易信号，也不可能不犯错误。

4. 进行交易方法应是客观且以规则为导向的，而不应是基于主观理解的；换言之，不要依靠直觉或所谓"直觉上的感受"进行交易，即使最初你可能小有所获，但从长远来看这是不可能获得利润的。直觉并不能称之为交易方法或者交易系统。然而，目前大多数的日内交易者都是在依靠直觉进行交易。

5. 应用严格且以风险为基础的规则来进行损失管理。简单地说，就是不要承担超过自己资本承受能力的风险。后面我将介绍一些经受过时间考验的具体规则，来帮助你进行损失管理。

6. 实行利润最大化策略。如果这一策略得到适当的执行，投资者就能够从成功的交易中获取最大化的利润。

7. 从资金和心理上都做好准备，去承受可能发生的连续的损失：日内交易者连续遭受五到七次损失，并不是一件很少见的事情。

8. 如果你正连续不断地遭受着一系列损失，不要仅为了弥补损失而轻易取消你下一步本应有利可图的交易，保证交易仍旧按照自身的规则运行。

9. 采用特定的交易模型不仅有利于日内交易模式的形成，也有助于你判断什么是应该被交易的，什么时候进行交易和如何进行交易。同样，拥有一个交易模型能够帮助你去辨别自己曾经是否犯下或者何时犯下过某一特定的错误。

10. 避免在投资策略中投入过多信息。同拥有太少的信息一样，拥有过多的信息也不是一件好事。

  11. 在孤立的条件下进行的交易。这样的效果往往比充斥新闻、其他人的交易观点以及一些所谓专家的冗杂信息下所进行交易更好。

  除了上面我所提及这些建议之外，如果你能遵循本书中我所分享那些具体的交易思路、方法和指示，在日内交易这一领域你将占领优势。

  如果一本关于日内交易或者是任何其他类型交易的书籍，没有就风险进行简洁明了的阐述，那它就不是完整的。不管他人是怎样向你介绍日内交易风险的，我都必须再次重申日内交易所涉及的风险。尽管日内交易避免了隔夜敞口可能引发的损失，但在交易时段的日盘敞口仍旧会导致亏损。如果你认为通过日内交易非常容易并且保证能够获得利润，那你就大错特错了：日内交易不仅对参与者的要求非常严格，而且还要耗费他们的大量时间，也经常令参与者有挫败感。

  日内交易并不是解决金融危机的"特效药"。日内交易是一种只要正确并且有纪律的执行就能够获得利润的投资行为，但做到这些绝不是一件简单的事情。

第 2 章　为什么要进行日内交易

　　成为一个成功的日内交易员，是关于资本的梦想，是关于迅速致富的梦想，是创业者的梦想，也是成为你自己的老板，并可以在任何地方工作的梦想。这是一个几乎每个人都曾有过的梦想，但这也是一个很少真的有人去追求、很少有人能够实现的梦想。所有的市场——包括股票、商品和外汇——都具有波动性的特征。波动性，换句话说，就是它们的价格整日整夜地来回移动，且通常非常迅速的一种特性。在美国和欧洲，当前不稳定的经济环境生出另一种潜在的不确定性，反过来，这种不确定性又使整个经济处于一种焦虑不安的交易活动之中。因此，为了充分利用微小时间内的价格变动，专业的交易员往往采取以下技术：闪电交易、高频交易、所谓的"暗池"交易以及算法交易。在交易时间里，那些高度技术化、计算机化的交易机器利用极小的价格变动，通过高频率、大量地买卖股票获取利润。通常持有这些股票的时间只有数秒钟，而不是几小时、几天或几周。据估计，目前大约占比60%的股票交易均具备了这种超短期操作的特点。

　　一般的投资者没有资金，也没有相应的技术资源来参与金融领域中的这一种"最快的游戏"。专业投资者为了获利，被迫参与这个已逐渐变得具有高度竞争性，同时被高度监督管制的活动。虽然专业交易员和资金管理者早已提前进入高频交易——即日内交易的高级玩法——这一曾经专属于他们的领域，现如今也逐渐开放面向普通投资者。计算机技术的进步、针对技术分析的复杂软件程序的开发、佣金成本历史性的下降和闪电般快速的订单执行速度，都促使日内交易平易近人起来。然而，我们不能将平易近人等同于成功。请注意，日内交易虽然比以往任何时候都更容易，但人们并不能理所当然地认为，所有的日内交易者都更容易成功。事实上，关于日内交易的现实相当严峻：大多数日内交易员都不太成功，他们不知道该做什么，他们之中的大多数都挣扎在大量的误导信息和虚假信息中，难以获得并实施真正能促进他们持续成功的策略。

虽然许多有抱负的日内交易员都视股票、期货和外汇市场为通向财务自由之路，但这一预期的绝大部分，却是由交易所和经纪商所发出的持续不断的营销活动所引发的。等待交易者和投资者的任务往往是多方面的：

1. 要想成为一个成功的交易者，需要了解什么是日内交易、什么不是日内交易以及对它的期望是什么，这三点非常重要。

2. 事先制定具体的交易策略，以识别和隔离出潜在的获利机会。

3. 明确要进行日内交易的市场，因为一个交易员不可能在同一时间点成功参与多个不同的市场。

4. 为了实现目标和决策，必须制定一个客观且有条理的流程。

5. 每一位有志致力于日内交易的从业者，都必须事先了解如何确

第 2 章　为什么要进行日内交易

定与其账户和财务能力相匹配的风险水平，否则交易会以损失告终。

6. 每个日内交易员都必须做到，精确定义和细化流程，确保不会基于一时情绪做出交易。

虽然列举出上述的挑战很简单，要真的实现它们却非常难，因为这个过程中需要大量的决策、足够的启动资金以及高度结构化的流程和规则。如果没有通过培训和教育，大多数交易员无法实现他们的交易目标。

所有日内交易的从业者都会面临上述诸多挑战，于是一个问题就出现了：为什么有人想要进行日内交易？在解决这个问题之前，我们需要了解日内交易的新定义。为什么我要说是新定义？目前大多数市场的交易时间至少为连续不断的 20 个小时，而其中一些甚至基本上是 24 小时市场（例如，外汇货币交易）。芝加哥的货币期货交易每天交易时间长达 23 个小时。股票指数期货几乎也是全天候交易。所以，在讨论进行日内交易的原因之前，我们需要了解什么是日内交易。

可能有一个失眠者可以坐在他的电脑前，进行每天连续 24 小时、一周六天甚至七天的交易，但实际上，这对大多数人来说是不现实且不适合的；另一方面，我们可以只在日盘期间进行日内交易，这样做的好处是更便于管理，不必要求交易员 24 小时都集中注意力。在股票市场中，日盘即为开盘和收盘之间的那段时间。而在期货市场上，许多交易所在日盘和夜盘的规定上会各有区别。

我将日内交易定义为：在各交易所或特定市场或股票市场的日盘时段中进行买卖，并不留过夜持仓的交易。

在这一定义的范围内，我可以提出很多支持日内交易的原因。然而，请读者注意，以上所有的假设都是以客观的角度来看日内交易，并基于这类交易是在有具体的进入和退出市场规则以及止损机制的规则下进行的。既然我们已经重新定义了日内交易，接下来，我们便要探讨进行日内交易的理由。

进行日内交易的原因

进行日内交易的主要原因是显而易见的——有利可图，不过首先要处理好其他因素。

一个对大多数人来说并不那么明显的因素是：日内交易员必须在当天收盘前了结交易。对交易者来说，他有获利的可能，也要做好承担损失的准备。大多数交易员犯下的错误不外乎两点——陷入损失的时间太久，而了结利润的速度又太快，此时，因为日内交易要求交易员在收盘前平仓了结的规则，促使交易员在交易当日强制了结持仓，反而变成了它的某种优点。

然而，进行日内交易的原因中最显而易见的那一个，在我看来重要性却并不突出。这个原因由两个层面构成。第一层面，当然就是赚取利润。毫无疑问，现今动荡的市场有利于实现这一目标。图2-1就是一例，图中展示了目前日本市场上的日元期货在某日盘中所出现的走势。这种情况在市场中并不罕见；而图2-2则显示了标准普尔500指数迷你期货在日内可达到的潜在利润。这些潜在利润都发生在单个交易日的交易时段内。记住，此图所显示的利润均基于日内交易者对市场的方向判断正确的假设。

第 2 章 为什么要进行日内交易

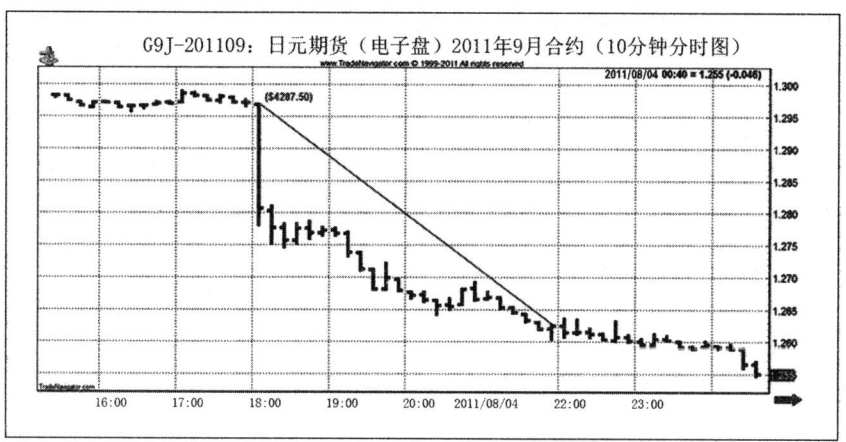

图 2-1 日元期货盘中急剧下跌

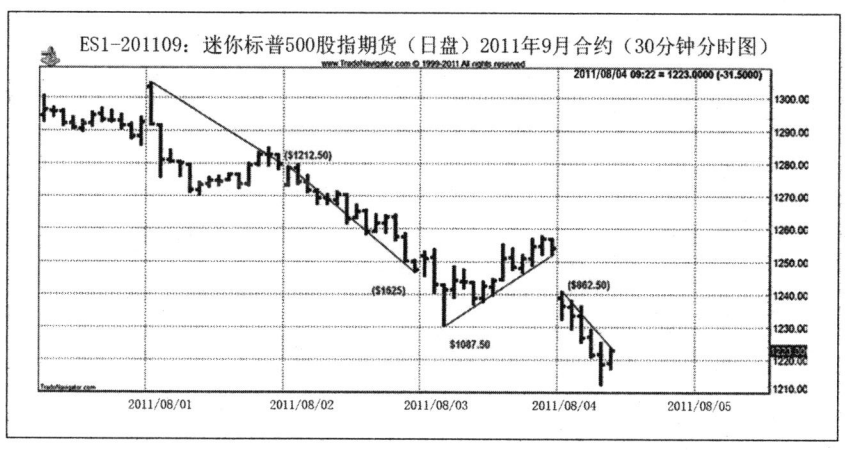

图 2-2 标普期货在数个交易日的盘中价格的变动

第二个层面就是，它能使你的收益最大化。

为了好好利用上述所有原因以及更多的日内交易机会，我会向你展示：

1. 了解和熟悉专业交易员是如何进行日内交易的。

2. 作为一个日内交易员给自己建立规则。
3. 如何进行五天交易法。
4. 如何选择你的日内交易。
5. 如何管理风险和最大化你的利润。
6. 建立一个日常结构化的流程，来帮助你更加专注于日内交易。

潜在的问题

鉴于日内交易的覆盖面很广泛，交易员们会发现很多潜在的交易机会。在交易日中，我们可以在许多不同的时间框架和市场中进行交易。但在很多情况下，这种交易会令人难以应付。新晋的日内交易员很有可能犯两类错误：因欲望而交易得太多，或因害怕而交易得太少。一些日内交易员会想要同时交易股票、期货、外汇和货币基金等品种。另一方面，许多新晋交易员都会被外汇市场或标普期货产品所吸引。我听过一些新人说："我的目标是从迷你标准普尔股指期货的交易中每天赚500美元，一旦我达到了这个盈利目标，那个交易日我就可以不做别的交易了。"对我来说，这个想法意味着此交易员随意地限制了他所可能达到的利润，即他为自己设置了一个潜在利润的上限。如果交易员需要设一个限制，他也应该对损失施加限制，而不是对盈利——交易者不应该对每天赚多少钱有所限制。

我看到的另一个问题，是数量与质量。许多日内交易者的目标，是尽可能经常地在微小价格变动上做交易。在过去，这种目标或是说意图被称为"超短线交易"，但最近已经被赋予了一个更有政治意味的术语：高频交易。对于一般交易者来说，这种交易存在一个问题就是，尽

第 2 章　为什么要进行日内交易

管他可能会连续 15 或 20 次交易赚到一些小钱，但往往出现一个大的亏损就将消耗掉以前所有的盈利，甚至造成本金的亏损。

专业的高频交易员在几秒钟甚至一秒钟之内买卖头寸，试图在微小价格变动中以大笔仓位赚取巨大的利润。这是一个经典的论题：你宁愿以每个 1 美元的均价卖掉 100 万个小部件，抑或是 5 个小部件每个卖到 20 万美元？普通的交易者无法取得像高频交易者那样的成功，也不应试图去那样做。

下面是日内交易的 5 个典型方面：

1. 选择一个结构化的交易模型。
2. 使用特定的触发工具。
3. 使用明确的、有条理的流程来最大化获利。
4. 在进入交易前，运用特定的止损程序与相应的风险评估。
5. 建立组织化的程序。

我的重点在于需要建立清晰的结构、明确定义的交易触发点以及利润最大化的策略。我要在下文说明的流程，是可以在日常生活中配合我的方法所使用的，而且我想强调的是，作为一个专家而非一个通才的重要性，换句话说，你要集中注意力，而不是将注意力分散在方法、市场和时间框架中。

我最近接到一个电话，来自一位刚上我课程的学生，我明显可以感受到，他需要很多帮助："早上好，杰克。今天的市场令我非常困惑：我使用的标普 5 分钟图表显示出一个新的上升趋势已经开始了；另一方面，我的 15 分钟图仍然显示朝下的趋势，而 30 分钟图也仍处于上升趋势中，这个趋势已经持续一个多星期了。这些现象让我非常困惑，因此，我参考了一下90分钟图，接着查阅每日图表中是否出现任何新的指标和触发点，然后，我又检查了每周图表，看看是否显示出了季节性趋势，并用我的月度图表验证是否存在长周期的特征。最后，我返回到日内图表，却观察到1分钟图中刚刚发出了买入信号，这让我更加糊涂了，我都不知道该怎么办可好，您可以给我提点建议吗？"

猜猜我是怎么回答他的？"请专注在一个时间框架之内，专注用一种方法，持续在那个触发你最初交易的时间框架内进行交易，不要再考虑任何其他的方法或系统，不要因为多余的、与交易无关的信息而把交易决策复杂化。"

这也是我能给你的最好的建议。保持简单、保持清晰、保持条理。在大多数情况下，让你进入市场的方法也会是让你退出它的方法——让方法本身去自我证实，同时你要遵循自己提前建立的流程。但这条规则有一个例外，就是退出市场的交易。

虽然我们在日内交易中进入市场时可以做到完全客观，但因为每一交易日结束时必须退出市场，所以我们的一些退出交易就不是那么客观了。不管怎样，我们还是要制定一些关于退出策略的流程。

第3章 如何进行日内交易（一）

关于能盈利的日内交易方法和程序的理论及观点，一直层出不穷。几乎每个交易者都有自己最喜欢的程序和方法，如果你尚未发现这一点，请尽快去发现，此事宜早不宜迟。在某种程度来说，这是好事，它创造了大量不同的观点以及大量不同的头寸。这有助于创造一个双向市场，而不是在大部分时间里，大多数交易者都持有同样的想法。但你也会发现，如果你还没有这样做，在日内交易的真实世界里发生的大部分事，在你看来则完全和清晰、客观的流程无关，而仅仅是出于直觉。那不是我们该做的！

对日内交易的流程和方法有一个清晰的认识之前，重要的一点是，了解交易的大局，或是我所谓的 STF（Setup——设置，Trigger——触发，Follow through——后续跟随）。图3-1 显示了我的 STF 交易模型，这将帮助你理解并组织一个交易的总体结构。当你理解了交易的结构，你也会明白定时触发、定时信号、分析方法、交易工具、交易系统和交易方式之间的差别。

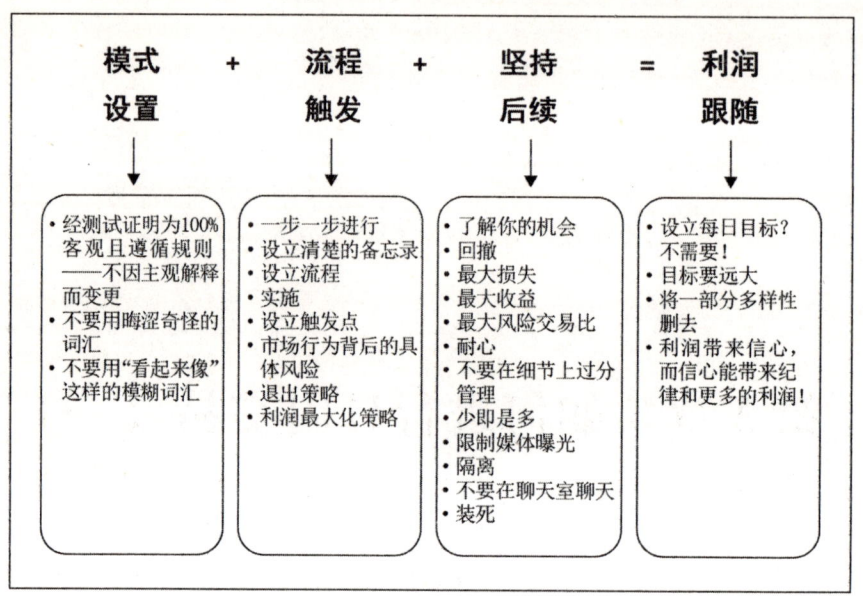

图 3-1　STF 交易模型

在第 2 章中我提到的高频交易，是获利非常丰厚的一种，一些参与高频交易的公司已经积累了巨额的资金，那么他们是怎么做到的呢？

答案很简单：通过计算机。电脑评估各种规则或算法，结合从交易所购买的完全合法的信息——往往是关于不同类型订单的分布情况。这些信息是以交易规则为基础的，电脑会自动输入买卖大仓位的指令，寻求并利用非常小但可预测的价格变动。他们在这方面做得尤其出色。你可能会问，为什么我们不能做同样的事情？如果我们有资源来支付所需的技术——硬件和软件——并有运行程序的信息，我们也可以做到。但即使大多数交易员获得了清晰客观的规则和程序，他们也有众多原因无法真正应用它们。

虽然计算机具有明显的优势，但如果不将上述这些信息作为交易公式或程序的一部分，它们则变得毫无用处。该程序从一个交易模式

第3章 如何进行日内交易（一）

开始：这特定的结构或概念，解释了在交易过程中各种活动如何相互关联和连接。一个交易模型提供了各交易和各交易决策一致的结构和程序。这看似复杂的"如果……然后……"模式，组成了交易方法的基础——之所以说"看似复杂"，是因为它比你想象的要简单得多。

虽然它并不复杂，我们的交易必须基于一个具体的模型。如果你有一个这样的特定模型，你就比大多数交易者更进了一步。如果你了解一个交易模型是什么，你就更有可能实现其价值和更容易地去使用它。你可能熟悉艾略特波浪或基于斐波纳契数列的规则等市场概念，你也可能更熟悉季节性的交易方法，不过这些都是交易概念的例子，还不算交易模型。

接下来，就到了交易模型的层次。在这个层面，最重要的便是交易结构。据我所知，每个潜在可获利的交易模型，都有一个其一直坚持的交易结构。我相信只有一个坚实的交易结构，这个问题我将在以后的章节中讨论。首先，让我们来看一看几个交易模型。

1. 假设对一个股票设定了明确、客观的标准，并在此基础上走高，这时如果股票价格下跌至18天均线，可以买入；如果在进入后4天内还不盈利，则卖出股票。当此股票涨价幅度达到当时进入价格的5%，则达到目标，可了结利润或减少风险敞口。

2. 在每个月的第二个到最后一个交易日购买30年期的国债期货，并不论获利还是损失，都在下个月的第二个交易日收盘前了结退出。

在以上的每个模型中，都告诉了我们什么时候进入、退出、了结获利或是止损，这些都是非常具体的模型。它们包含了一个交易员在做决策时所需要的全部信息，但它们缺少一个重要因素就是，它们没有明确地告诉我们，实施这些规则需要承担多少风险；也就是说，关于这些交易模式，有一个好消息是，它们是以规则为基础的，而坏消息是，它们还不够具体，但它们都有一个共同点：它们是结构化的。

上述每个假设的例子中都包含了设置、触发和后续的基本概念，虽然它们描述得相对模糊。为了更好地了解本书中的交易方法和程序，建议花一些时间学习并充分理解 STF 交易模型。无论你决定使用我建议的一些方法，还是你自己学到的一些方法，或是你自己独创的，我相信 STF 模式将会对你很有帮助，因为它是高度组织化的、完全客观的、以规则为基础的，它会帮助你知道做什么、什么时候做、如果这样做要如何管理风险，以及如何实现利润最大化。

设置

交易模式的设置部分要求我们使用一个特定的模式，或者是那些在长期来看显示出可靠的或可预测特性的模式。交易员们在交易获利中通常会运用到许多模式。传统的一些模式，包括趋势线、头肩顶和头肩底、上升与下降旗形、上升与下降三角形、支撑和阻力线，等等。另外还有少数的模式很少有人充分研究过。虽然我知道接下来的话肯定会激怒某些人，我还是想说，我发现斐波纳契数列、艾略特波浪、江恩理论等这样流行的方法，或是其他类似的市场方法，对交易来说并不十分有用或有益。我相信任何从中受益的人都是因为一直持续使用这些方法，这些方法更多的是基于经验而非规则。

设置是一个模式，或者说是一种可不断重复的关系，可以回测其准确性和验证结果，无论是实际的数据或假设的例子。设置可在操作层面上定义为一个算法，或一个特定的百分之百客观的规律。虽然在交易者看来，有数以百计的模式，但其中其实只有相对很少的一些模式可以客观地被定义和测试。

我举的下面一个例子也许能更好地解释我所说的设置概念。

图3-2显示的是明尼苏达矿业与制造公司从1970年到2010年的一个季节性期货图表。图顶部展示的是这段时间内该公司股票的周趋势，已经过标准化处理。图底部展示的是在以周和月为单位的周期里，用其中的百分比读数标明该只股票每周的收盘价比前一周高或低分别所占的时长比例。我已经用箱体凸显了股价上升的最高概率时期，这些时间窗口可以很可靠地显示一系列具有更高股价的周数。我们知道，这些时间窗口往往显示出更高的价格，因为在图表底部的百分比读数表明价格有一个上升的动作。

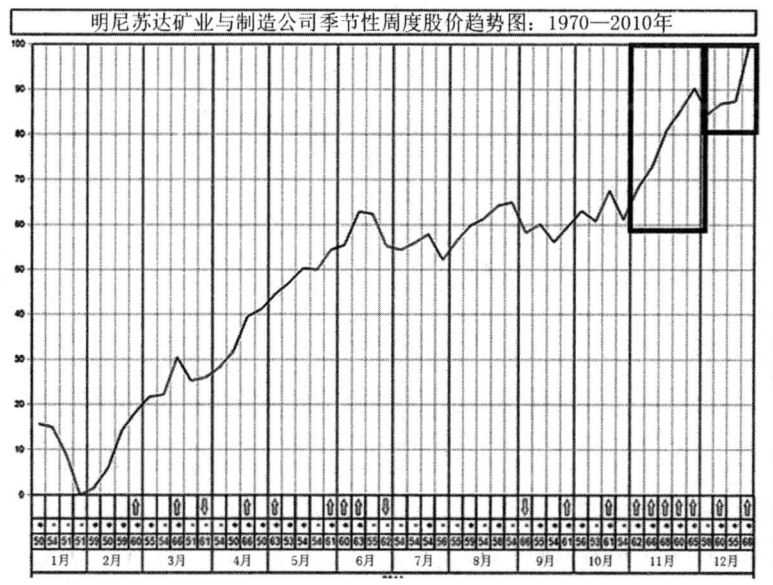

图3-2 明尼苏达矿业与制造公司的周度季节性图表，趋势已经过标准化处理

你可以从11月的百分比读数中看出，它们均为60%甚至更高，同时还有一个箭头指向为上。这是一个统计事实，它是根据这一股票在11月及整个一年的实际历史数据和行为做出的。因此，这不是一个假设或是解释。显然，明尼苏达矿业与制造公司股价没有在11月上升100%，但基于该股票多年以来的历史行为，这种可能性是显著存在的。可以将这些信息与你所学到的东西，或者是你正使用的与那些和传言或猜想相反的统计事实进行对照。

这个图也显示了从5月后期到6月中旬这段时间股价的上升运动，不过这也会引起一些争议，因为这只股票历史数据的时间跨度并不足以得出一个可靠的结论，我们从历史数据研究推导出的事实，比交易员通常使用的要有用和客观得多，而那些渴望进行类似研究的人可以充分利用股票和商品的价格数据。无论他是想寻求每日、每周、每月乃至盘中的价格，都有可用的数据，并且可以进行测试，以确定他所想要使用的任何方法或概念的历史有效性。请记住，我们不是在寻找百分之百可靠的模式，因为它们是不存在的。如果我们发现这样的模式，那么很有可能的是，我们还没有足够数量的重复次数样本，以便形成一个良好的统计检验。

寻找模式的过程受几个方面的限制，如搜索方式的使用和我们搜集的历史数据的长度等。这是其中一种模式。一些声称可靠的模式确实存在的说法，仅是基于他们相信一个事实，即市场中是存在着秩序和可预测性的。这是无视所谓的随机漫步理论，这个理论的要旨在于，市场的行为是一个随机事件，试图预测市场趋势和价格的行为都是徒劳的。这个课题是学术界需要钻研的主题，与我们的目的并不相关。我提到上述观点的主要原因是，我们的程序开始于一个设置，并需要进一步深入探寻，当我们了解到任何设置不是都百分之百可预测的时候，我们需要移动到下一步骤，一个触发点。

触发

每一个好的设置都需要一个好的触发点。大多数交易员使用"时间指标"这一术语来表示买入或卖出的特定信号。在我的交易模式中,如果一个定时触发没有一个模式来支持它,从它得出的结果精度将会不够格;换句话说,设置必须与触发结合使用。如果一个特定的设置表明,一个短期或长期交易行为可以被执行,则我必须等待设置的触发点的到来才能执行。一些交易员使用如"确认"这一术语来定义触发点。如图3-2所示的设置一例,需要一个触发点以提高其精度。这一特定股票的股价在11月中超过60%的时间内都为上涨的事实并不是那么充分,除非我满足于这个程度的精度。我的目标是尽可能地提高精度至最高水平,这个目的显而易见,就是获取利润。触发工具允许我采取有效的设置,即触发点使设置生效,并继续进入到下一步。

一个对特定市场执行购买的设置或模式,必须同时伴随着一个购买的触发点;相反,一个卖出的设置也必须伴随着一个卖出的触发点。正如在设置的例子中,触发点会有许多。许多交易员不明白的一点是,今天使用的大多数触发点或时间指标都是基于价格,只是简单地反映出标的物的价格趋势是什么。传统的触发点或时间指标工具,如移动平均值,根据标准的规则,在使用时往往呈现出非常低的精度。这一事实很容易通过统计学证明。对于传统使用的移动平均方法来说,有一个事实是,收盘价的移动平均值的准确率通常小于30%。从长期来看,许多以移动平均方法为基础的系统都赚钱了。这是一个好消息,但坏消息是,在这些系统中赚钱的过程中,交易员往往会遭受大量的、连续的损失甚至严重的资本消耗,除非你是使用了一个以移动平均为基础的系统,同时采用了与一般交易员可得的显著不同的规则和功能,否则我建议你避免直接使用这类系统,因为结果可能令人失望。

为触发点如何生效来举一个例子,再来看看明尼苏达矿业与制造公司的股票,选择11月作为设置流程,这意味着,当我进入11月以后,我将需要触发点使设置生效。鉴于该设置是希望最可能在本月上旬附近为了某些时点购买股票,我将基于该设置开始寻找一个买入股票的触发时点,设置如图3-2中所示。

在工作中,我通常使用的定时触发点之一就是动量指标。在这里我们先把"什么是动量"放一放,我将探讨的是动量如何在上升趋势中触发多头的买入行为,而这一趋势是设置明显告诉我们的。图3-3中,在图的底部显示了明尼苏达矿业与制造公司的动量对比图。以我的时间规则规定,买入设置只能在动量为正时才被触发,此时为进入股票的最佳时间窗口。3M的股价图表告诉我们,根据历史数据,这通常会发生在10月下旬或11月上旬。据此设置和我们所得到的信息,我到明尼苏达矿业与制造公司图表中开始寻找一个买入触发点。

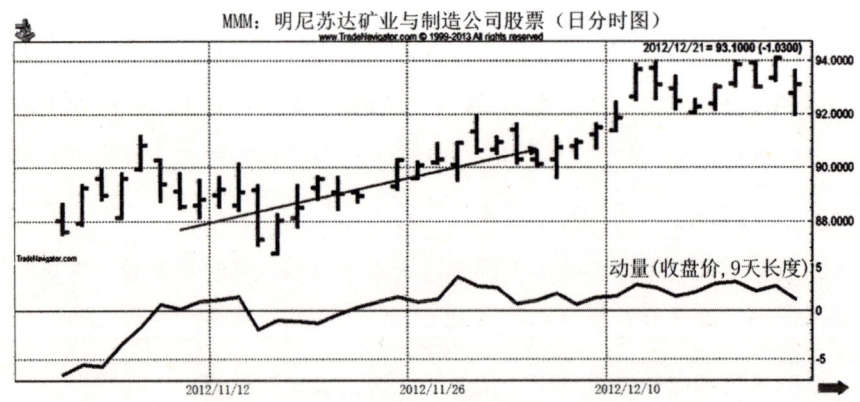

图3-3 明尼苏达矿业与制造公司在历史性的季节上升周期中显示出的动量买入触发

后续跟随

我的交易模型的第三部分是后续跟随,这个术语很容易令人联想到这一步骤只包括了如何使利润最大化的策略。但情况并非如此,后续跟随由两部分组成:首先是管理风险,通常被称为止损,第二才是利润最大化策略。

大多数日内交易者所犯的错误,都是抢了很多短期而微小的利润和承受了较以前漫长又庞大的损失。在这一天结束的时候,他们的盈利交易次数的百分比可能大大高于他们遭受损失的次数的百分比,但总损失之和往往超过总利润之和。这是一个经典的例子,说明百分比的准确度很可能是不真实的。准确度固然重要,但更重要的是在所有交易中盈利的平均值比损失的平均值要大。对于日内交易者,或甚至是对任何其他交易者或投资者来说,能在这个游戏中取得胜利的法宝,就是有一个利润最大化的策略,这将给他们带来很大的有盈利的交易。

在这本书中,我所讨论的每一个方法的利润最大化策略各有不同。我喜欢以 3 的倍数为单位进行交易,如交易期货时,会交易 3 个合约、6 个合约、9 个合约,或者,在股票买卖中,以 300 股、600 股、900 股为单位来交易等。我这样做是用更快速、最小化甚至消除风险的方式来减仓,同时也允许灵活地最大化自己的利润。我的交易模式的核心包括两个中心主题:危险区、最后三分之一的追随停止策略。

危险区

我把危险区定义为以下这段时间,即从进入一个交易开始的时点至达到该交易的第一个目标的时点为止。对于任何给定的交易，第一个目标或者利润目标因与促使我们进入该交易的最基本方法相关。设置第一利润目标的目的在于落袋为安，同时也提供了减少损失、将损失有效地降至零的机会。在进行任何一个交易之前，我们都要明确我们的亏损风险以及确切的利润目标。通过在第一利润目标的价位下达一个指令以减少部分仓位，这个做法使我们在多数情况下，能在减仓时维持部分利润，同时在持有剩余 2/3 仓位时更好地锁定了利润，基本上消除了风险。

利润最大化策略

在投资和交易的日常业务中，"日内交易"常常被戏称为是"以亏损作为结束的一天"，对那些从来都没有日内交易过的人们来说，这个定义看起来可能很幽默，但它即可悲又真实地道出了事实真相。许多日内交易者放任其损失而往往在一天结束时没有及时止损退出交易。按定义严格来说，日内交易即一个交易日内必须了结关闭的交易，无论你将这一天定为 23 小时（通常货币期货的交易日时长）或是更短的时间，日内交易是在交易时段结束时结束的。然而，一些不熟练的和散漫的交易员拒绝在当天收盘时了结损失，这通常会导致在未来的某一时刻更糟糕的损失。

另一方面，在日内交易中快速获利可能也不是解决问题的办法。为了弥补亏损——这是交易游戏的一部分，你在盈利交易中获取的利润需要尽可能大。俗话说，你的 80% 的钱来源于你 20% 的交易，这在日内交易以及更长期的交易中都是成立的。

STF 交易模型的优点

如果我能在这本书中教你一件事，那就是设置、触发和后续跟随的这一套简称为 STF 的交易模型。我相信，如果你了解和掌握 STF 交易模型的概念与应用，你将比其他大多数日内交易者领先许多。内化 STF 的概念并真正将它应用于每日的交易中，你将知晓利润和损失、成功和失败、理解和挫折之间的差异。我相信，成功和失败的交易者之间的区别，与他们的交易模型的使用显著相关，作为本章的总结，我列出无论你交易什么品种或使用什么定时方法，在应用 STF 交易模型时均有的有利之处：

1. STF 模型将帮助你更具有组织化。如果你是组织化的，你会做基于特定系统相关的交易，而不是那些被情绪驱使的随机交易。

2. 如果你在交易决策的过程中犯了一个错误，而你的处理流程是基于 STF 模型的，那么你将更容易发现你在哪儿和什么时点犯了错，并更迅速地解决它。

3. 如果将 STF 模型作为所有交易的筛选工具，将使你避免那些不满足流程化运作和不符合客观标准的交易。

4. 由于利润最大化的策略是为了实现巨大的利润，采用 STF 模型使你的交易更有利可图。

5. 持续使用 STF 模型，你会避免基于谣言、直觉、提示、情绪或其他非系统相关的因素干扰——只有这样，你才会为自己节省大量的资金投入，同时消除不必要的挫折感。

6. 最后，应用 STF 的模型时，你会看到你的结果与你的行为息息相关，你会很清楚你曾做了什么以及为什么你会那样做——太多的交易者不知道他们为什么在一个特定的交易中损失了钱，他们损失在无法学习经验和教训。

STF 模型不仅能让你实现一个简洁、客观的交易计划，还让你有机会来确定你在哪里出了错，以及你的损失是否为交易系统内生的一部分。这又回到了我之前提及的，所谓的"聪明的损失"和"愚蠢的损失"。STF 模型将作为你的向导，将愚蠢的损失最小化、将利润最大化，在帮助你提高交易准确度的同时，最大限度地提高你的底线利润。

第4章 如何进行日内交易（二）

现在，我们将通过利用涉及设置、触发和后续跟随（STF）交易结构的特定交易方式，直接进入日内交易的实际情况进行讨论。如果你读过我任何其他关于日内交易的书，或参加了我的任何讲座或者网络研讨会，你可能已经对缺口交易法有所了解。我将从这个方法开始介绍，因为它不仅是最省时的交易方式之一，而且除了应用方便以外，该方法也有较高的精确度。

利用缺口进行交易

有些人认为，要想成为一个成功的日内交易者，需要整天坐在电脑前，看着不断变化的数字的屏幕，身后是刺耳的新闻背景音，市场信息不断地通过电话或者广播流入，与此同时，交易者需要不间断地发出买卖的交易指令。但事实上，只有打算每天交易很多次的情况下，这样的时间和精力的花费才是必须的。请注意，一天内完成交易量的绝对数量和随之而来的利润是没有任何正相关关系的。在这种情况下，少意味着更多。

我会假设你已经获得或实施必要的设备和程序。如果你打算使用本文介绍的方法，你需要一个交易账户，另一个必要的工具是你的电脑，再加上合适的看图软件程序，让你可以使用在本书中介绍的指标和工具。

我要再三强调实时价格数据（而不是延迟数据）对于本书中所有提及的日内交易方法的重要性。一些日内交易的新入门者错误地认为，他们可以利用延迟了10至30分钟的价格数据进行交易而获利。尽管这种方式可能在数据方面为你省下成本，但是你不可能成为一个使用滞后数据且获利的日内交易者。千万不要这样做！为何要在金融市场中最难赢的一个游戏中给自己设置障碍？花额外的钱获取实时的数据流，才能为获胜创造最好的条件。如果对价格没有清晰和正确的认识，你很有可能错失交易机会或滞后地进入或者退出交易，与市场判断相反而导致不必要的损失。一些日内交易者相信，他们可以利用免费的在线交易软件来分析图表和指标，这通常亦是不可取的。一些经纪商或公司将提供免费软件作为你在他们那儿开户的一种福利，其中有些程序将能够配合我的方法进行工作，有些则不会。无论是否免费，请检查你的软件功能，确保你能获得所需的那些指标。拥有一个合适的工具对于日内交易至关重要，低成本的日间交易并不一定是一个好主意。

为什么要利用缺口

正如我在本章开头所说，这不是我第一次写缺口交易。该方法在我

第4章 如何进行日内交易（二）

其他书籍里已出现了很多次。你们当中有些人可能已经正在使用缺口交易，并熟悉规则和过程。本章就缺口交易提供了更加详细的信息以及之前已经提出的内容的回顾（你可以访问我的网站 www.trade-futures.com 参考日内交易的一些案例）。这次的回顾将具体的规则与实例与一些新素材相结合，将会有助于巩固你的学习。

让我们开始在 STF 交易模式下定义缺口交易。

定义缺口

一个缺口交易，应当设立在一只股票或某商品期货品种在开盘时价格高于前一交易日最高价时，或者低于前一交易日的最低价时。高开缺口出现在开盘价高于前一交易日最高价时，而低开缺口出现在开盘价低于前一交易日最低价时。设置低开缺口是买入模式的第一部分，而高开缺口则是应被设置为卖出的触发点。

在开盘的时候，用眼睛直观地识别，或者是通过电脑扫描股票，或者期货数据来发现这些开盘后的高开缺口抑或低开缺口，是相对容易的。在任何一日里所有的市场上，可能识别到上百个高开缺口或者低开缺口，因此，选择哪一种股票或者商品期货进行缺口交易，是非常重要的——这一点可以利用缺口选择过滤器实现。

在任何一个特定的日子里，在所有的市场上，可以有上百个缺口。因此，对股票或大宗商品的选择很重要，你可以用一个空白来完成交易，这可以通过使用一个过滤器来选择空白。

我发现，一旦交易者知道造成开盘时缺口出现的原因，他们更倾向于采用缺口交易。造成开盘时出现缺口的原因有很多，其中主要的一个原因是基于基本面的、以感情为基础的买入或卖出。极度正面的消息通常会导致一只股票在开盘时有高开缺口，绝对负面的消息通常也会产生一个开盘低开缺口。

下面列出了一些开盘缺口的原因和开盘缺口的某些特征。为了有助于你进一步理解，其中也涵盖了一些关于开盘缺口预示或预测的细节：

- 利好消息导致开盘高开缺口。
- 利空消息导致开盘低开缺口。
- 缺口会由一些可能很大或非常小的准确因素引起。
- 一些历史上最大单日内波动都是缺口日。
- 缺口是由针对新闻引起的情绪反应导致，而情绪反应往往是错误的。
- 专业人员利用新闻造成的情绪反应获利。
- 缺口并不一定与标的物的走势一致。
- 一些最有利可图的开盘低开缺口产生于标的物为牛市的时候。
- 一些最有利可图的开盘高开缺口产生于标的物为熊市的时候。
- 缺口日往往会产生很大的涨跌幅。
- 缺口日往往是很关键的，在股票和期货市场许多重要的顶部和底部都出现在缺口日。
- 缺口日一般是成交量很大的交易日。

缺口实例

开盘低开缺口的示意图，见图4-1。

第 4 章 如何进行日内交易（二）

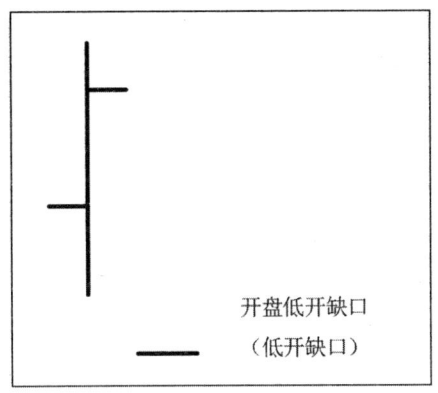

图 4-1　开盘低开缺口

开盘高开缺口的示意图，见图 4-2。

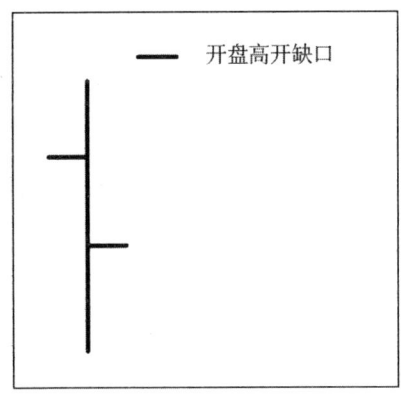

图 4-2　开盘高开缺口

在 STF 交易模型的框架下，开盘低开缺口应设为买入，而开盘高开缺口则应设为卖出。无论是在止损价、在一个目标价或在交易结束时，都可离场。缺口交易也可以在第二天离开，但如此则不再被视为有效的缺口交易。正如你所看到的，它的入场信号不仅仅是开盘价高于前一交易日最高价或低于前一日的最低价，必须要有一个能重返前一交易日价格范围的渗透。如果没有触发，缺口设置则不应该执行！图 4-3 到图 4-5 是关于缺口交易的其他方面和规则的示意图。

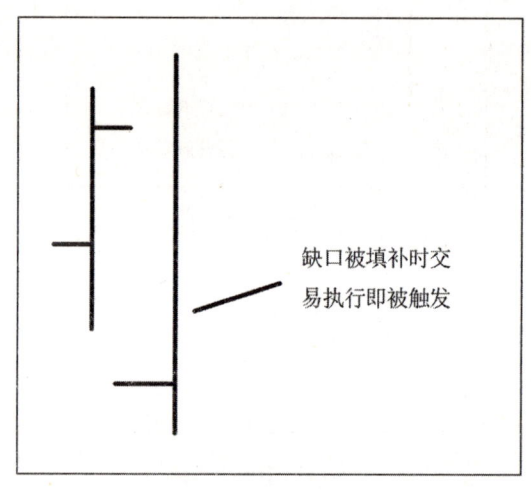

图 4-3　可交易的缺口形态

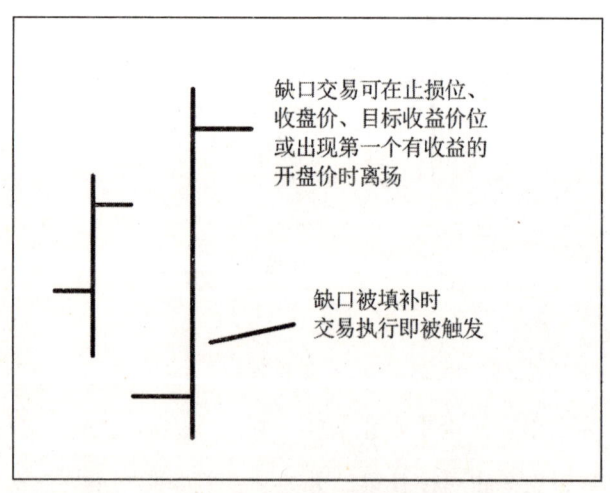

图 4-4　缺口交易被触发并在当日结束

价格回溯到前一日最低价时，缺口低开为买入触发时机

当缺口低开并且价格回溯到前一日的最低价时，缺口交易时机即被触发；换言之，当市场价格涨回前一日的价格范围时，应触发买入。

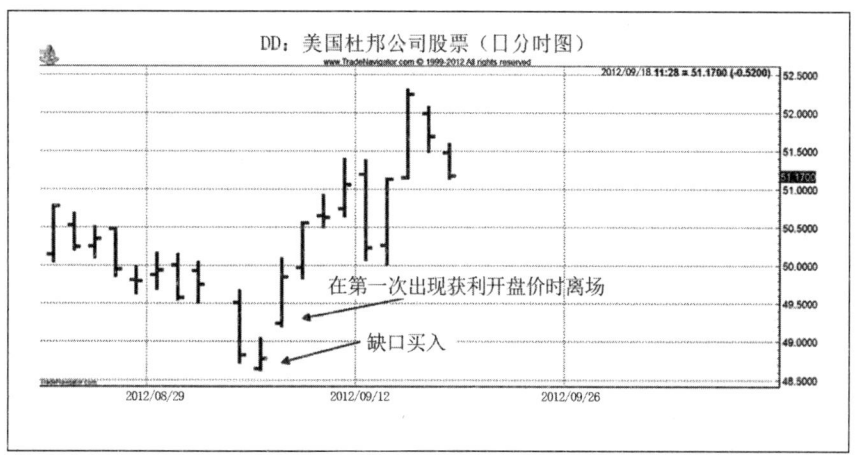

图 4-5　缺口买入，并在出现第一次获利开盘价时离场

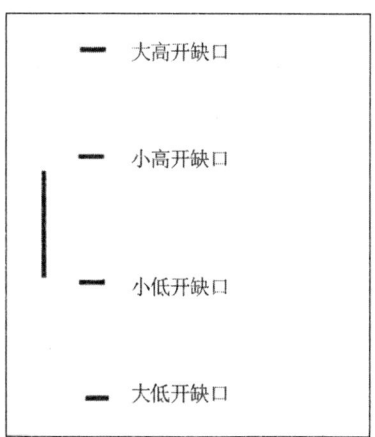

图 4-6　开盘缺口的大小

案例和分析

我们已经看过了一些理想变化中的缺口买入和缺口卖出交易例子,现在我们将在STF框架下分析一些实际例子。请记住,设置应当发生于市场出现缺口高开或者缺口低开时,并在价格回溯到前一交易日范围时被触发,并遵循一系列离场策略,例如策略之一的止损或是其他利润最大化的方法。

图4-7分析了施乐公司(XRX)这只股票的5种缺口交易,其中4种被触发,而左起第三种并没有被触发。

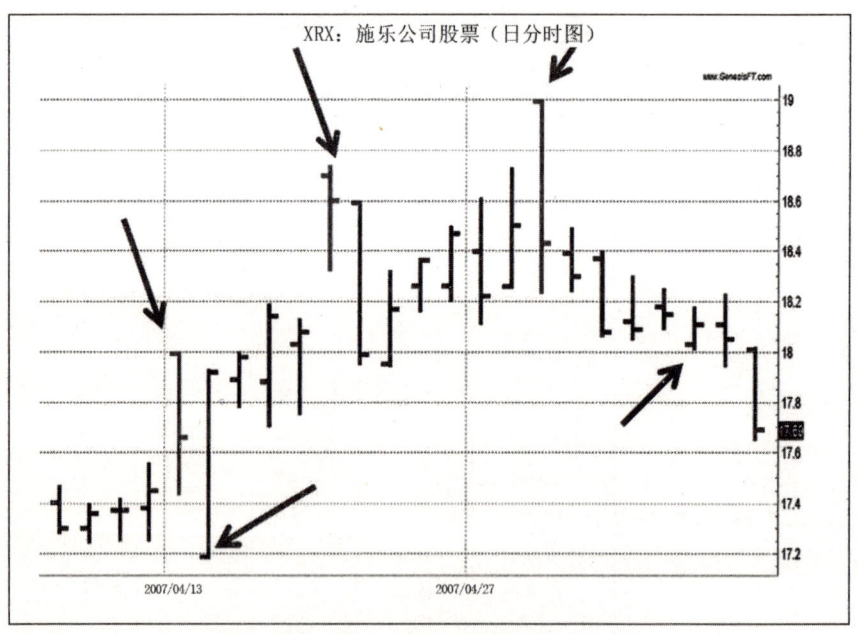

图4-7　施乐公司股票中的缺口交易

你在图 4-8 中看不到任何交易被触发的条件。记住 STF 模型如果没有触发，就没有交易。不要犯很多日内交易者在进行缺口交易时会犯的错误，他们不论是否有触发都会进行交易，这种行为会显著减少缺口交易的准确度，也不是交易方法的一部分。

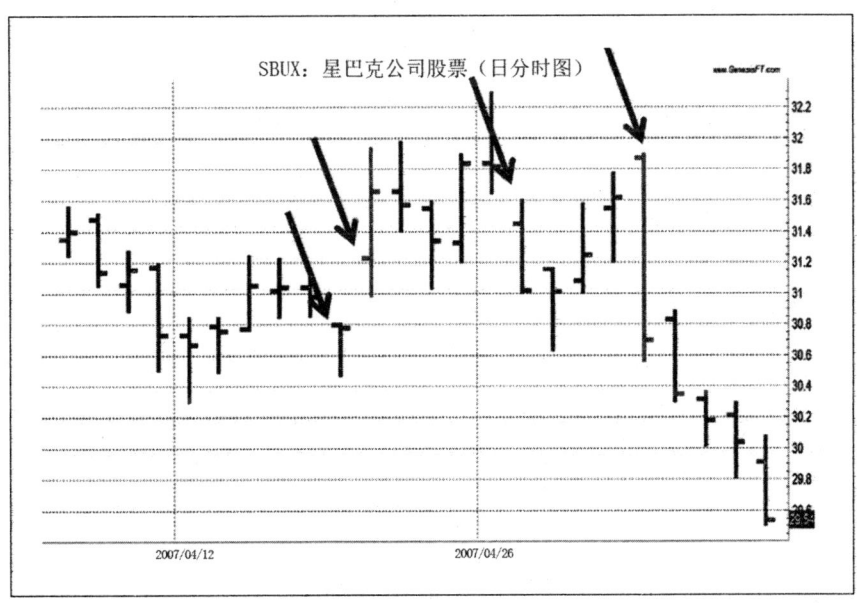

图 4-8　星巴克公司股票中的缺口交易，不是所有的缺口都能作为触发，这里的四个缺口，只有一个可以作为触发——这唯一的触发缺口可带来颇多收益

图 4-9 分析了一些缺口交易，我标出了开盘时的缺口，再次注意，并非所有的缺口都会被触发。一些股票在某一段时间内会较其他股票有更多的缺口出现。就缺口出现本身而言，其本身并不具备任何意义。

作为日内交易者,你需要做的事情就是判断开盘时的缺口,并遵照 STF 方法和规则。

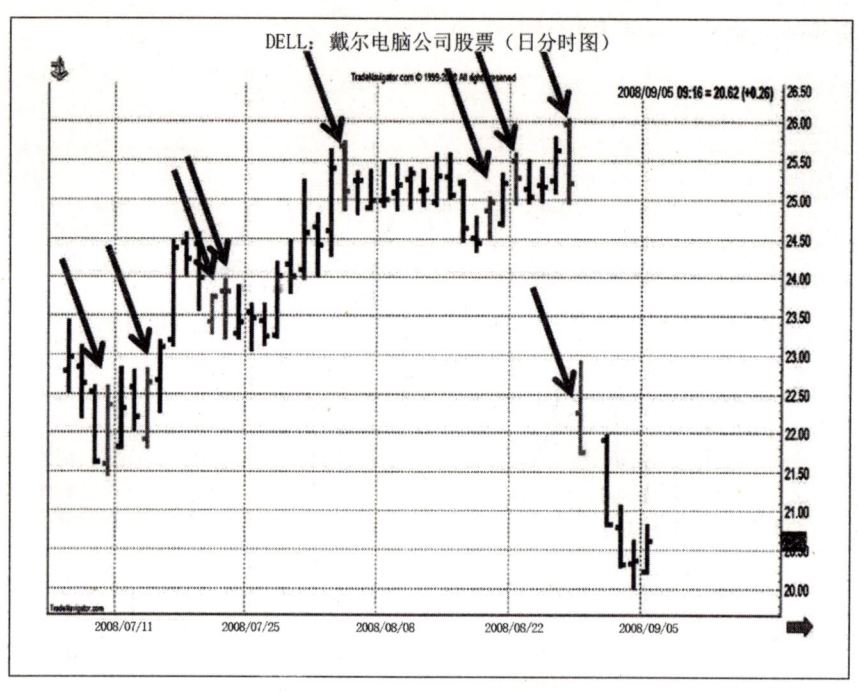

图 4-9　戴尔公司股票图形中的缺口

我在前文已经提到过,每天都可能有许多缺口机会的存在。我们可以通过利用设定过滤条件或者搜索来排除一些特定条件的股票,减少需要关注的市场数量。例如,你可能希望排除那些发生在非常低价的股票或者成交量极低的股票品种上的缺口。我建议缺口交易机会的寻找,应集中在股价大于 5 美元并且过去 10 天平均成交量在 100 万手基础上的股票。如果你发现自己的候选名单仍旧过大,可以提高成交量均值的标准至 500 万手或者更高。为缩小缺口交易品种的范围，你也可以改变搜索缺口的价格变动范围的条件。质量比数量更加重要！

让我们来看看几个缺口交易的例子。

图 4-10 显示了一个我最喜欢的股票——阿彻丹尼尔斯米德兰公司（Archer Daniels Midland，ADM）公司股票的缺口交易案例，缺口出现的频率趋于频繁，并且缺口随之越来越大。

图 4-11 显示了在 2011 年 ADM 这只股票的缺口情形。相较于图 4-10 所示的 2007 年，ADM 仍是一个"富于缺口"的股票。

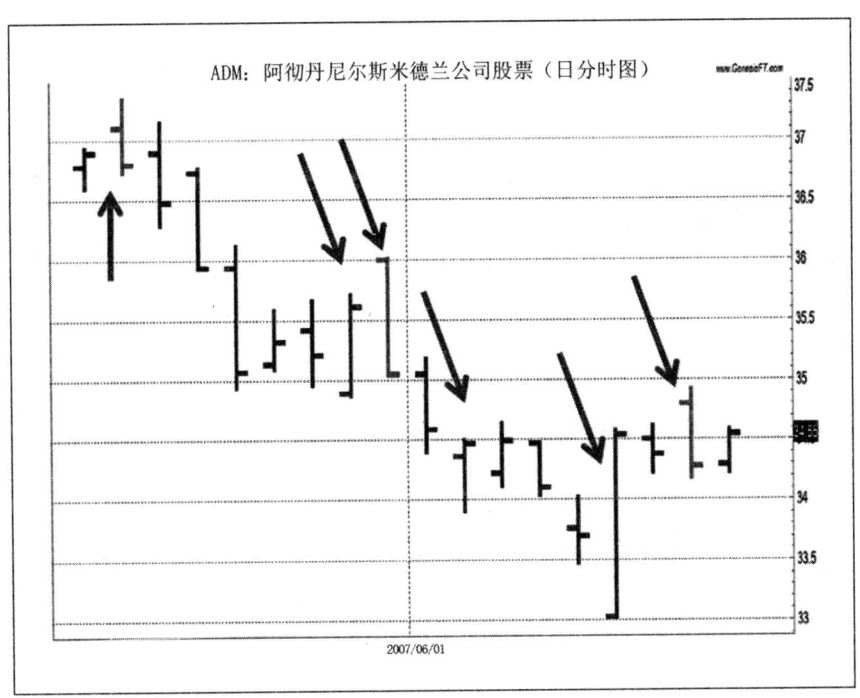

图 4-10　2007 年阿彻丹尼尔斯米德兰公司股票图形中的缺口

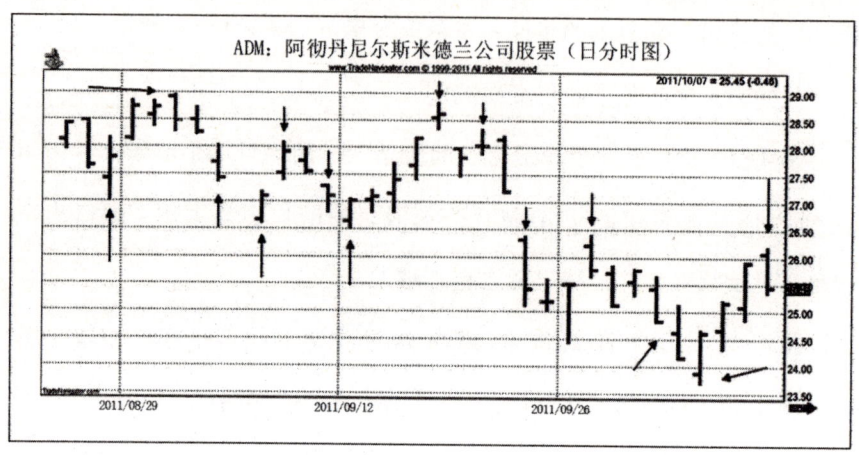

图 4-11 2011 年阿彻丹尼尔斯米德兰公司股票图形中的缺口

在 24 小时连续交易市场里的缺口

在 24 小时连续交易市场是缺口交易的一种特殊情况，因为某一天的收盘和下一交易日的开盘之间经常是没有时间间隔的。大多数外汇期货的缺口交易都发生在周五和周一之间，例如美国的周五下午市场将会闭市，而在周日的夜晚再次开盘。

该缺口将有可能出现在周日开盘之时。

那些所谓的 23 小时连续交易市场只出现了少量，但一旦存在缺口，该缺口被填补的可能性较大，并且被填补的程度更大。图 4-12 中，日元期货只有两次缺口交易，且只有一个被填补。被填补的这一个缺口，其结果是非常有利可图的。

第4章 如何进行日内交易（二）

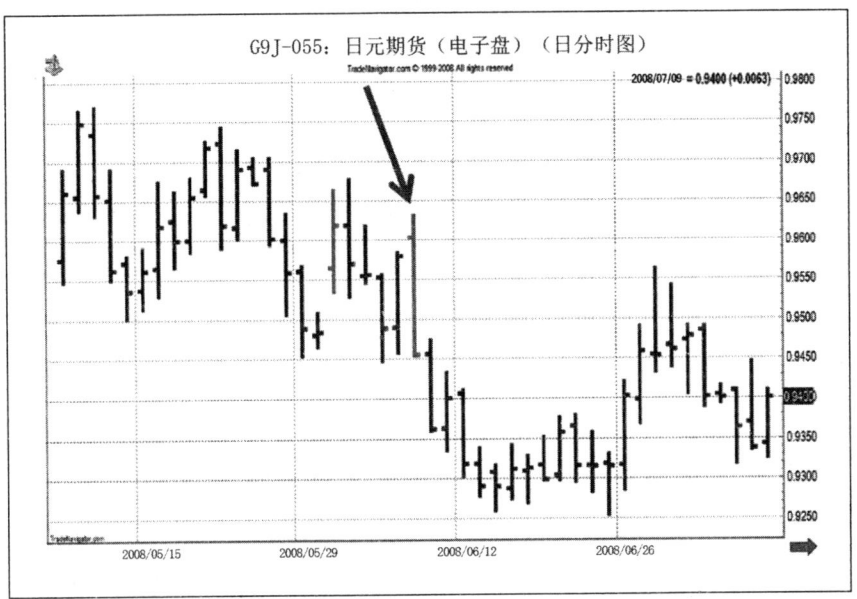

图4-12 日元期货中的缺口交易：23小时连续交易，缺口虽少但效果更佳

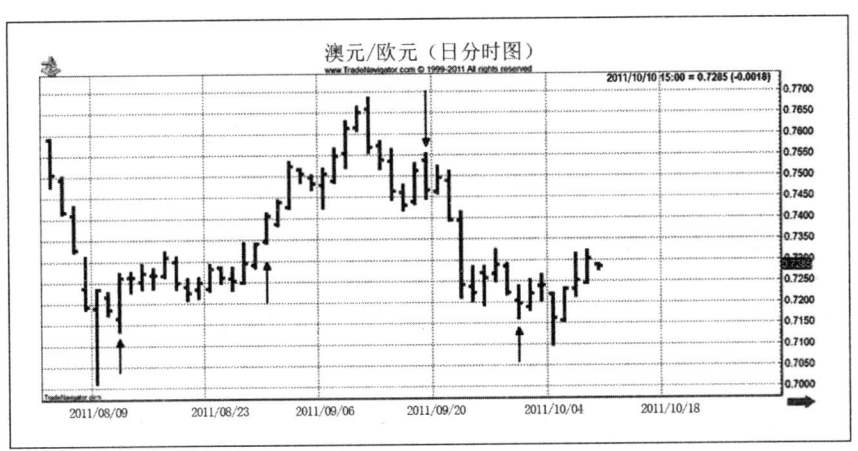

图4-13 澳元/欧元外汇交易中被触发的缺口交易

日内波动较大交易日的重要性

除非你能保持自己日内交易拥有近乎完美的准确度，否则你必须依靠较大的价格缺口才能提高收益。说到底，你会发现大部分的日内交易利润会被抵消掉，而较大价格缺口才能使你实现净利润。如果你的日内交易经验与我相当，你将赚取数量众多的微小利润和产生数量众多的微小损失，而这些结果最终将会相互影响并彼此抵消。因此，数额显著的利润才是让你的交易与众不同的关键，但若缺乏利润最大化的策略，你是不可能获得胜利赢利润的。

大多数的日内交易者都是通过快速而细微的变动和最后一刻离场的时机，来获得市场里的大量潜在利润，但是较大价格缺口会让这一切变得不同，图4-14就是一个例子。

在恰当的时间离场，是成为成功的日内交易者的重要条件。不论你用的是哪种方法，在进行日内交易的过程中，利润最大化的策略才是至关重要的。

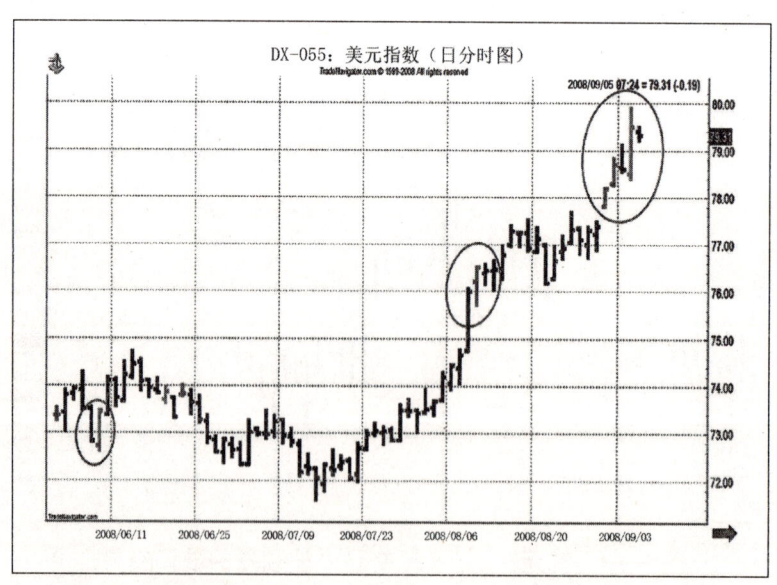

图4-14　缺口较大的日内交易机会使最低利润与众不同

第4章 如何进行日内交易（二）

缺口交易的离场策略

下面让我们分析一些能实现利润最大化的离场策略。

在止损价位离场

一旦开盘价与昨日最低价之间的缺口被填满，就应在开始缺口交易时设置止损位于当日最低价。比方说，一只股票昨天的低位是28.80，今天股票开盘价格在28.60，该股票今日缺口低开，接着股价上涨。因为你已将停损买单指令设定于28.64，那么买入指令被触发，你将持有股票。你也可以将初始止损指令设定在28.60以下，例如28.50。

随着缺口交易的深入，你将发觉有时缺口交易被触发后股价又回到了它的低点，或者说在持有卖空仓位时股价又回到了它的高点。你必须留出足够的空间，让股价或者大宗商品的价格在其最高位与最低位之间进行变动，这意味着你不能像大部分人那样将止损位设定只比最低价低1、2分，或者比高点只高1、2分，同样，在大宗商品交易时不应将止损位定于离当日高低点仅1、2个变动单位的地方。你需要给你的入场触发交易留一些余地，来"测试"价格是否会重新回到当日的高点或低点。

比较好的办法是把10%的价格变动区间作为你的止损位。正如上文所述的例子，如果当停损买入指令被触发时价格变动范围是0.45美元，因此你应设定止损范围在4.5美分，约等于5美分。最后，记住一定要设定第一个目标价位以保证自己远离危险区域。一个合适的第一个目标价位应在当日变动范围的50%。

在目标利润价位离场

根据我的建议，将前一交易日价格变动范围的50%作为第一个目标价位，而将前一交易日价格变动范围100%作为第二个目标价位。比如，前一交易日的最高价为0.35美元，而最低价则在0.31美元，那么价格变动范围则应该为0.04美元。第一个目标价格应取前一日变动范围的中点，在有买入触发点的情况下，第二个目标价格应高于前一日的最高价位。假设你目前的交易持仓可分成3个部分，你有300股，那么其中的第三部分仓位可能无法设定止损。在没有止损设定的情况下，在当日交易结束或者接近闭市时，应清空这部分仓位。有时你可能为了获得最大利润而将日内交易仓位保留到第二日开盘，但这是一个充满风险的做法。

在第一个获利开盘价位时离场

第一个获利开盘价（FPO）是指不论大小在入场后开盘价与入场价格之间第一次出现利润时的开盘价。由于其标的物触发具有高精确性，使用FPO离场的交易方法和系统往往有非常高的准确性。如果你决定持有你最近的缺口交易持仓直至第一个获利开盘价位，那你需要在你的保本止损价位设置仓位保护。在实践中，这是一种充满风险的方案，因为开盘价很有可能远离你的止损价位，在这种情况下，保本止损价位可能无用，一个可能获利的交易将变得带来损失。

第 4 章 如何进行日内交易（二）

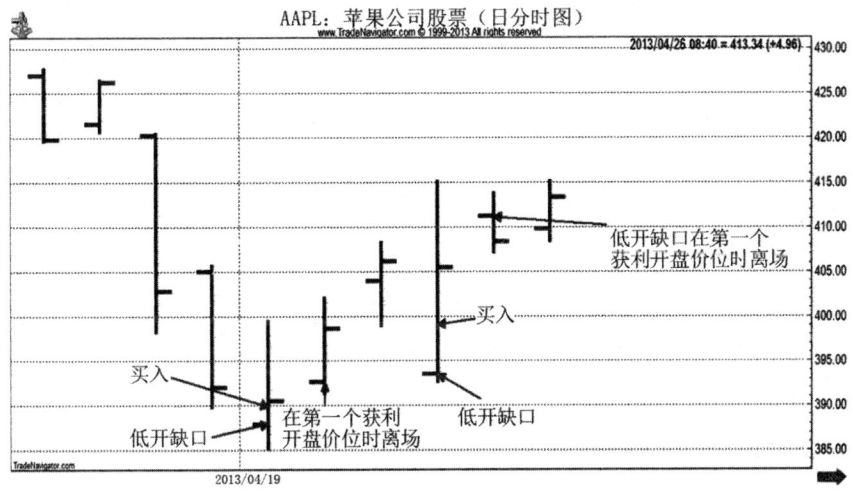

图 4-15 苹果公司的第一个获利开盘价位离场示例

在多项合约上利用组合策略

我倾向于以 3 的倍数进行交易，在期货市场则是最少三手合约，而在股票市场则是最少 300 股，当然你也可以只持有 100 股，并且将它分为 3 份，每份为 33 股。这种建仓的方法可以使持有的仓位以不同的目标价格分别离场。在股票交易中，这样的方式可能意味着，当你每次清掉部分仓位时，都需要支付额外的交易手续费，但我相信这样的方式可以使你获得相应的交易灵活性，同时获得更大的利润。接下来，让我们更加详尽地学习缺口交易的离场步骤吧！

将第一部分仓位在第一个获利目标价位清仓，并提高止损价位设置至保本价位

第一获利目标价位是前一交易日价格变动范围的50%。当你平掉自己1/3头寸时，为另外2/3的仓位设置追踪止损，锁定利润的75%，并且用保本价位为第三部分的仓位设定止损。保本价位是指初始触发价格。如果你的停损买入价格为2880，那么一旦市场价格大于等于2880，指令变为市价指令。这就意味着，根据股票价格变动的速度和剩余指令的位置的不同，你的指令将会被成交于2880、2881、2882、2883、2884等。为了能够保持持续性，我更喜欢做大量关于与实际开仓价格相反的名义触发价位的计算。如果你能用具体使用该方法的实例与我探讨，我们正在使用标准化的开仓和平仓点。

在当日交易时段近结束时离场一部分，并将另一部分在第二个获利价位离场

在第一个获利目标价位平掉部分仓位后，通过设置追踪止损，使其剩余仓位远离危险区间后，你可以在收盘前将其他仓位平仓。同样，你也可以利用前一交易日价格变动范围所得到的获利目标价平掉第二部分的仓位。

缺口触发的其他变量

虽然缺口交易的基本概念很有道理且具有表面效度，但还有很多潜在的影响因素，并不是一眼就能看得出的。单纯的判断开盘价是否高于或者低于前一天交易日价格,实际上是一种简化的概念。在执行缺口交易时,还有很多其他因素需要考虑进来。对那些会进行自主研究的人而言,这才是缺口交易的魅力所在。以下影响缺口交易的变量应该被考虑:

1. 缺口的大小。并非所有的缺口都是同样的规模;缺口越大,交易效果越好。一只股票可能开盘低于较前一日最低价 10 美分或者 2 美元。我发现开盘时缺口越大,一旦缺口交易被触发盈利效果越好。然而,缺口越大,相应的交易也越难被触发,因此你必须考虑何种程度的缺口有益于进行交易。

2. 前一交易日价格变动范围回溯的大小。在前一交易日价格变动范围基础上 2 美分的回溯,是否就比 5 美分的情况有优势呢?我发现解决这样两难的问题,最好的方法是找到前一日价格变动范围回溯比例。如果我们参考的回溯比例太小,比如,如果仅有股价 1 美分的回溯,或者期货品种上一个变动单位的回溯,我们就没有足够的价格空间来进行有效触发。从另一方面讲,如果我们参考的回溯标准过大,我们可能错失太多潜在利润。作为一个日内交易者,你必须维持在合适的平衡点上。

3. 止损范围。从大量的回溯测试中,我们认为较大的止损设定往往会获得更好的结果,因此我建议,以止损以前一交易日价格范围的 10% 为基础进行设置。

4. 初始利润目标。请参考前文获利目标相关内容。

触发的规模

现在让我们分析一些股票和期货中的缺口交易。

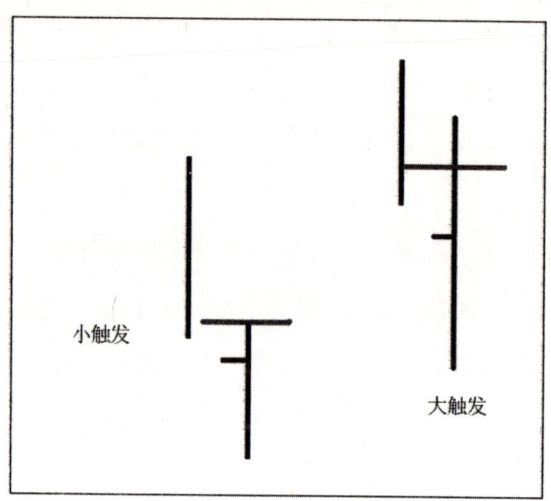

图 4-16 触发的规模

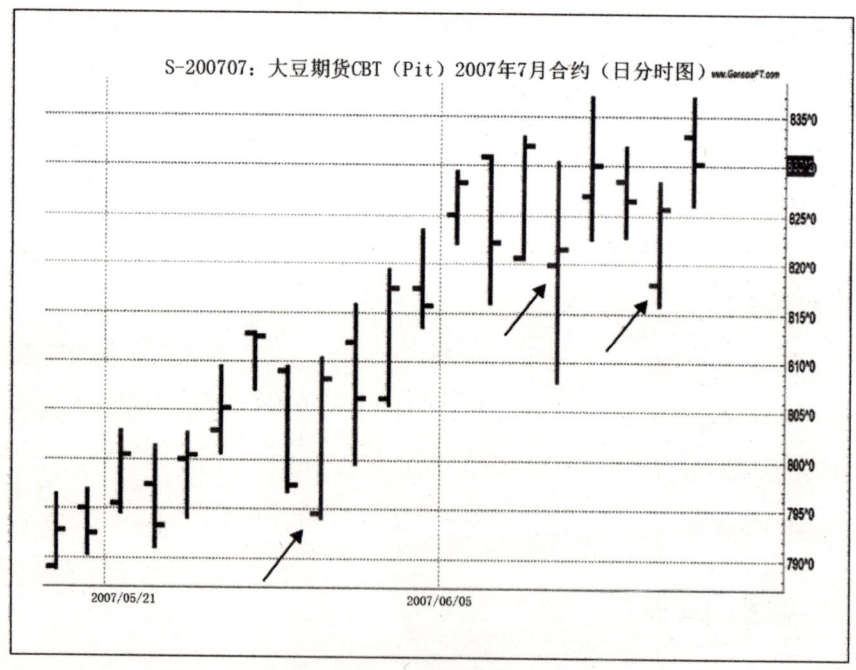

图 4-17 缺口触发买入

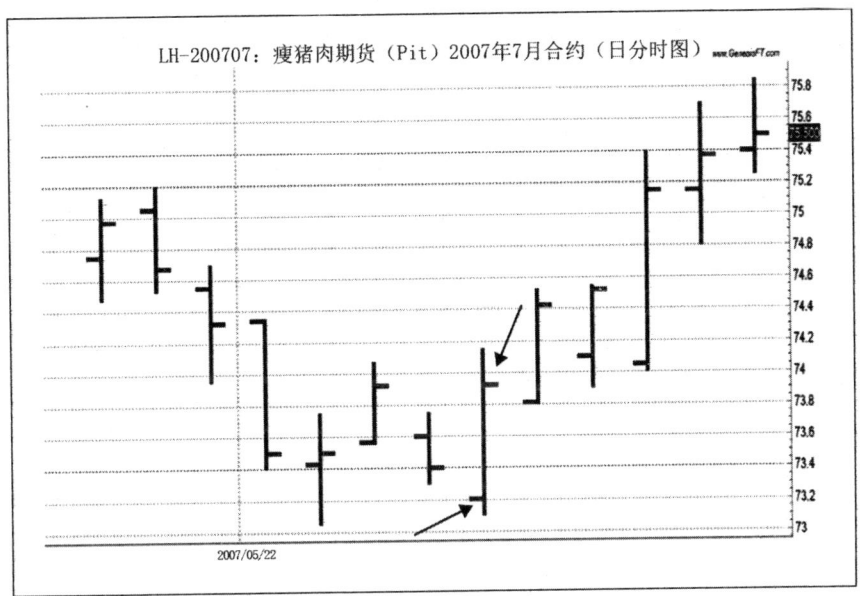

图 4-18　缺口触发买入和卖出

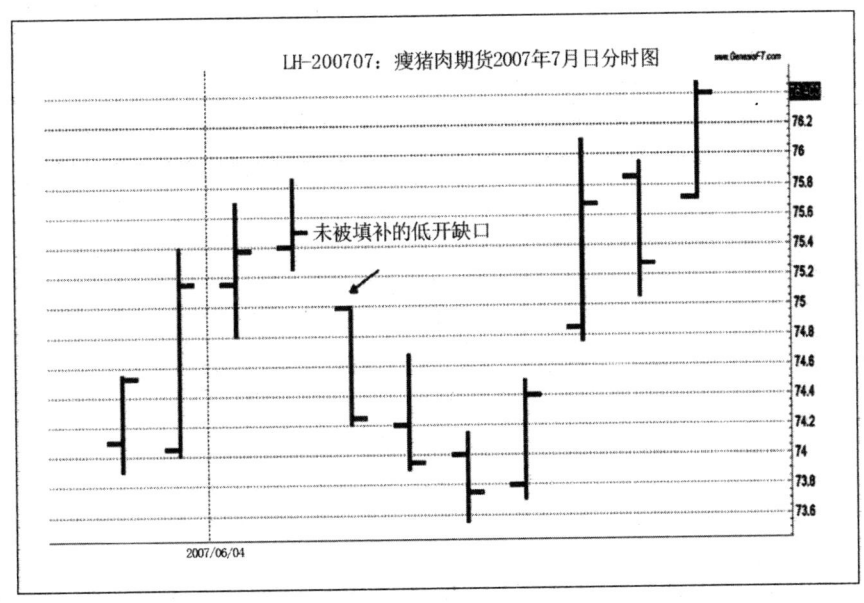

图 4-19　低开缺口但没有被填补——没有交易发生

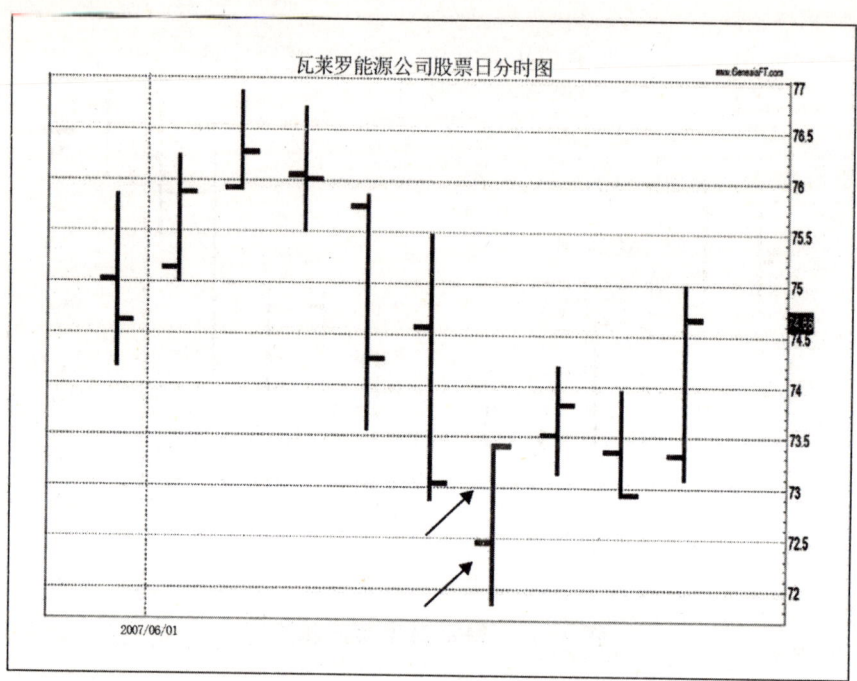

图 4-20 缺口被填补——买入

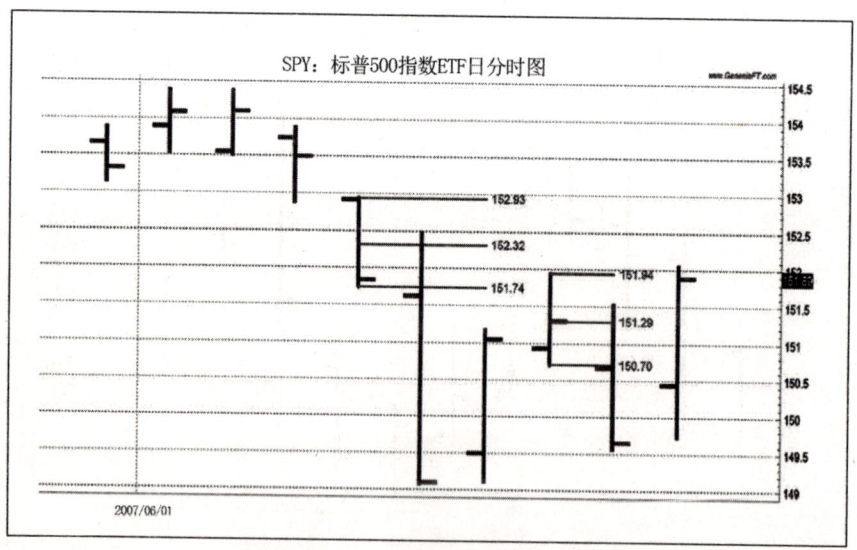

图 4-21 买入缺口和获利目标位

第5章 如何进行日内交易（三）

在市场中，会发生许多不同的价格关系。许多交易者只看市场中的收盘价，在他们这样做时，他们未能了解收盘价与当日最高价、最低价以及开盘价关系的重要性。在每天的价格波动中，日内交易者要考虑各种可能性，以及如何利用这些可能性作为定时触发器或可以确定市场方向的工具。在过去的40年里，我所进行的工作使我得出这样的结论：在价格的预测有效性方面，在任何一个给定的一天的开盘价和收盘价之间，存在最重要的价格关系。

触发3：开盘与收盘

当股票或商品品种在某一天的收盘价要高于开盘价时，往往是对特定股票或合约的需求高于供给，这是一个看涨的迹象；相反，在任何给定的一天，如股票或商品品种的收盘价低于开盘价，很可能是对特定股票或合约的供给高于需求，是看跌的迹象。

在上升趋势中的任何一天，较有可能的是收盘价会高于开盘价；在下降趋势中的任何一天，收盘价将更可能低于开盘价。

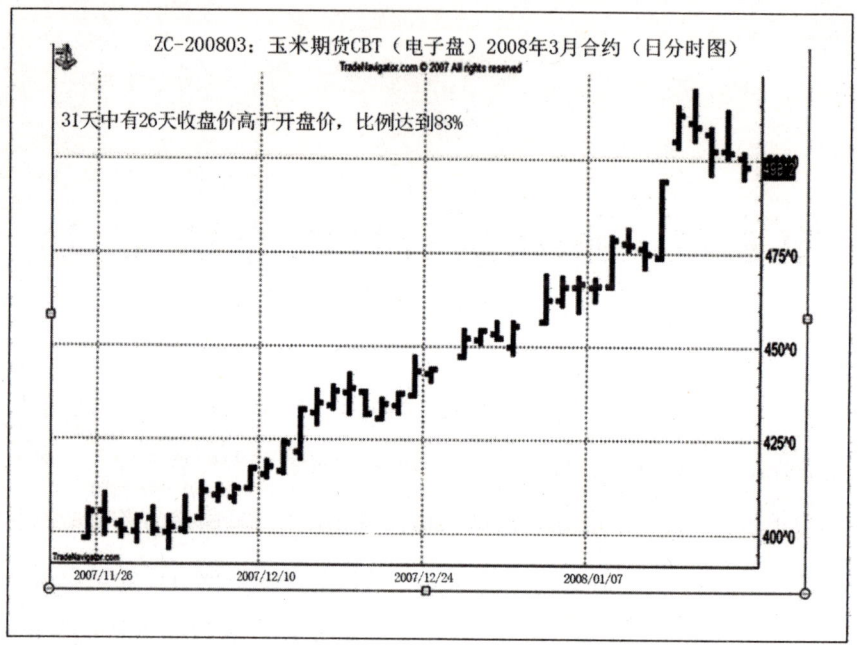

图 5-1 在一个向上趋势中，收盘价高于开盘价的时间达到 83%，如在一个上行市场，每一个价格棒的收盘价都常常高于开盘价

从图 5-1 和 5-2 的数字看得出，上述说法很容易证明。

虽然开盘价和收盘价之间的关系并不总像这些例子中那么明显，我们可以将它们转化为一个更简单、更易操作的方式，即使用移动平均线（MA）作为趋势变化的指标。请注意，这个方法，我称它为 8OC（买入或卖出基于收盘价的交叉图形），与被广泛使用的移动平均法有着明显不同。如你所知的那样，大多数基于移动平均法的系统总是比较两个收盘价的移动平均线或三个收盘价的移动平均线，并在均线交叉处做出

第5章 如何进行日内交易（三）

决策。这种传统的移动平均系统的应用，准确度往往非常低的，回撤非常大，并经常在横盘市场中表现不太好。此外，这样的系统往往会错过在接近顶部和底部进入的机会，交易经常进去得晚、出来得早。我相信，我开发和设计的8OC法，会克服许多传统移动平均线系统的典型缺点。尽管8OC不能成为任何日内交易者的灵丹妙药，但比起许多交易者使用的基于移动平均线的定时系统，它在捕捉更多市场上的日内大型波动方面更有成效。

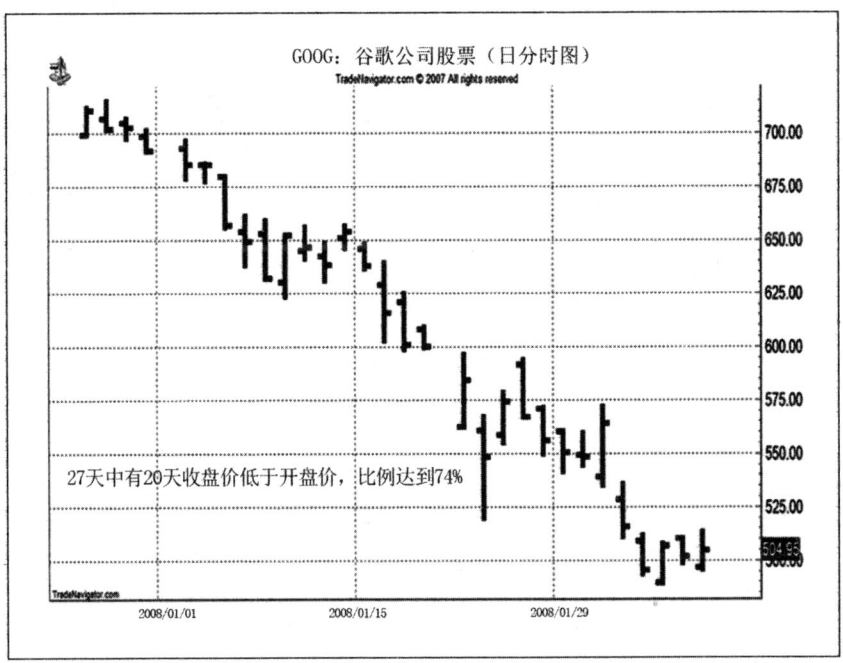

图5-2　在一个向下趋势中，收盘价低于开盘价的时间达到74%，如在一个下行市场，每一个价格棒的收盘价都常常低于开盘价

为了使这种方法更加形象化，也为了在日内价格波动的捕捉中方便应用，我使用了8日移动平均的开盘价和8日移动平均的收盘价。参考

上面的数字，我们可以用 8 个价格棒形移动平均线来表示开盘价与收盘价的关系，这将使我们很容易地观察到此方法作为定时触发点的有效性和应用性。

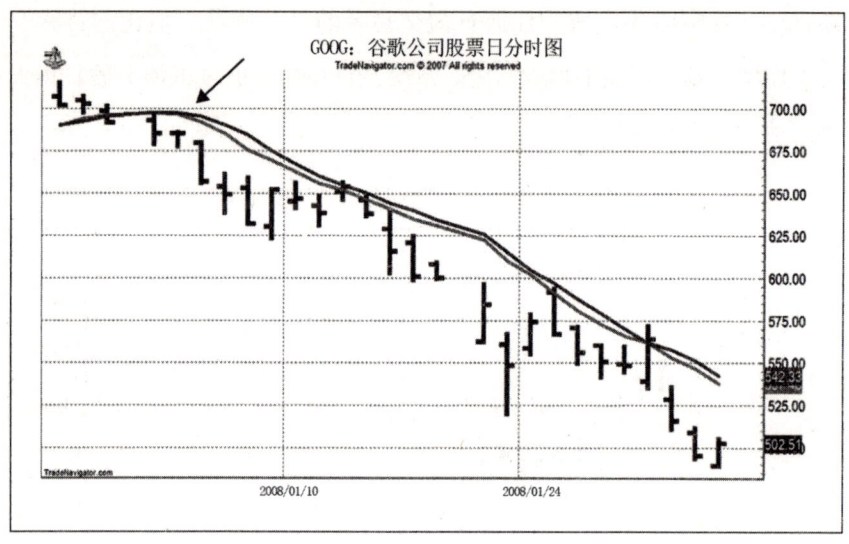

图 5-3　谷歌股票股价及其 8 日开盘价和 8 日收盘价的移动平均线，箭头（左上方）显示 8 日收盘价在 8 日开盘价的下方，趋势转为看跌

当然，事情并不能如图中所示的这么简单。请记住，我们的真实工作中需要一个设置、一个触发和一个后续遵循。下面是一个简短的、总结的方法，在这之后是更明确和准确的举例说明：

- 使用 8 个时段的收盘价移动平均线。
- 使用 8 个时段的开盘价移动平均线。
- 在牛市中，大多数的收盘价都高于开盘价。
- 在熊市中，收盘价通常较开盘价低。

- 8OC 方法利用了这一重要关系。
- 当 8 日收盘价移动平均线高于 8 日开盘价移动平均线时，即是买入设置。
- 对于期货合约的买入来说，止买点设置在比设置条高出两个最小变动价位的位置。
- 当 8 日收盘价移动平均线低于 8 日开盘价移动平均线时，即是卖出设置。
- 对于期货合约的卖出来说，止卖点设置在比设置条低出两个最小变动价位的位置。
- 在股票交易的设置中，我建议将设置条交易范围的上下 5% 设为触发点。
- 记得一个设置并不是一个触发点。因为可能有许多设置，在第二天会反向变动而不会引起触发。

下列是一些退出策略：

- 最初的止损点设为前 10 个棒形线的最大价格范围的最低点，包括触发条。
- 最初的利润目标设为前 10 个棒形线的最大价格范围的最高点，包括触发条。
- 如果仓位是可盈利的但却还未达到其利润最高点，则将决策条设为第五个棒形线。
- 第五个棒形线结束时的目标为了结你所持仓位的 1/3，接着为你所剩 2/3 中的一半仓位设一个 75% 的止损点，然后为你最后的 1/3 仓位将止损点设在盈亏平衡点上的位置，也就是你的进场价。

- 决策条还是第五个棒形线。如果发现该交易不赚钱，且没有在第五个棒形线结束时止损，则了结你所有的仓位。
- 在第五个棒形线之后，上面所描述的追随停止过程开始生效。
- 应在五号棒形线之前设置一次反转触发，反转你的多空持仓。

为可能发生的大波动保持一部分的仓位，这是非常重要的。

现在让我们来看看下面几个例子，先是根据我的设置、触发和跟随（STF）模型建立在不同时间窗口下的交易框架，再检验8OC方法在日内交易中的应用，说明这个方法能在任何时间窗口的场景中运用，而且时间窗口越长，潜在的利润就越大。

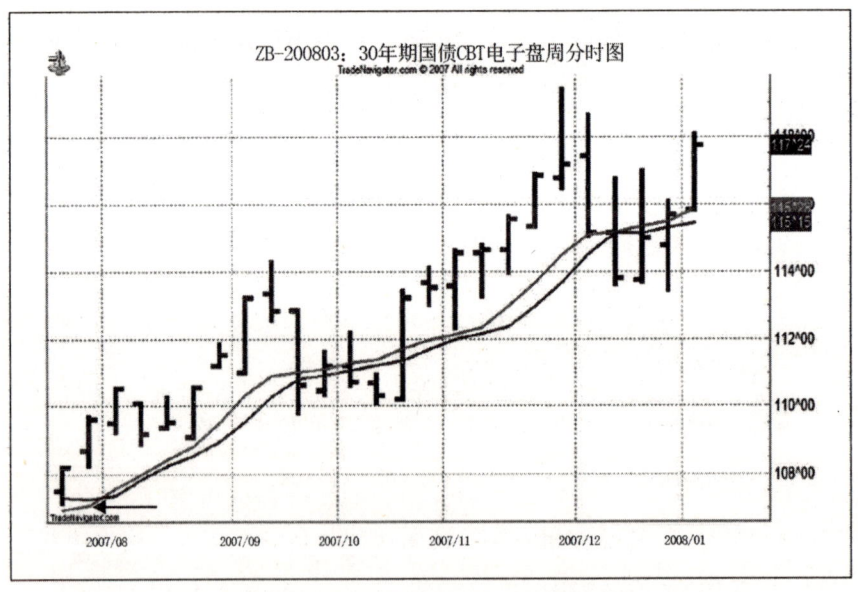

图5-4 在上涨趋势下的收盘价与开盘价的对比；箭头显示了8日收盘价的移动平均线与8日开盘价的移动平均线交叉并超过后者，在交叉点之后即是漫长的上升波动

第5章 如何进行日内交易（三）

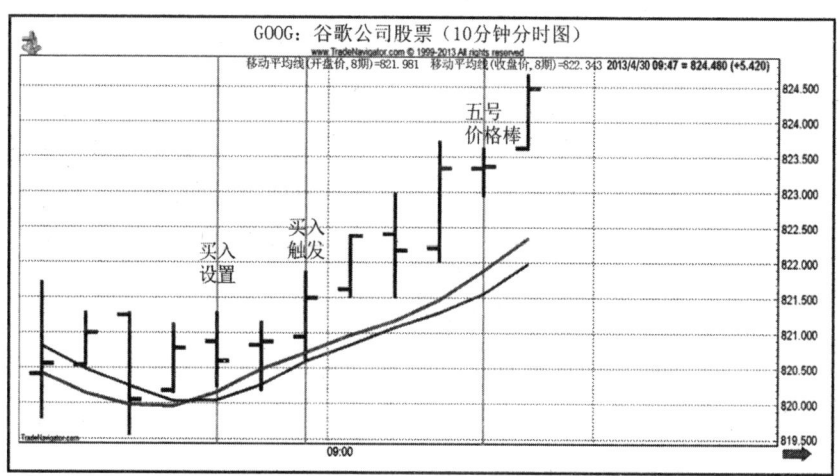

图 5-5　谷歌股票 8OC 日内交易展示

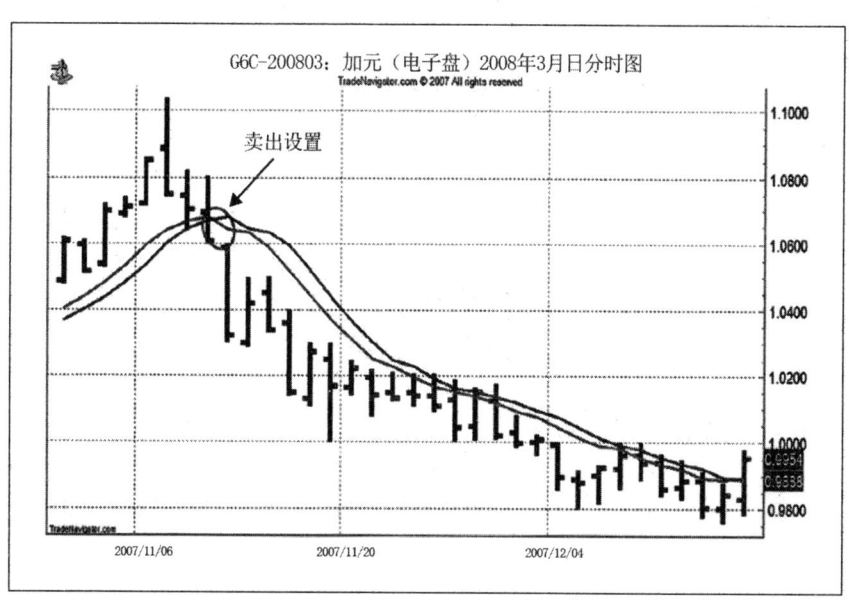

图 5-6　在下跌趋势下的收盘价与开盘价的对比；在一个趋势下降的市场中，8 日收盘价的移动平均线通常都比 8 日开盘价的移动平均线要低

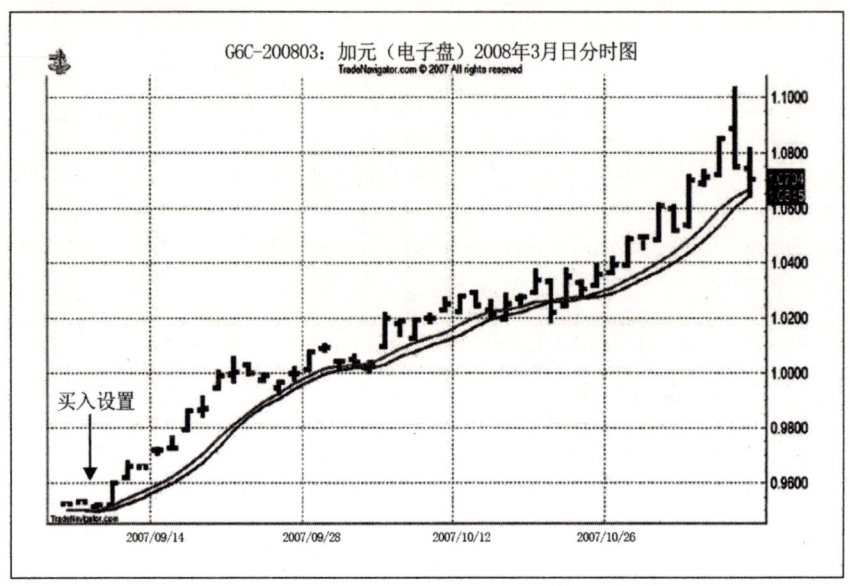

图 5-7　8 日收盘价与开盘价；另一个展示 8OC 关系的例子

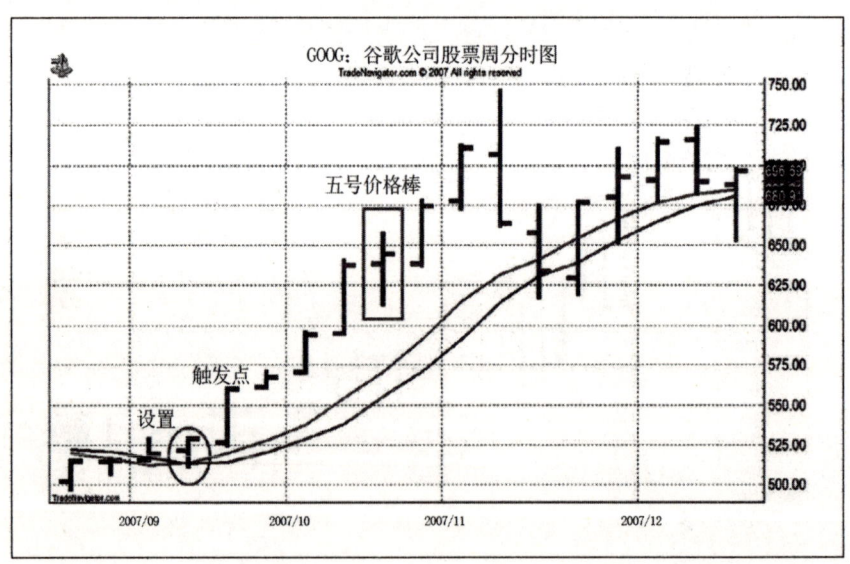

图 5-8　8 日收盘价与开盘价及五号棒形线模型；在触发点起计算的五号棒形线（触发棒形线记为一号棒形线），开始做决策决定退出交易或先获取部分利润，并持有剩余的仓位

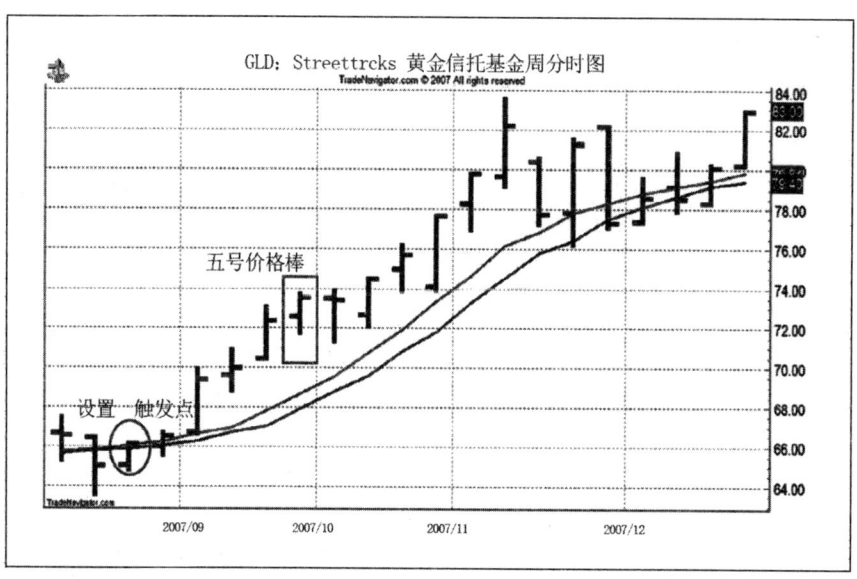

图 5-9 8 日收盘价与开盘价及五号棒形线模型；在触发点起计算的五号棒形线（触发棒形线记为一号棒形线），开始做决策决定退出交易或先获取部分利润，并持有剩余的仓位

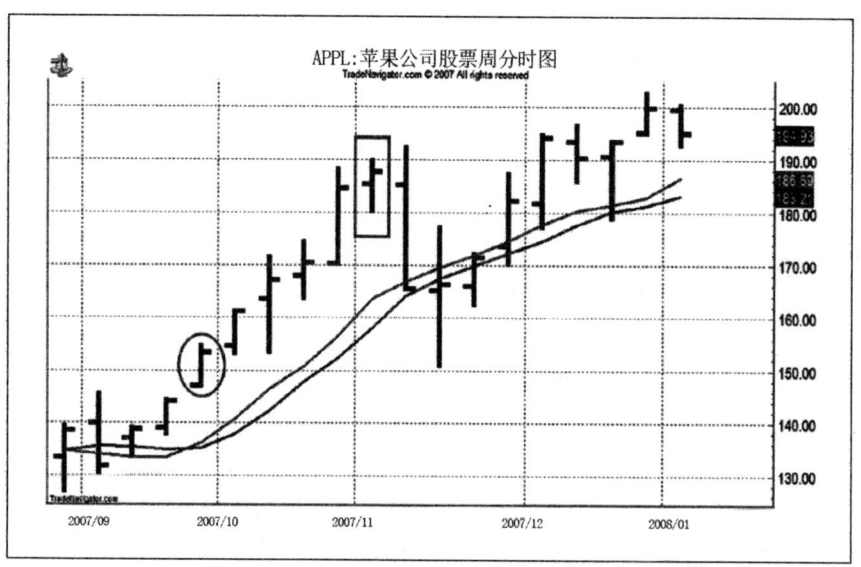

图 5-10 8OC 与五号棒形线模型；在触发点起计算的五号棒形线

(触发棒形线记为一号棒形线)，开始做决策决定退出交易或先获取部分利润，并持有剩余的仓位

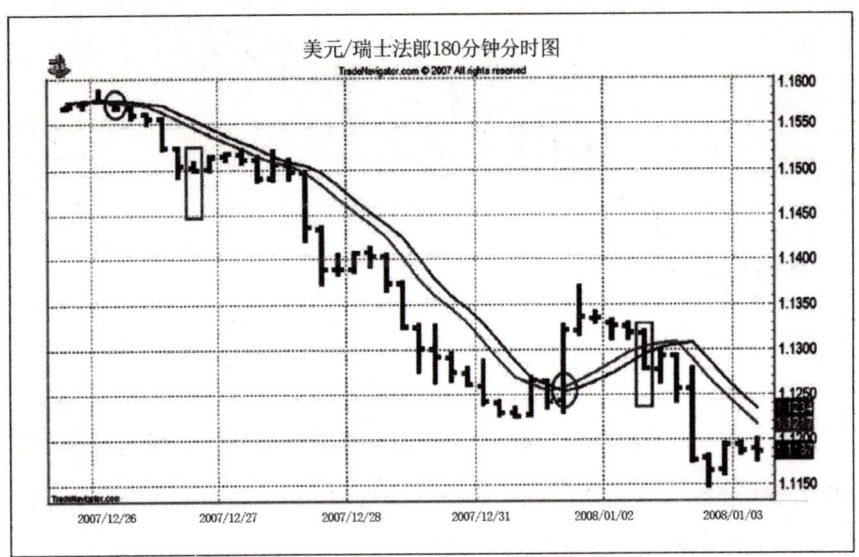

图 5-11　8OC 与五号棒形线模型；在触发点起计算的五号棒形线(触发棒形线记为一号棒形线)，开始做决策决定退出交易或先获取部分利润，并持有剩余的仓位

复习 8OC 法则

- 买入触发为 8C>8O。
- 卖出触发为 8C<8O。
- 退出策略为在第五号棒形线取得部分利润或逆转交易。
- 仅在活跃市场中使用。
- 仅在价格波动大的市场中使用。

- 为可能发生的更大的价格波动保持一部分仓位。
- 在超短期的时间窗口（即不超过 5 分钟）中无法起作用，因为可获取的利润有限。

总的来说，8OC 法在短期和日内交易中是极好的定时策略工具。正如我所开发的所有日内交易方式一样，利润最大化的策略是最重要的。

第6章 移动平均线通道在日内交易中的应用

移动平均线通道（MAC）是一种我在20世纪70年代末研究出来的方法，在当时它就非常有用并且有效，现在甚至更好。这是一种非常容易理解和使用的方法。

移动平均线通道方法

移动平均线通道指标主要基于两个简单的移动平均线（MAS）。不同于利用收盘价的传统均线交叉系统，移动平均线通道使用两条均线：一条为最高价的移动平均线，另一条为最低价的移动平均线。在检验传统的收盘价移动平均线系统的历史绩效时，通常采用这种交叉系统的结果非常差，一般准确度仅在30%至45%的范围内。在结合我所提出的设置、触发和跟进（STF）的方法，移动平均线通道指标可以大幅提高准确概率，因为它不使用收盘价作为参数。

以下是移动平均线通道的基本应用规则，其他方面将会在后文进行讨论。

- 计算 8 条棒形线（例如，日棒形线、周棒形线或日内分时棒形线）中每一个的最低价的移动平均线。
- 计算 10 条棒形线（例如，日棒形线、周棒形线或日内分时棒形线）中每一个的最高价的移动平均线。
- 当有 2 条完整的棒形线价格高于移动平均线的高点（MAH）时应设定买入。
- 买入触发应发生在触发指标（威廉多空力度线）相交时。这一点下文将进一步解释。
- 当有 2 条完整的棒形线价格连续低于移动平均线的低点（MAL）时应设定卖出。
- 所有的设定一定要被触发。
- 只有当价格棒形线能够完整地高于或者低于移动平均线时才算有效。注意：棒形线整个儿都要在通道范围之外。

通过使用电脑图形软件，以上规则都很容易实现。应用威廉多空力度线和简单的 57 期威廉移动平均线。当威廉指标相交并高于移动平均线时，应为买进信号；当相交并低于移动平均线时，应为卖出信号。高于或者低于设置点的两条棒形线，一定要与其相应指标的交叉保持一致。下面这个例子将有助于你理解这些规则。

使用两条简单移动平均线：

- 10 期最高价的移动平均线。
- 8 期最低价的移动平均线。
- 有 2 个连续完整的价格棒形线高于最高价移动平均线是买入图

第6章 移动平均线通道在日内交易中的应用

形（作为触发的确认指标）。
- 有2个连续完整的价格棒形线低于最低价移动平均线是卖出图形（作为触发的确认指标）。
- 为了使用威廉多空力度线，触发确认是必需的。
- 利用简单的57期移动平均威廉多空力度线。

移动平均线通道突破口

不同于利用收盘价的传统均线交叉系统，移动平均线通道使用两条均线，一条为最高价的移动平均线，另一条为最低价的移动平均线。正如我们前面所提到的，利用以收盘价的移动平均线为基础的方法的效果不佳，通常都只有30%到45%的准确度。再结合我所提出的设置，触发和跟进（STF）的方法，由于移动平均线通道指标不使用收盘价而是使用最高与最低价作为参数，故可以大幅提高指标的准确度。不同于使用收盘价的移动平均线，移动平均线通道结合了最高价、最低价和信号指标或触发信号（威廉多空力度线和其移动平均线）。当有连续两条价格棒形线高于移动平均线通道上线或者低于移动平均通道下线时，移动平均线通道出现突破点。下面是一些移动平均线通道突破信号的例子（见图6-1至6-3）。

- 第一获利目标价 = 2 × 触发日的移动平均线通道。
- 止损价 = 2 × 触发日的移动平均线通道。
- 当价格到达获利目标价水平时，将1/3的持仓平掉。利用追踪止损锁定75%的利润并且在成本价（买入价）上将最后1/3的仓位平掉。

- 保持成本价止损直到移动平均线通道出现反转卖出信号。

移动平均线通道的短线波段交易

移动平均线通道延续（MACC 或短线波段交易）在上升趋势时利用移动平均线通道作为买入支撑信号，而在下跌趋势时以其作为卖出信号。

移动平均线通道延伸信号：

- 8 期最低价移动平均线。
- 10 期最高价移动平均线。
- 威廉多空力度线。
- 57 期威廉多空力度线的移动平均线。

移动平均线通道延伸的应用规则如下：

- 当连续 2 条价格棒形线高于 10 期最高价移动平均线，且威廉多空力度线大于 57 期威廉多空力度线的移动平均线时，设置买入。
- 买入触发移动到 8 期最低价移动平均线时。
- 当连续 2 条价格棒形线低于 8 期最低价移动平均线，且威廉多空力度线小于 57 期威廉多空力度线的移动平均线时，即为卖出触发信号。
- 卖出波段交易向上移动至 10 期最高价移动平均线。
- 第一个获利目标价位 = 开仓时通道的宽度。
- 止损位 = 当日开仓时通道的两倍宽度或反向移动平均线的设置与触发点。

以下为移动平均线通道延伸的图表示例。

第6章 移动平均线通道在日内交易中的应用

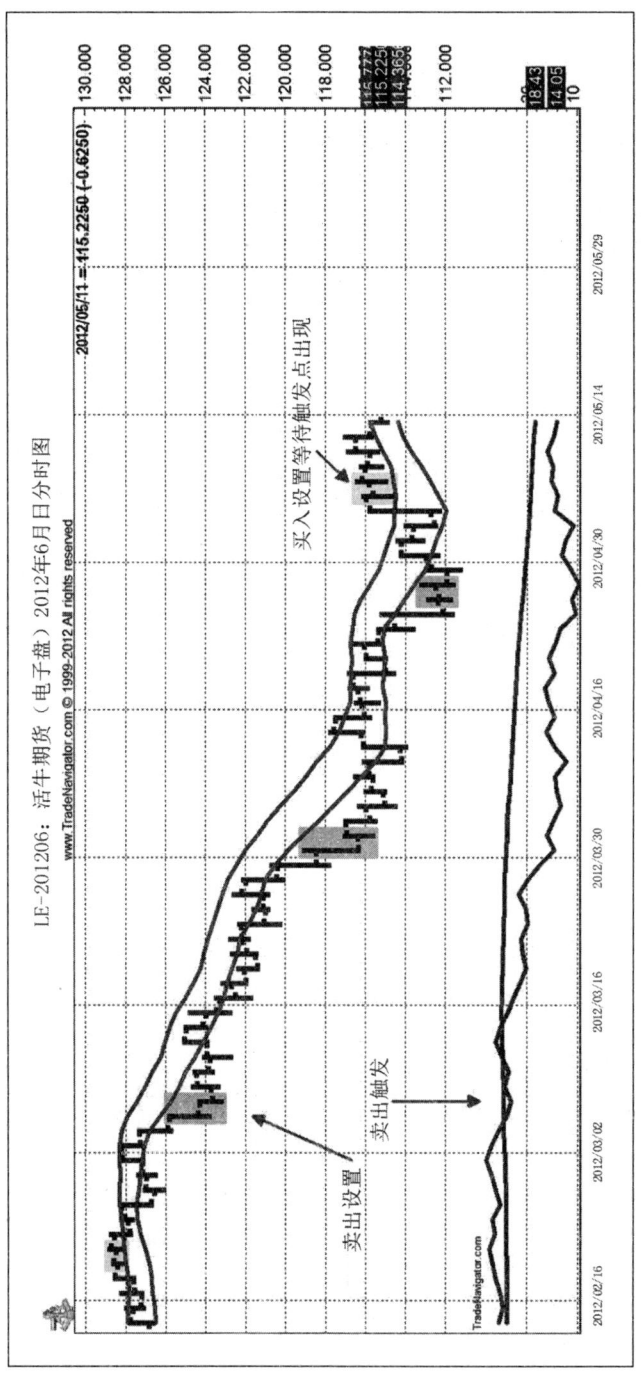

图6-1 在日价格图中的移动平均线通道信号

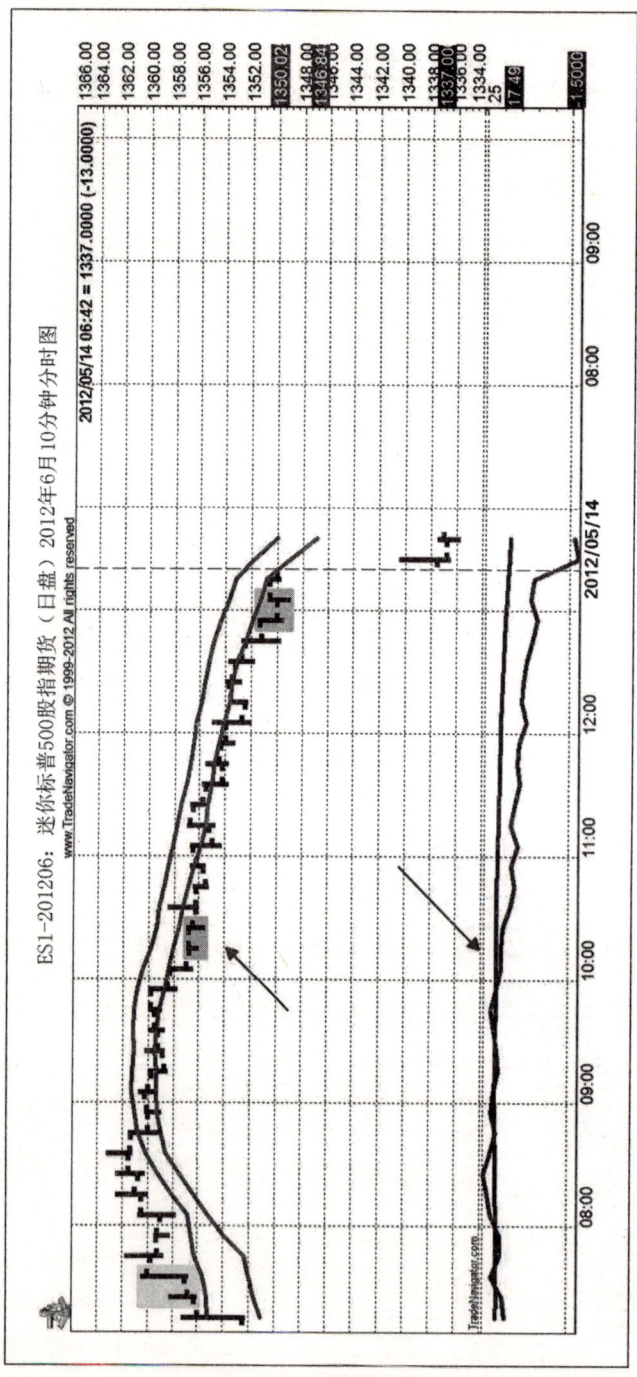

图6-2 迷你标普500股指期货合约日内价格图表中的移动平均线信号

第 6 章 移动平均线通道在日内交易中的应用

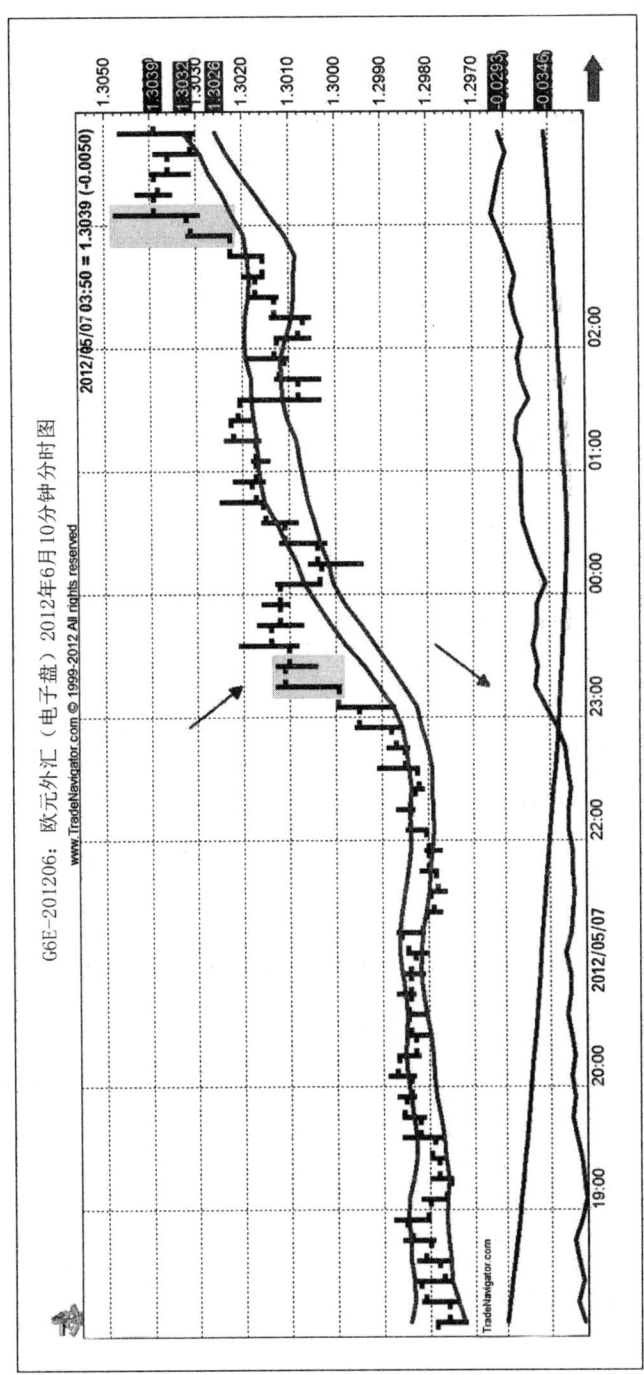

图6-3 欧元期货合约的日内价格图表中的移动平均线信号

移动平均线通道的细节

在上面的例子中，移动平均线通道似乎是一种应用简单的方法。相较于前文我已经向你解释的概念之外，还有很多移动平均线通道的更重要细节尚未解释。下面我将详细介绍移动平均线通道法一些重要方面。

- 当移动平均线通道触发买入信号时，低价移动平均线成为新上升趋势的支撑线，换言之，在面对一个上涨趋势时，你应该在支撑位进行买入。
- 当移动平均线通道触发卖出信号时，高价移动平均线成为新下降趋势的阻力线，换言之，在面对一个下跌趋势时，你应该在阻力位进行卖出。
- 如果新的信号是由越多的连续的价格棒状线构成，那么新的价格趋势也将更为显著。
- 在上升趋势中，一个狭窄通道可能意味着价格向下调整或股价走势见顶。
- 在上升趋势中，一个不断扩大的通道往往预示着价格将大幅上扬。
- 在下行趋势中，一个狭窄通道可能预示着调整向上或者触底反弹。
- 在下行趋势中，一个不断扩大的通道后会出现价格大幅下跌。

下面用两个例子来说明之前所提条件。

第 6 章　移动平均线通道在日内交易中的应用

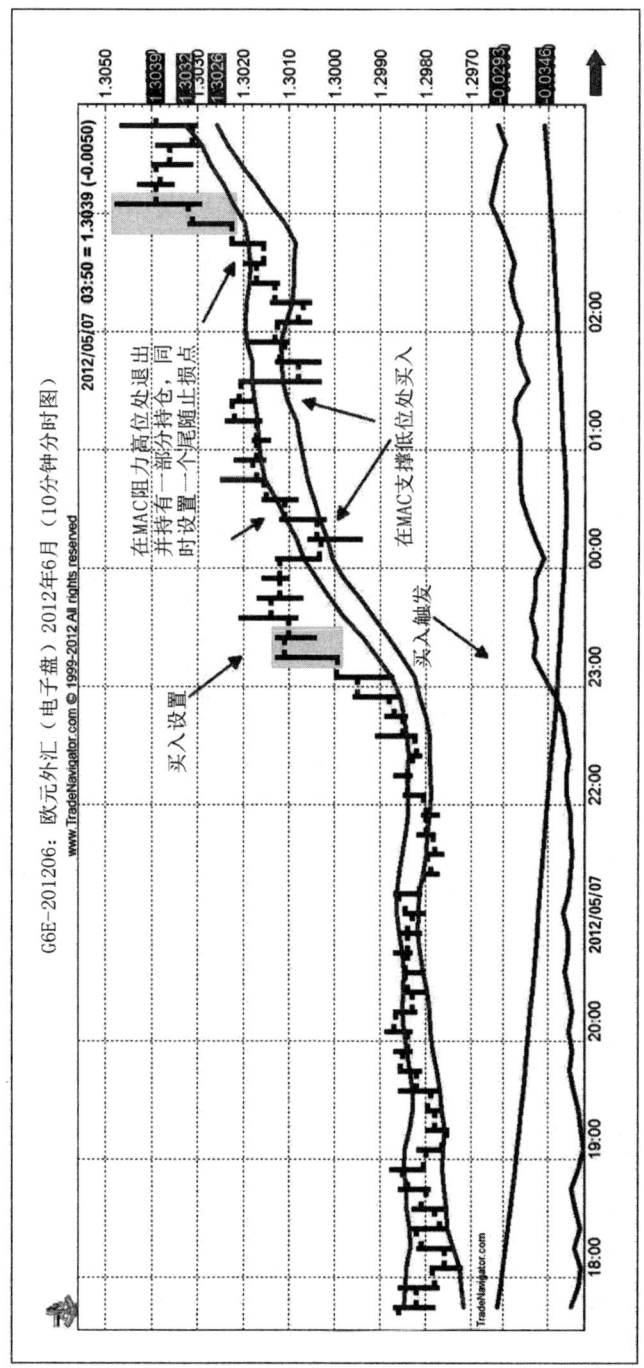

图6-4　移动平均线通道的短线波段交易

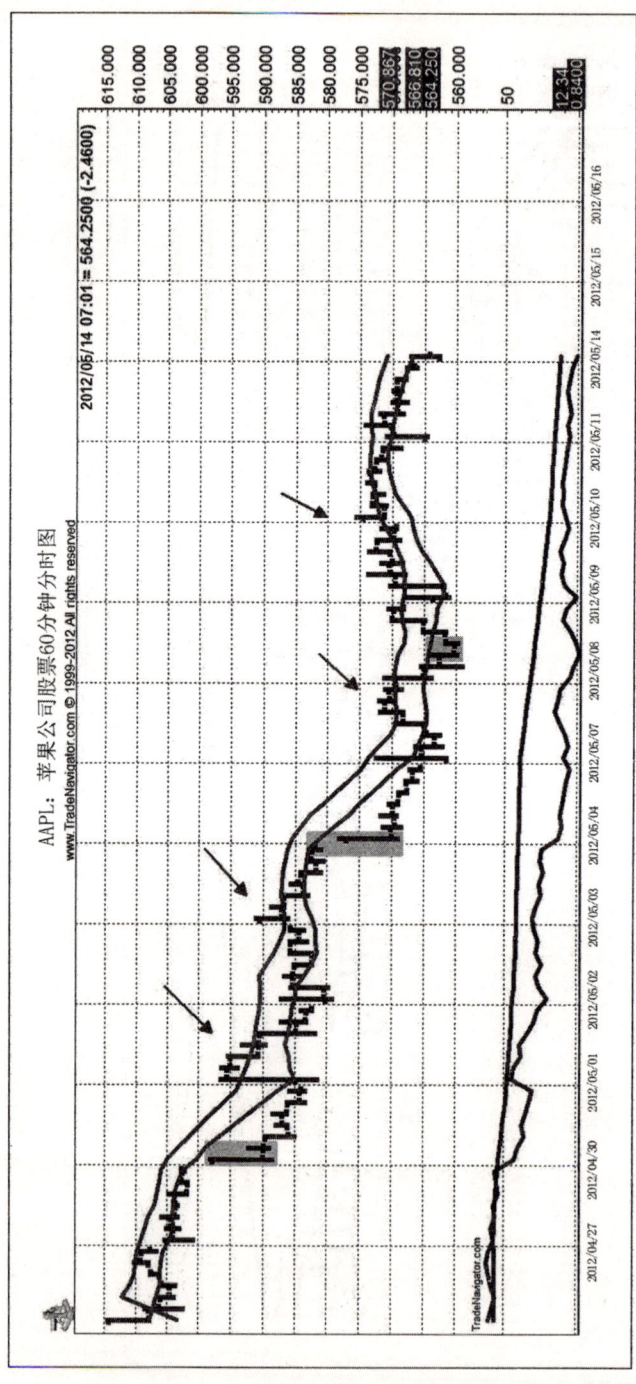

图6-5 在下跌趋势是,移动平均线通道的短线波段交易的卖出点

第 6 章　移动平均线通道在日内交易中的应用

综上所述，移动平均线通道是一种高度多样化且有很多应用方式的方法，这些应用方式之间并不互相排斥，你甚至可以同时应用所有的方法，而其中如何应用则取决于你自己。

要成功的运用移动平均线通道，下文所列技巧则十分重要：

- 只在活跃市场中应用移动平均线通道。如果市场交易清淡，价格棒状线会小，并且移动平均线通道的准确度会很差。如果考虑期货，则应该用最近合约月或者活跃月份的日价格图形。
- 如果在日内交易时段使用移动平均线通道，建议不要使用低于 10 分钟以下的分时图。
- 记住，当你使用移动平均线通道进行短线波段交易时，交易利润将会限制在交易所在特定市场的通道宽度之间。
- 使用移动平均线通道方法是需要经验的，而且不应该在完全教条式的方式下使用。尝试使用前，应该积攒一些经验。
- 移动平均线通道既能被用作突破口方法，又能用于短线波段交易。

在本章已就这两种方式列举了一些应用实例。在第 7 章我将详细介绍对于日内交易者来说更具有吸引力的短线波段交易。两种方法是可以兼容的，你可以同时利用这两种方法。短线波段交易法将使你进行更多的交易，但是突破口法则会事半功倍，带来更多的利润。

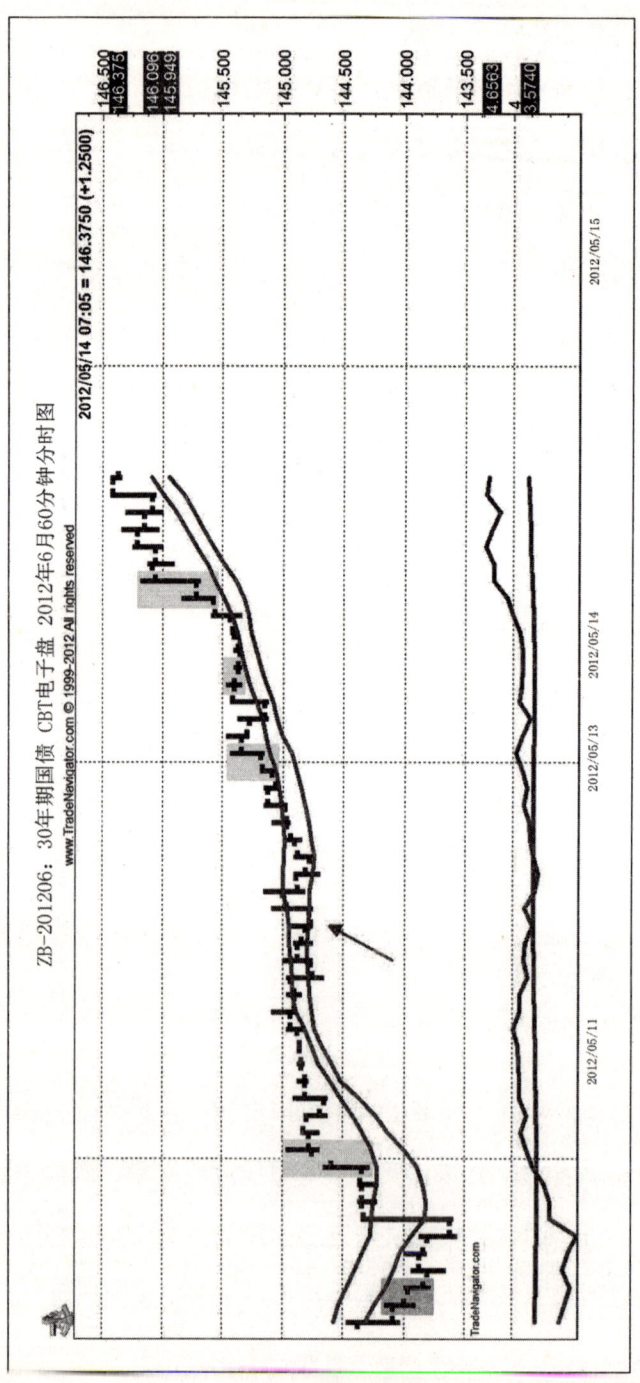

图6-6 国债期货中移动平均线通道的短线波段交易的买入点

第6章 移动平均线通道在日内交易中的应用

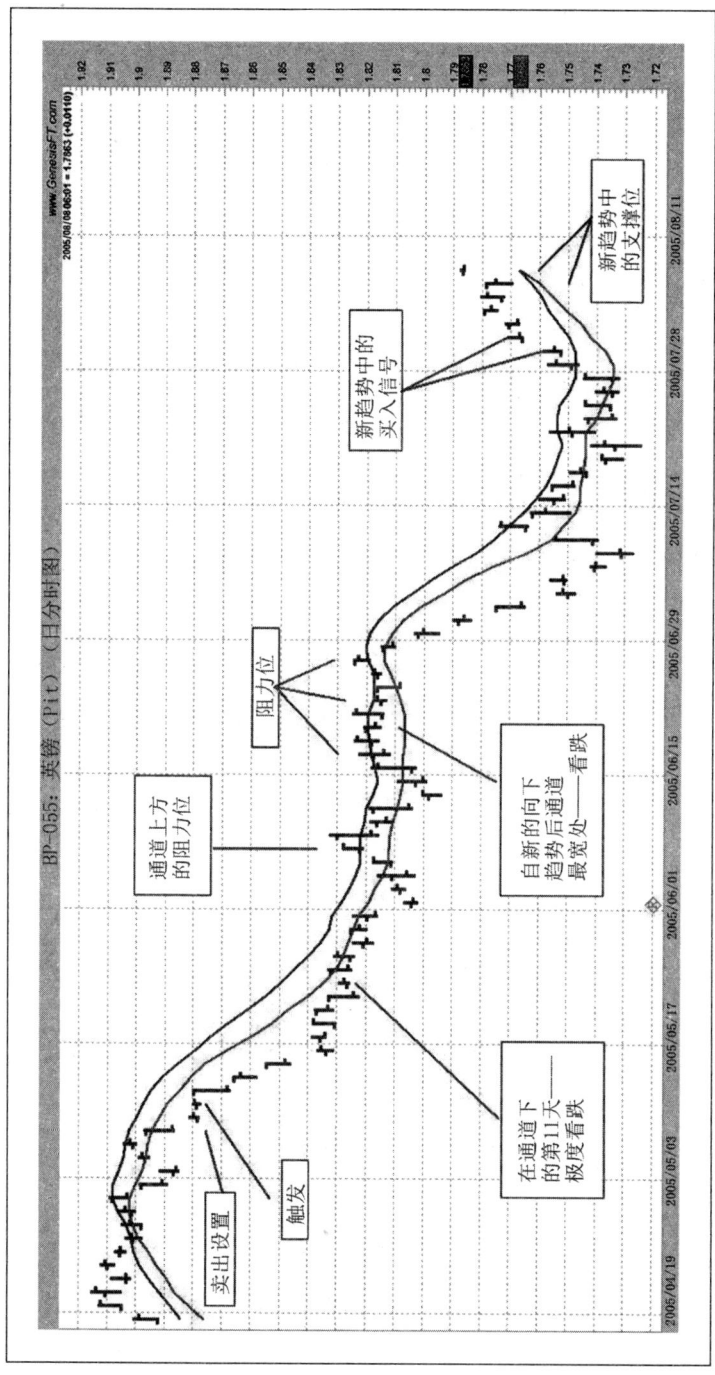

图6-7 移动平均线通道的短线波段交易

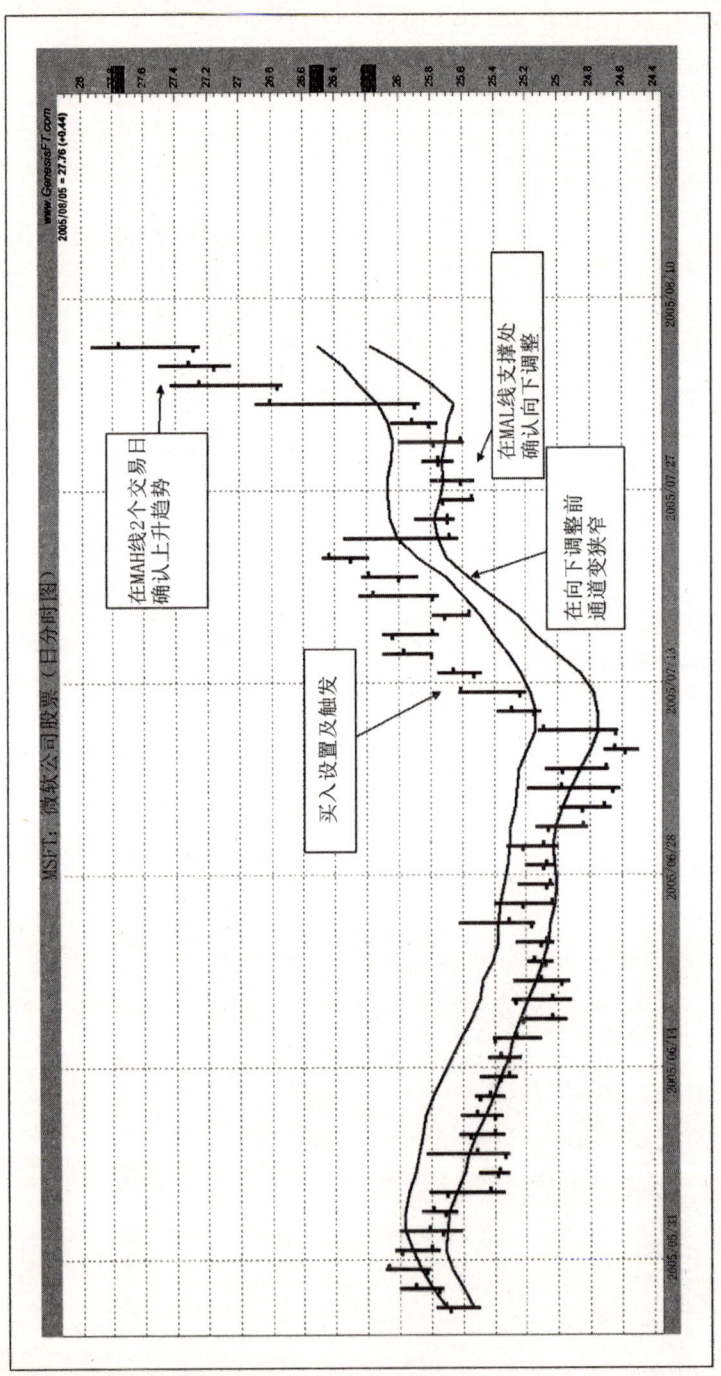

图6-8 移动平均线通道的短线波段交易

第 7 章　股票、期货和外汇日内交易中的波段交易

许多新进的交易员甚至有经验的交易者，都希望更多地了解波段交易，但往往因为找不到详细信息和应用方法而颇为失望。尽管当你用互联网搜索词条——波段交易，会出现超过 15000000 种搜索结果，这看起来很丰富的结果，却既不明确也无效率。你很少能找到准确的程序和操作的定义，而这却往往是日内交易过程真正的价值所在。因此，我一直致力于写就这一章，本章是关于密切观测在不同的市场和时间框架之下的日内波段交易的交易信号。请注意，我关于"波段交易"的定义，是一种以支撑或阻力位来实现的交易。因此，有必要先从操作层面上确定一下阻力和支撑位。

让我们先从图 7-1 开始，该图显示了 SPY 的日内价格 30 分时图，其中有移动平均为 57 的 MAC 方法与威廉多空力度线的展示。图表的说明如下：

- 左边的垂直线显示了 MAC 底部完整、连续的价格棒形线，同时威廉多空力度线也低于其移动平均线。这是一个新的卖出触发

点。阻力位被定义为 MAC 的高位线。
- 在不久之后（矩形），价格到达通道的顶部（阻力位），在那里需执行卖出，其后到达通道的底部，在那里需了结卖空仓位。
- 之后，价格有多次从 MAC 的顶部回落至通道的底部，其中每一个都构成了对卖空方有利可图的机会。
- 连续三天都有机会在阻力位（MAC 高位线）卖出，以及在支撑线（MAC 低位线）了结空头仓位。

在这本书中，我曾强调过为了捕捉更大的价格波动，需通过在了结部分仓位之后，使用一个尾随止损点来保持剩余仓位的重要性。正如你看到的，在我最后一次卖出机会后的向下倾斜的箭头处，没有新的可以卖空的阻力点了，但是这之后，价格继续向下大幅下降这个向下趋势也被坐实。这种价格移动的类型也就是我之前所提到的"更大的价格波动"。在这种情况下，捕捉这一巨大的价格波动的唯一途径，是持有仓位过夜，因此需要将这种交易归类为短期交易，而非日内交易。

苹果电脑（AAPL）的股票将在 SPY 下降的同时，在与广泛的市场同样的方向下跌，如图 7-1 所示。图 7-2 的观测结果显示如下：

- 根据 MAC 规则，2012 年 5 月 14 日左侧的垂直线显示了一个下降趋势的开始。
- 在 5 月 15 日，MAC 的顶端被触碰多次，而当 MAC 的底部也被触及的时候，波段交易就变得有利可图了。
- 根据此方法，在 5 月 16 日、17 日没有卖出的机会。
- 在 5 月 18 日，MAC 被价格触碰并被突破，在这之后立刻出现了一个剧烈的下跌直到每股 522 美元。
- 在 5 月 18 日当天，这个可获利机会之后紧跟着另一个波段交易的机会，那就是在 MAC 的顶部卖出，并在 MAC 底部获利了结。

第7章 股票、期货和外汇日内交易中的波段交易

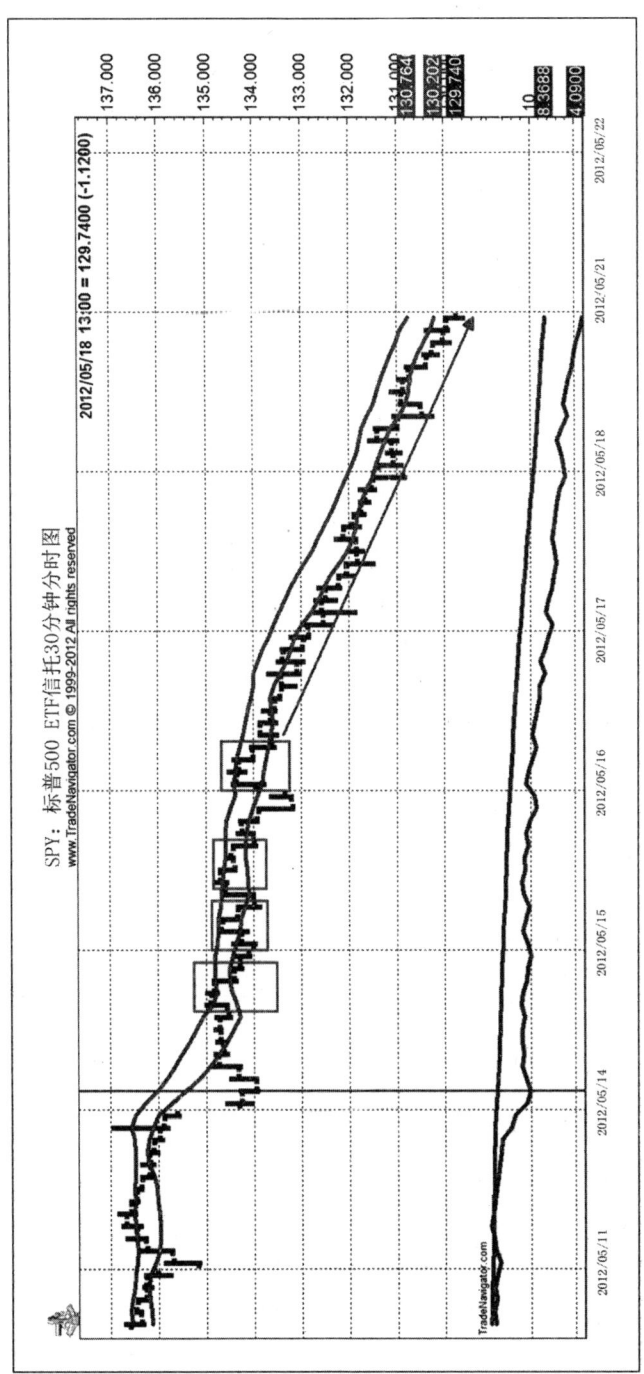

图7-1 SPY的30分钟分时图内MAC波段交易信号

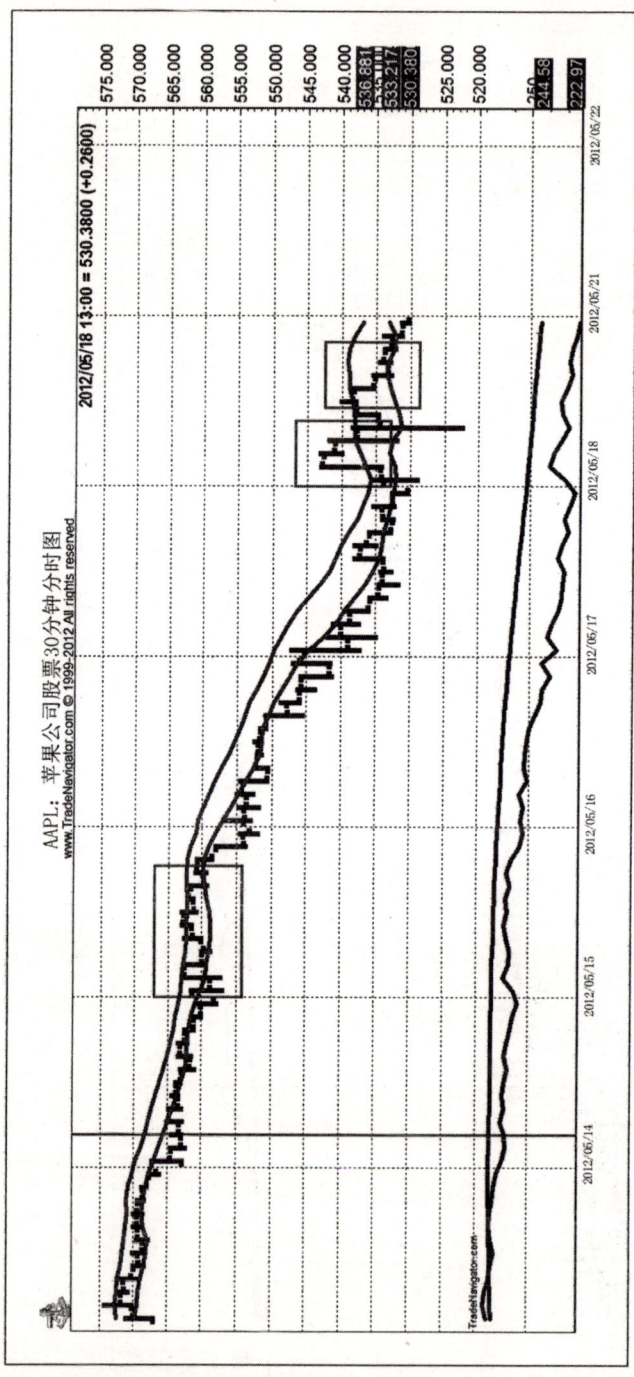

图7-2 苹果公司股票30分钟分时图内MAC波段交易信号

第7章 股票、期货和外汇日内交易中的波段交易

图 7-3 显示了 ES1 的 180 分钟分时图内的 MAC 波动交易。下列是图表中的要点：

- 在 5 月 11 日，MAC 顶部被触及，进行卖空的波段交易，因为它在 5 月 4 日出现了负值。
- 这一交易在当日即 5 月 11 日，于 MAC 底部了结获利。
- 在之前的例子中，在空头仓位被了结之后，这一趋势仍在继续进行下去。然而，如想获取这巨大的利润，则有必要保持仓位过夜，所以它不再是日内交易，而是一个短期交易。

图 7-4 显示了小麦的 360 分钟分时图以及其中的 MAC 设置与触发点。5 月 17 日的垂直线显示的是触发点。显然，因为没有回调到 MAC 的支撑点，也就没有波段交易的机会。另一方面，如单纯在没有回调至支撑位的信号下执行买入，也会在接下来的几天里产生很好的利润。不是所有的买卖触发点都会给我们带来波段交易的机会。

因日内交易的目的有一个越来越需关注的问题，那就是关于什么构成了一天。对于一个交易日时长达 24 个小时的外汇交易时长来说，日内交易中的一天的定义是和其他市场很不同的。如果你想要一整天在 24 个小时的时间内都保持清醒，那么这个工作真的非常适合你。在一个更为合理的范围内，我建议你用一个 6 小时的图表（这样你就可以在交易的间隙中小睡一下），比如图 7-5 所示，我在上升趋势中，将 MAC 支撑位的一处价格下跌处用矩形标出，这样可以更清楚地观测出这些信号是如何运用的。请注意，在以上所有的例子中，价格最终都会回到 MAC 的阻力位，这时可根据 MAC 波段交易法则了结利润。

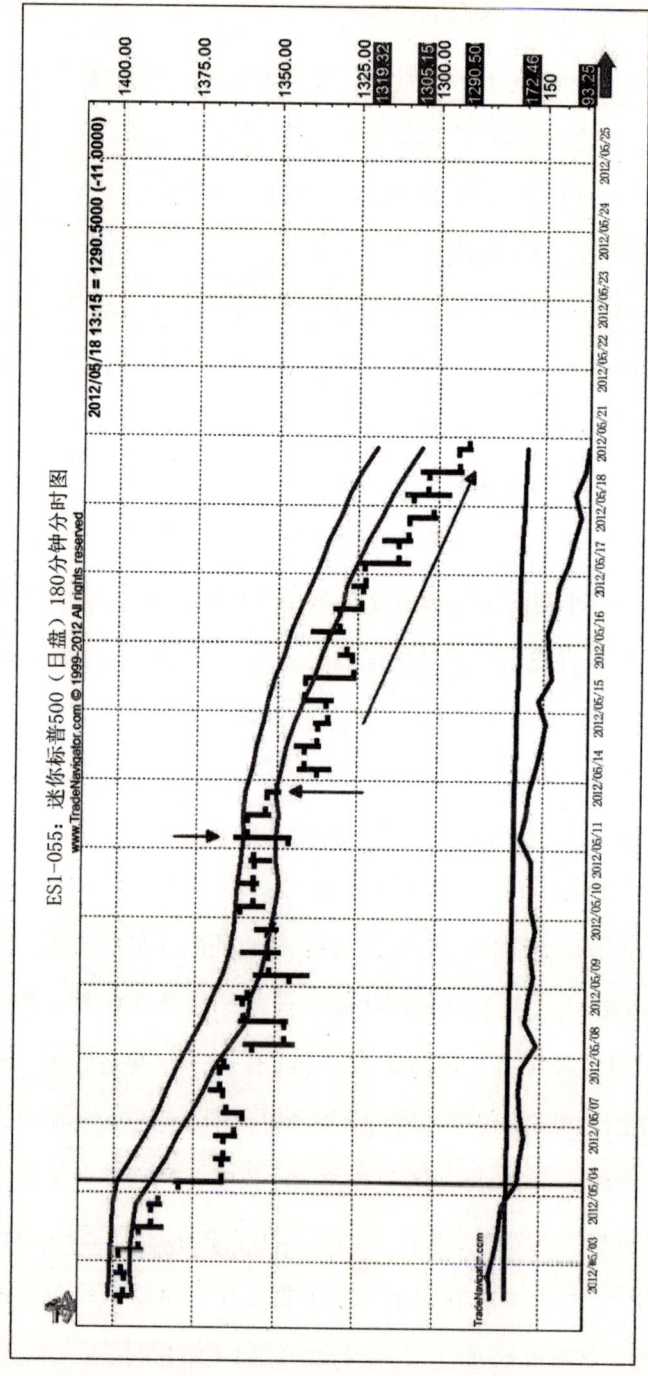

图7-3 迷你标普500股指期货合约（日盘）180分钟分时图内的MAC波段交易信号

第 7 章 股票、期货和外汇日内交易中的波段交易

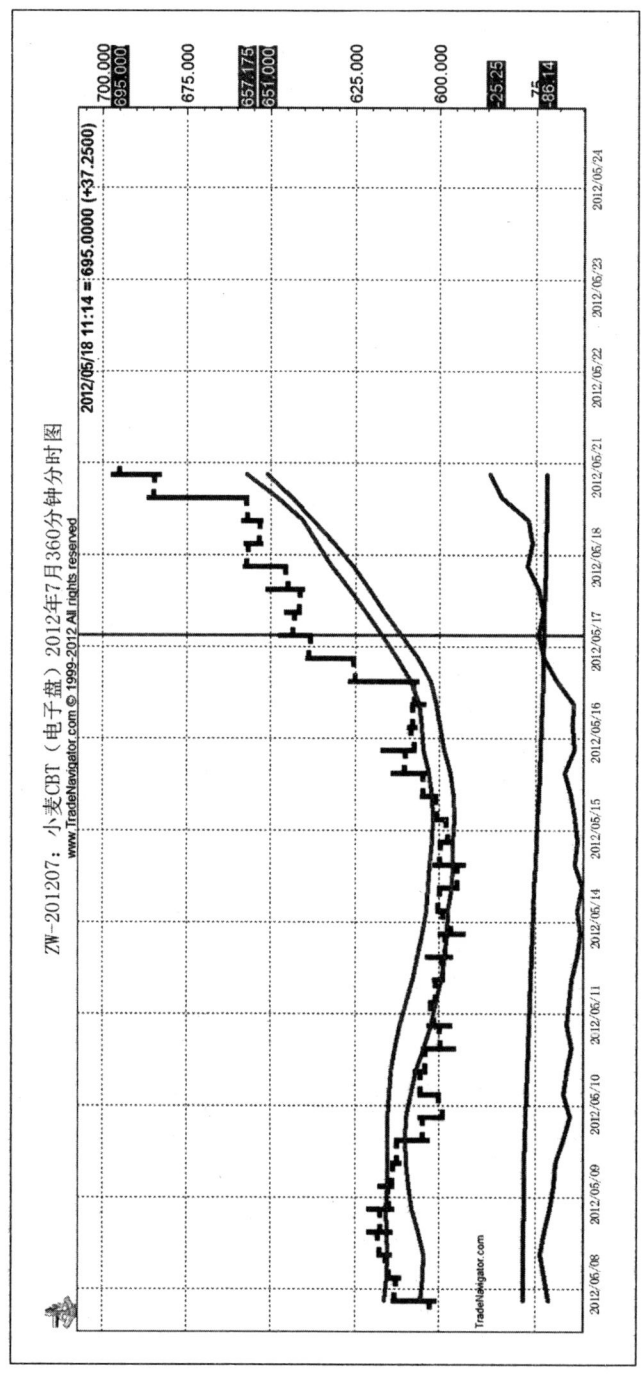

图7-4 小麦360分钟分时图内的MACD波段交易信号

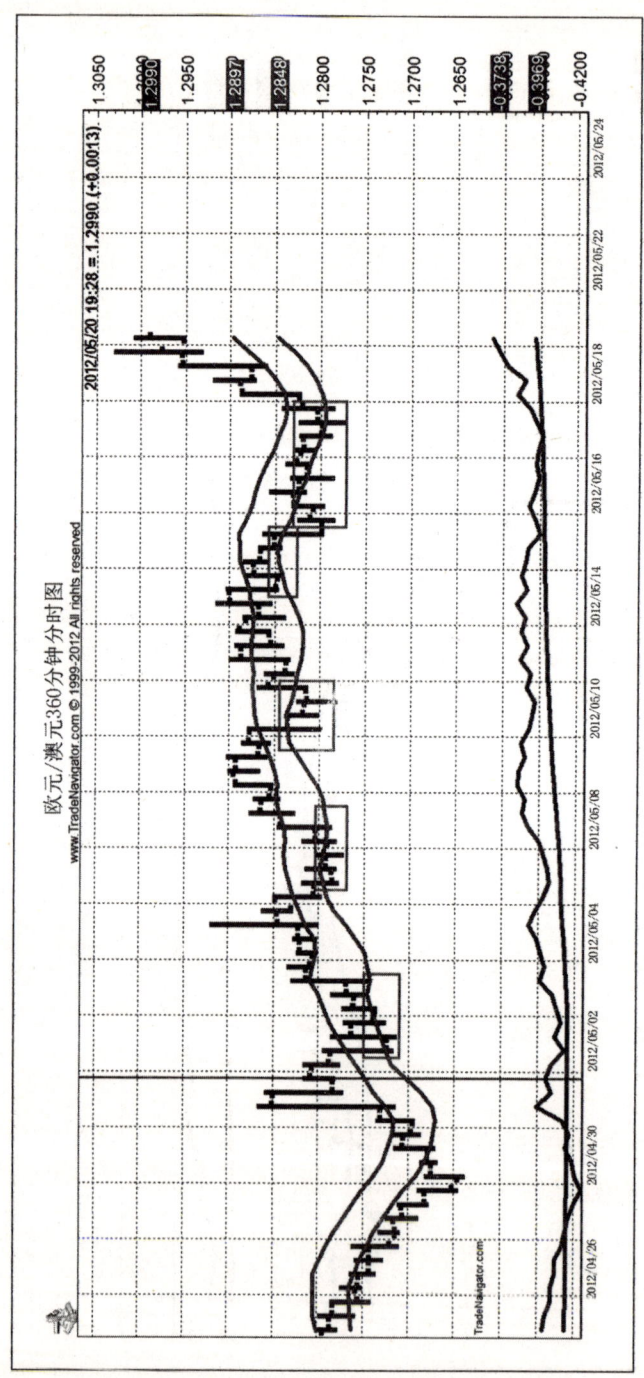

图7-5 欧元/澳元外汇交易360分钟分时图内的MAC波段交易信号

第7章 股票、期货和外汇日内交易中的波段交易

图7-6显示了美元（USD）与加元（CAD）外汇交易中MAC波段交易的可能性。图中的矩形标明了从5月7日开始，MAC阻力位至MAC支撑位价格的众多下跌与反弹，而市场的上升趋势自5月7日启动，我在此处标出了垂直线。此价格波动在之后的几天中持续走高，因此，再三强调我的建议，为了赚取大钱，你必须参与到更大的价格波动中，而进入上述大波动的办法，只有当你在最后一部分仓位上设置尾随止损，并持有仓位过夜后才能得到。

在日内交易中，还有另一个需要考虑的问题是，你希望进行交易的时间长度。你有很多选择，可以利用的方式，从逐笔交易图表到1分钟分时图再到6小时分时图等。许多交易者可能会有一个不正确的印象，认为时间窗口越短，带来的机会越多。尽管这很可能是真实的，但不是仅靠有机会就能得到有盈利的日内交易——它需要一个具有合理利润、足够大的机会。举个例子，图7-7显示了一对外汇交易的一个5分钟分时图。我已经标示了通道的宽度，以示可获取的利润潜力，以及通道的高位与低位。该通道范围是非常小的，这意味着，为了在收取佣金后仍保持盈利状态，你的仓位需要足够大。你需要一直提醒自己，在确定图表时间框架的同时，需考虑通道的规模大小。

图7-8提供了一个典型的例子，即在通道顶部的卖空波段交易，如何可以在延长的时间段内继续交易，除最后一笔（图表的右边显示的）交易，此处MAC和双棒形图模式都变成看涨，其他所有标明的交易都是在MAC高位线卖出，在MAC低位线甚至更低的位置了结获利，退出交易。

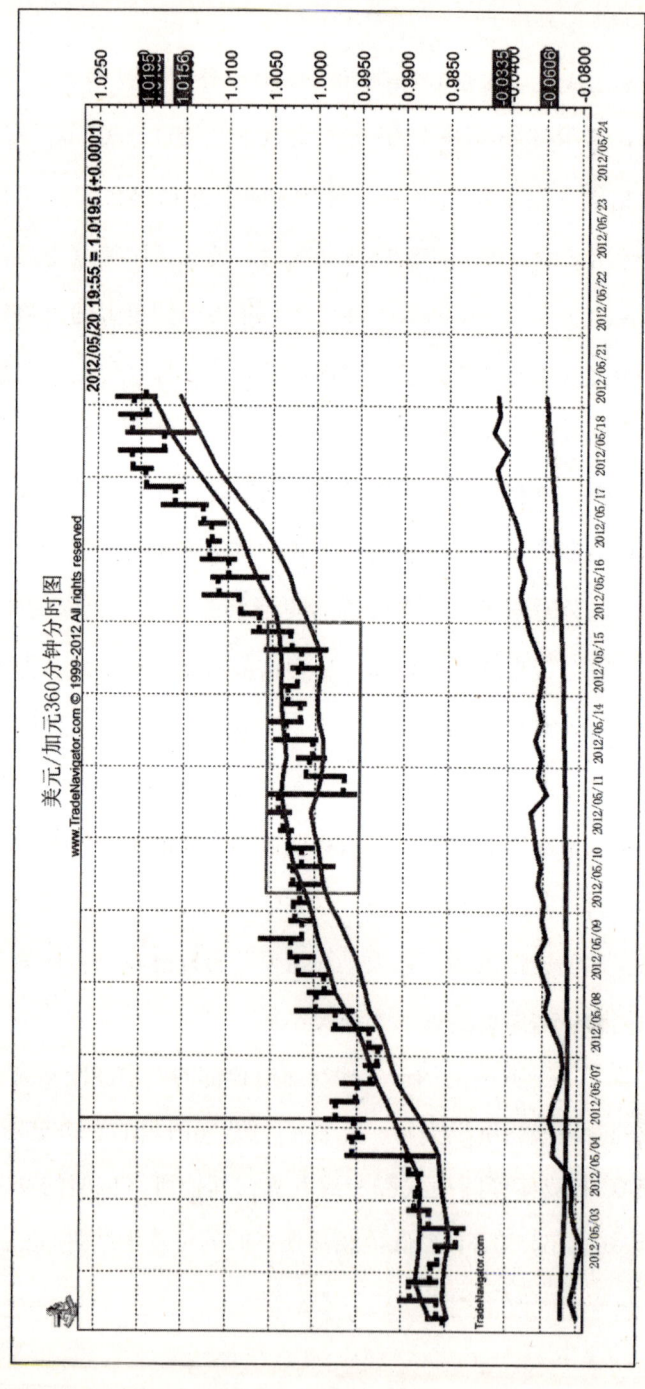

图7-6 美元/加元外汇交易360分钟分时图内的MAC波段交易信号

第 7 章 股票、期货和外汇日内交易中的波段交易

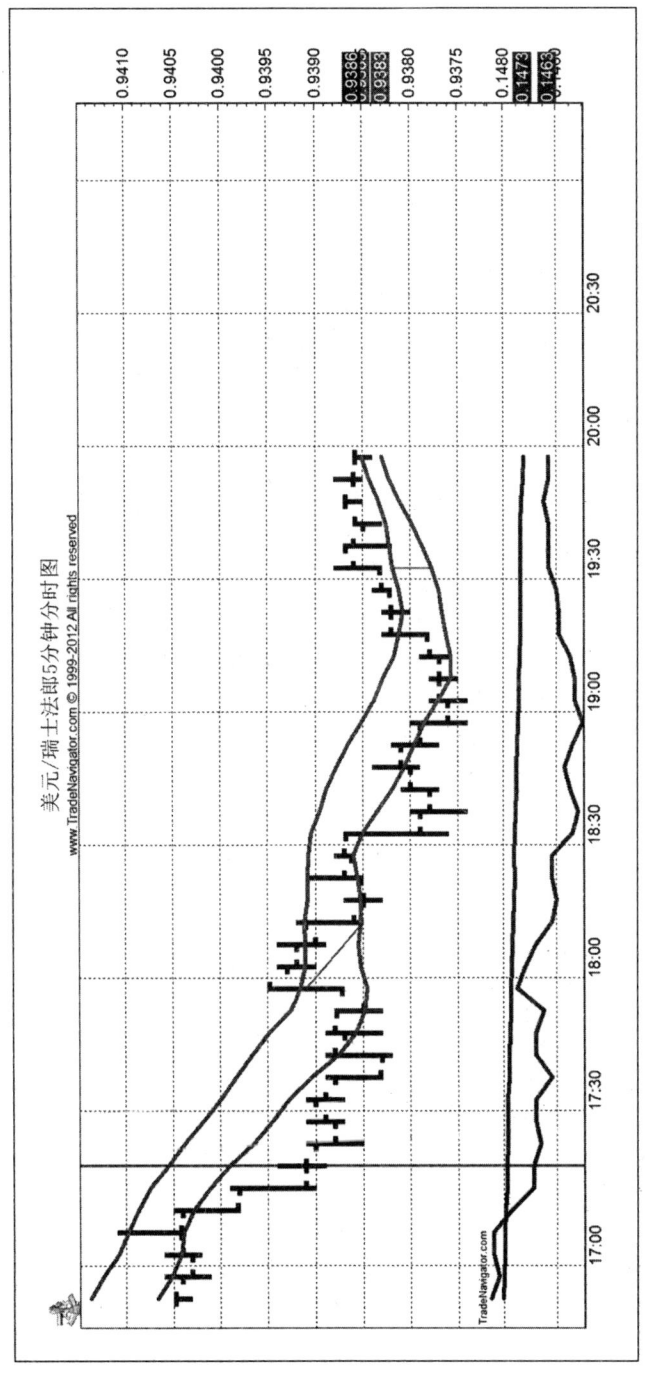

图7-7 欧元/美元外汇交易360分钟分时图内的MAC波段交易信号

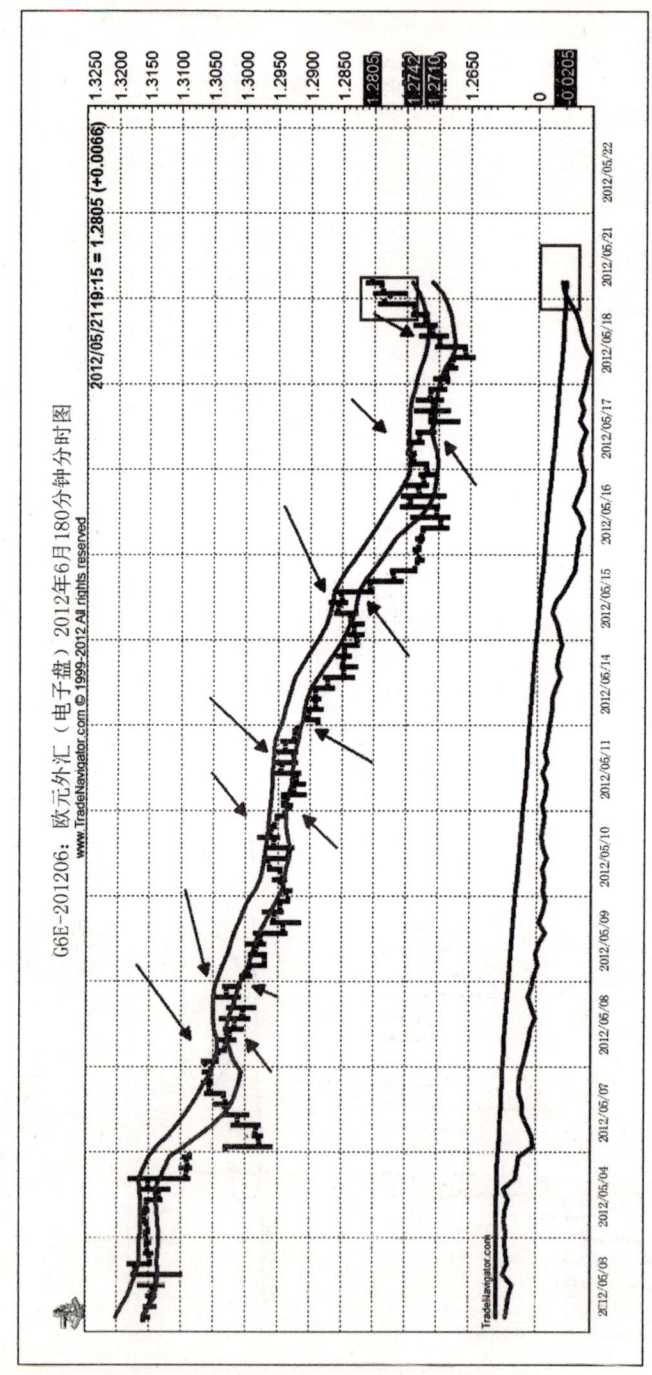

图7-8 欧元/美元外汇交易180分钟分时图内的MAC波段交易信号

第 8 章　30 分钟突破法

在开始交易标准普尔股指期货几年之后，我采用了 30 分钟突破交易法，目的是要以客观且有组织的方式，捕捉在日内交易中标准普尔股指期货较大的价格波动。该方法同当时仅凭本能进行交易的大多数交易者形成了鲜明的对比。不幸的是，今天许多标准普尔股指期货的日内交易者在做决定时仍旧依靠情绪和解读，而不是程序和规则。

我的 30 分钟突破法的发展，是基于一个简单的观察。经过许多天对标准普尔股指期货的数据观察，我发现，在第一个半小时的交易时间里，往往会产生一段时间的支撑和阻力位的价格范围，如果在该段时间结束时被渗透，那么价格将会产生趋于渗透或突破方向的移动。我的目的是找出一种能够持续捕捉到这些变化的方法。

多年来，已经有许多其他交易员和教育工作者试图改进我的方法，其中大多数都不能算成功的尝试，而且可悲的是，很多人都自称是该方法的创始人。30 分钟突破法已经存在了这么多年，可数天前，我的一个学生让我意识到，最近还有人在号称自创了这种交易方式，而许多模仿者使用该方法的方式是完全错误的，所以购者自慎！

概述

30 分钟突破法利用白天日盘交易时段内迷你标准普尔指数期货的第一个 30 分钟范围里的价格数据，因为这是一个全天连续交易的市场，使用迷你标准普尔期货的日盘数据是非常重要的一点。如前文所述，符合我们目的的日内交易，应该是日盘期货或股票市场。

在确认了迷你标准普尔期货的 30 分钟高位线与低位线区间范围之后，只要出现任意一个 30 分钟分时价格线的结束价高于第一个 30 分钟线的最高价，就被视为买入触发信号。同样，当任何一个 30 分钟分时价格线的结束价低于第一个 30 分钟线的最低价时，卖出触发信号出现，这时应该建立相应的多头头寸或空头头寸。多头头寸止损是指进行反向做空交易，反之亦然，空头头寸止损则是指进行反向做多交易。如果你觉得以上这些难以理解，放心，之后我将利用图例进行进一步的解释。

交易单位

在利用 30 分钟突破法进行交易时，我更倾向于以 3 为倍数进行交易，例如 3、6、9、12 手期货合约，或者 300 股、600 股、900 股标普指数 ETF（SPY）。依据交易原则，在第一盈利目标和第二盈利目标价位结束相应仓位，并且作为一个灵活的退出策略，必须在当天收市时完成第三盈利目标进行平仓。这是一种交易的艺术和技术，如果你想自己体验，赶紧实战吧！

注意事项

有时，第一个 30 分钟线的价格范围非常大。如果在市场开盘时有重要的新闻公布，这种情况就会出现。我发现，如果此时第一个30分钟分时线的波动区间为10点标普指数点位，甚至更高，那么利用突破法获得成功结果的概率将是相当低的。请记住，当你在使用我的任意一种交易方法进行交易时，一定要把风险作为首要的考虑因素。

还应当指出的是，止损位是初始仓位的一个反向信号，这意味着如果你是多头持仓，那么在低于第一个30分钟分时线的最低价时，你应该止损平仓，反之当你是空头持仓时，止损位则是高于第一个30分钟分时线最高价。有时，这样引起的损失是远大于预期的。

利润最大化的策略

对于所有的日内交易方法而言，最重要的成功因素就是实施利润最大化的策略。除非你能一直维持你的平均利润远大于你的平均损失的状态，否则你的底线利润则将完全取决于你交易中比重较大的部分——比重较大的交易往往是最后那一笔交易。最后那一笔也有可能使你的利润大打折扣。我将通过一些图表事例来说明30分钟突破法以及利润最大化的战略，你将了解到事情会变成这样的原因。

一些需要考虑的要素

与这本书中所描述其他方法一样，在你开始利用30分钟突破法进行交易之前，一些重要的因素你需要考虑进去。

最动荡的游戏

日内交易是整个市场里最动荡的一种游戏。我敢肯定你对此已有所了解，但在如今行情变化极端波动的市场里，为了加强和重申"公共健康警示"这一理念，股票与期货市场中在日盘时段内大幅度的上下波动，不仅带来机会也伴随着风险。不要简单地只被日内交易在股票市场或者标准普尔指数期货市场的机会所吸引，同样要考虑其中的风险因素。此外，还应将下文所述的其他因素考虑进去，以判断这个市场里"最动荡"的游戏是否真的适合你。同样也请记住，风险可以通过利用30分钟突破法交易较小规模的期货合约、期权或买卖股票，如标普指数ETF来降低。

你将需要天天关注交易

我收到过很多电子邮件和电话，它们都是来自一些想利用日内交易谋生，但基于各种原因不能天天进行交易的交易员们。对此，我有下列建议：

根据你所采用的交易方法的不同，你可以不用每天坐在电脑前。例如，只要你能准确并且完整地按照方法进行交易，任何一天都是有缺口交易机会的。

如果你采用的交易方法是30分钟突破法，最好是每天都进行交易；如果你不能做到这一点，那么在存在周内效应的情况下，尽量做到在每个星期的同一天进行交易。

你应该在电脑旁时刻关注你的日内交易，但由于在休假并且会长时间不在电脑旁时，请不要进行日内交易。

努力的回报：这是值得参与的"游戏"吗

每一种业务或创业都有它自己的学习曲线，日内交易也一样。一开始你努力的回报可能很小，可能你还会赔钱。最有可能的是，在你学习如何交易的时候，你也在遭受损失赔钱。当你开始通过日内交易赚钱，你必须问自己这个"游戏"是否值得参与。想想你投入这个交易的时间和精力，你得到的回报是否足够证明你的付出，或者说你是否比在快餐店工作赚的还要多？如果你发现你的方法是能够持续带来盈利，并且你的底线利润在数月之后是有所提升的，同样这些利润是以稳定的形式增长，那对你而言，继续下去最简单的方法就是进行更大头寸的交易。如果交易更大的头寸，你必须有能力去支付这些头寸相应的保证金，而且你还必须愿意承受更大程度的风险。对于一些交易者来说，增加持仓量是拿自己的成功开玩笑。请注意你的头寸大小和自己的极限。

盘中价格波动可能有利有弊

很多时候，投资者会受获利保障和盘中价格大幅波动的诱惑而参与到市场进行交易。因为受到利润诱惑，他们更倾向于在有大幅价格波动时进行日内交易。我必须提醒你，盘中价格大幅波动对你的日内交易可能有利，也可能有害：不仅仅是因为它提高了潜在利润，也是因为它可能大大增加了潜在损失。请记住，在评估的利润、风险和波动性时，你的信条应该是"利润越大，风险和波动性也越大"。

了解你的竞争者

假设你在拉斯维加斯玩一个高风险的扑克游戏，首先你想知道的是，谁是你的竞争者。事实上，初学者都明白，如果与你同台较量的是职业赌徒，你获胜的概率是非常小的。但在日内交易时，大多数人却没有考虑这个问题。在日内交易过程中，你是在与那些世界上最好、最有经验的交易者竞争。在信息、技术和软件方面，高频交易者们能获得并且运用的资源，远超新手所能接触到的。不论市场处在何种状态，只要存在流动性,哪怕是市场只有非常微小的价格变动,这些交易者们都能在其中赚到大钱。如果你能清楚地认识到在这样激烈的竞争中自己的胜率是多么微小,你就应该对自己的行为更加注意,对于风险的控制也要更加谨慎,更加积极地实行利润最大化的策略,并在真正开始交易前更加自觉地进行学习。这些是你在真正开始日内交易前,我所能告诉你的最重要的事情。

作为初学者,为什么要在一开始就参与这最难的"游戏"

除了了解你的竞争对手之外,你还必须明白日内交易是所有的资本市场游戏中最困难的"游戏",它的困难不仅在于它要求交易者具有有效的技术,警惕地执行交易,坚持方法和严格地管理损失和风险,考虑到日内交易竞争激烈性,交易者还必须在收盘前平掉持仓,这也是被日内交易者称为最艰难比赛的原因,这意味着没有任何借口可言,你在收盘后只能接受交易的剩余利润和亏损,如果没有离场,你很可能因为自己扭亏为盈的预期而产生更大的损失,也有可能,你的隔夜持仓会带来更大的利润。

这可能是你做的最难的事情,相较于在这个最困难的市场里面开始标准普尔指数的日内交易,你可能希望在一个跟温和或者说风险较小的市场开始你的交易历程。这个温和的市场对你而言可能是国债和国债期货。你可能也考虑了外汇市场,这个可以由你自己决定持有多大规模头寸的市场。你也可能考虑黄金或者白银期货市场。考虑到你的财务状况,风险承受能力还有交易经验,这些可能性中的某一个市场应该更适合你。为什么这样说呢?因为在许多情况下这些市场的价格不会像在标准普尔指数期货市场一样快速移动,并且当价格变动不利于你时,你所承受的风险也没有那么高。

第 8 章 30 分钟突破法

了解你的个人风险承受能力

你必须意识到你的风险承受程度。在经历何种程度的价格不利变动，你还能理智、切实地掌控自己的情绪和财务？是否很快就会忘记自己的纪律？当交易有输赢时，你是否能够在情绪上稳定自己？你是否容易被利益冲昏头脑，并且在应该离场的时候仍旧保有头寸？当交易时刻到来时，你有多了解自己？所有这些因素都是进行交易前必须考虑到的，但请注意，除非你真正进入市场开始交易，否则你其实没办法得到真正的答案。送你一句话，"千万不要交易你害怕的东西"，这句话在交易者听起来非常简单，但我认为相当有用。

规则概述

在针对 30 分钟突破法进行一些具体案例分析之前，我先就规则进行总结，每一条都会有相应的评论解释。

仅限于日盘时段

在标普 500 迷你期货和标普指数 ETF 市场，30 分钟突破法都是可以应用的。如果你通过学习这个方法发现它在其他市场有效，也可以一样应用它，但是记住，只有日盘时段可以被用来进行交易——我重复一遍，只能在日盘时段使用这个方法。

第一个 30 分钟价格线：不交易

日盘的第一个 30 分钟价格线，是用来设置买入和卖出触发点的。

如果你想成功地使用这种方法，就不要在第一个 30 分钟内交易，而应该仅在第一个 30 分钟结束时决定买入和卖出触发点。即便如此，在第一个 30 分钟交易时段结束后，直到第二个 30 分钟价格线结束前，我们都不能过早地做出买入或者卖出触发点的决定。

在第一个 30 分钟价格线后出现，但在之后或者后续价格线过程中出现的渗透，不构成买入或者卖出触发点。买入或卖出触发点只会出现在价格线的结束时，而不是出现在价格线的之中。这一点对于我的方法而言极为重要。注意，有些完全从表面抄袭了我的 30 分钟突破法的人，却是建议在 30 分钟价格线渗透高点或者低点买入或者卖出——我认为，这样做将让你陷入困境，给你造成许多错误的交易以及损失。

在第一个 30 分钟结束时

现在是时候记下 30 分钟的高点和低点了，因为这些会成为你的买入和卖出的触发点。我重申：为了成功实行我的 30 分钟突破法，在日盘的第一个 30 分钟什么都不要做，然后完全准确地记下 30 分钟价格线的高点和低点，并用它们作为你的买入和卖出触发点。

在"结束"高于买入触发点时买入

在结束价格高于 30 分钟高点时触发市价买入，并且在低于 30 分钟低点时触发市价卖出。如果你得到一个买入触发，以市价实施策略，不要试图等待更好的价格再去执行，那样做的话意味着你会经常错过交易机会。

在"结束"低于卖出触发点时卖空

当我说在结束价低于 30 分钟低点时触发卖空，我的意思是特指市价。一些交易者试图等待以得到一个更好的价格去执行交易,我发现这是无效的,这往往会导致错过交易机会。

第一盈利目标是第一个 30 分钟价格线范围的 50%

你的第一盈利目标将是第一个 30 分钟价格线范围的 50%。举个例子,如果第一个 30 分钟价格线从高点到低点的范围是 840 点,你的第一个盈利目标将是 420 点。如果你是一个更积极的交易者,你会等待完全盈利目标的实现,而不仅是第一盈利目标。我原本的方法是等待第一个 30 分钟价格线的整个范围作为盈利目标。由于标准普尔波动性的显著增加,因此有必要在 50% 范围设定盈利目标。本章中的插图示例显示了一些完全盈利目标,随后的利润目标是相同的范围的完全盈利目标,而另一些则以 50% 的范围为目标。对此我的建议是等待和观察市场,看看哪一种对你而言是最优选择。如果使用 50% 范围作为第一个盈利目标,那么应该在该价位上设定开口指令,清理 1/3 的头寸,如果你还剩余 2/3 的头寸,为其中 1/3 的头寸以入场时最大波动范围 75% 作为指标设置追踪止损;如果市场按照对你有利的方向移动时,另一个止损位应该定在盈亏平衡点。在第一盈利目标被触发后,当价格往对你有利的方向大幅移动时,你可以实施更为积极的止损设定。不论在任何情况下,你必须在收盘时平掉你最后一部分头寸。

完全盈利目标是一个完整的第一个 30 分钟价格线范围

在你理解了我对于 50% 范围盈利目标和完全盈利目标的理论以后,你需要自己研究来决定哪种方法最适合你。如果您使用完整的第一个 30 分钟价格线作为目标,在该价位清掉 1/3 的头寸,正如前文所言,在剩余头寸上应用 75% 的追踪止损和保本止损的策略。

止损是交易的相反方

30 分钟突破法的初始止损位是这笔交易的相反方。我的意思是，如果你首先有一个买入触发，如果你停下来，风险就变成了卖出触发。相反，如果你首先有一个卖出触发，如果你停下来，风险就变成了买入触发。如果某天你在卖出以后接着买入，你会扭转你的头寸，并且将自己暴露在两种可能的损失下。在这个方法里，这是一种无时不在的危险，您必须为这种可能做好准备。请记住，如果你是看多头寸，初始止损是低于 30 分钟线低点的结束价；如果你是看空头寸，初始止损则是高于 30 分钟线高点的结束价。这一点非常的重要，因为在 30 分钟价格线中反向交易或者触发水平可能被回溯，但是在价格线的结束点会没有信号。在你等待可能的反转和指示信号的 30 分钟里，你的头寸暴露在损失中，并且可能远超你的预期。你应该依据你所交易的产品购买期权头寸，来保护自己并且减轻潜在的损失。

最关键的一点是坚持到底

我不能夸大地说，坚持规则到底是能够成功运用 30 分钟突破法的一个重要原则，顺便一提，坚持到底意味着 100%的或接近 100%地执行买卖触发点、初始止损、追踪止损和日盘收盘时平仓。就是这么简单而又复杂，可以说它对所有的方法都是有用的，但是对于 30 分钟突破法来说，这一点尤其重要。追求利润最大化的策略和在第一盈利目标清仓一部分头寸以降低风险，这两个因素最为重要。对于坚持 30 分钟突破

第 8 章　30 分钟突破法

法，下文将逐条逐项地进行解释，并就利润最大化和风险最小化策略提供一些建议。

- 以 3 为单位进行交易（如，3，6，9，12……）。这意味着如果是期货，则交易 3 张期货合约，如果是股票，则为 300 股。这样的方法能够让你在价格达到第一盈利目标位或第二盈利目标位时，减少部分持仓以降低风险，并且实现利润最大化。

- 在第一盈利目标位时，出清 1/3 的持仓能有效地将你的风险降至零！

- 对于激进的交易者，第一盈利目标是第一个 30 分钟价格线范围；对于稳健的交易者而言，第一盈利目标是第一个 30 分钟价格线范围的 50%。

- 当价格触及第一盈利目标位时，利润已经通过 1/3 的仓位获得，在剩余两个单位的仓位中，提高其中一个的止损位至入场价格，另一个则设置 75% 为追踪止损。请记住追踪止损，我指的是，作为多头 75% 的利润已经被锁定在入场价格和最高价之间的变动之中，同样，若是空头则是计算入场价格与最低价之间的变动。

- 当价格到达第二盈利目标时，提高一个单位的止损于第一盈利目标，并且保持另一个单位的止损位为盈亏平衡点。

- 利润最大化策略还能有更多的变化。积攒了 30 分钟突破法的经验以后，你可以开发出属于自己的利润最大化策略，这会对你更有利。

- 交易的数量越多，你在离场策略上就越灵活，而在有价格变动发生时，更灵活的离场策略能够使你获得更大的利润。

其他方面

- 如果没有止损退出，保留一个单位的持仓在收盘时市价（收盘市价委托）离场——通常来说，这一部分的持仓将是你最大的获利头寸。

- 不要在日内交易时段结束后还保留持仓。日内交易就是日内交易，你开始这笔交易的初衷，就是要在日内交易时段结束时平仓，因此，不论是获利或者亏损，都必须在当天平仓。有太多的投资者因为隔夜持仓而利润消失。

- 我经常被问及，是否有一种方法可以做到在日盘交易时段结束后仍保持持仓至24小时连续交易时段，同时实现利润最大化？首先我要告诉你的是，这样做可能违背了你与经纪商之间的保证金协议，我还要说的是，倘若日盘交易时段后你在获利仓位根据交易反转事件设置了追踪止损，那么保留部分隔夜持仓是可行的。

- 尽管30分钟突破法是专为标准普尔指数期货开发使用的，一些交易者告诉我，此方法在纳斯达克的电子化日盘交易与纳指100ETF中也适用。我并没有针对他们的观点做出相应的研究与意见。

- 30分钟突破法也可以在罗素迷你合约中（ER1）被使用，具体请参照上述我对纳斯达克的评论。

第 8 章 30 分钟突破法

- 30 分钟突破法也可以在道琼斯指数中被使用,这是基于道琼斯指数是由标普指数触发的。
- 作为风险替代交易,30 分钟突破法也可以与标普 100 指数期权(OEX)一起交易。
- 30 分钟突破法与标的市场趋势不相关。
- 如果在交易时段最后的 90 分钟设置还没有被触发,那就意味着时机太晚了,当天不应开仓进行交易。

插图和评注

图 8-1 显示了 30 分钟突破法买入设置和触发的理想形态,其中第三条价格线上的触发伴随后续跟随。

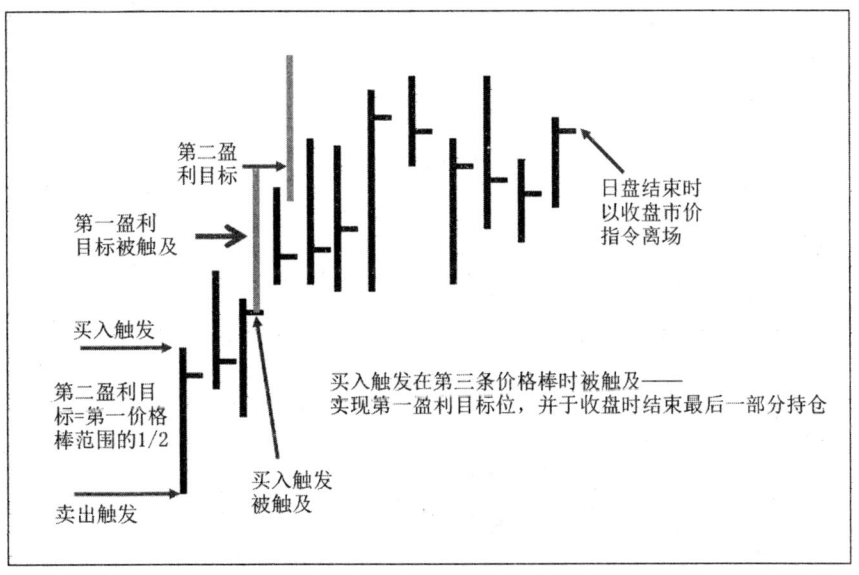

图 8-1 30 分钟突破法的买入设置与触发

图 8-2 显示了 30 分钟突破法卖出设置和触发的理想形态，其中第五条价格线上的触发伴随后续跟随。

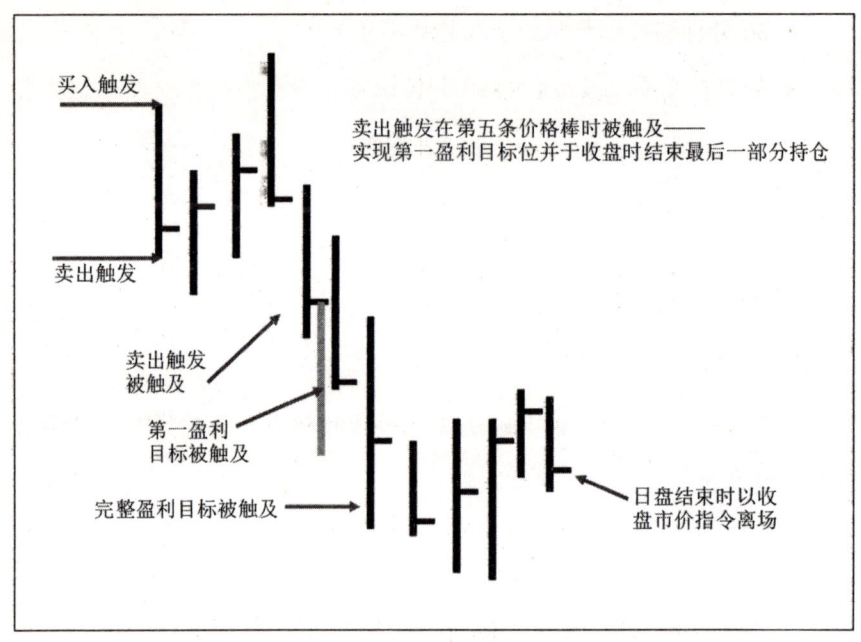

图 8-2　30 分钟突破法的卖出设置与触发

图 8-3 与图 8-1 和 8-2 所示的理想原理下的理想配置不同，显示了 30 分钟突破法在实际交易中卖出设置和触发的理想形态。它展示了在第二根价格线上的触发伴随着第一根价格线完整范围后续跟随。盈利目标同后续盈利目标与第一根价格线范围也一致。利用第一条价格线范围的 50% 作为第一个盈利目标，其结果同样也是盈利的。

第 8 章 30 分钟突破法

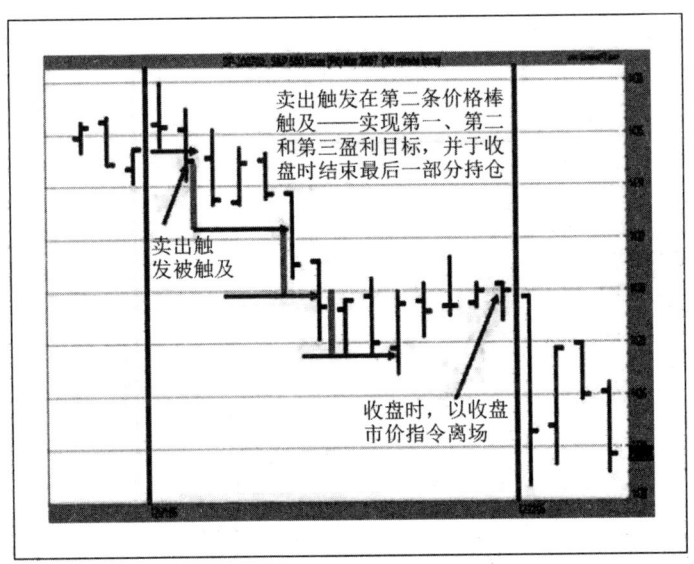

图 8-3 实际的卖出交易

图 8-4 显示了三个连续的 30 分钟突破交易，其中每一个都在较早的日盘时间被触发，并且实现了盈利目标。如，第一天（2008 年 8 月 25 日）所示，第三条价格线上出现触发，并且快速实现了所有的盈利目标。第二天，在第二条价格线出现触发，并且交易很快就接近实现第一条价格线的 50%，即第一盈利目标。第三天，在第二条价格线上出现触发，并且价格快速移动，在日盘时段结束前满足所有的盈利目标。

图 8-5 显示了三个连续的 30 分钟突破交易，其中每一个都在较早的日盘时间被触发，并且实现了盈利目标。如，第一天（2008 年 8 月 27 日）所示，第二条价格线上出现触发，并且快速实现了所有的盈利目标。第二天，在第三条价格线出现触发，并且交易很快就接近实现第一条价格线的 50%，即第一盈利目标。第三天，在第二条价格线上出现触发，价格快速移动，并且在日盘时段结束前满足所有的盈利目标。

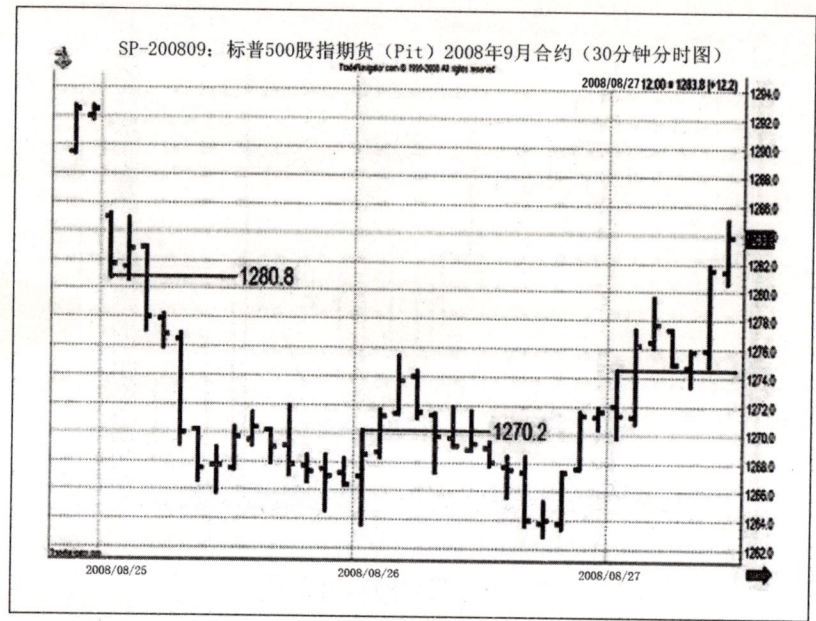

图 8-4 三个连续的 30 分钟突破交易，2008 年 8 月 25 日

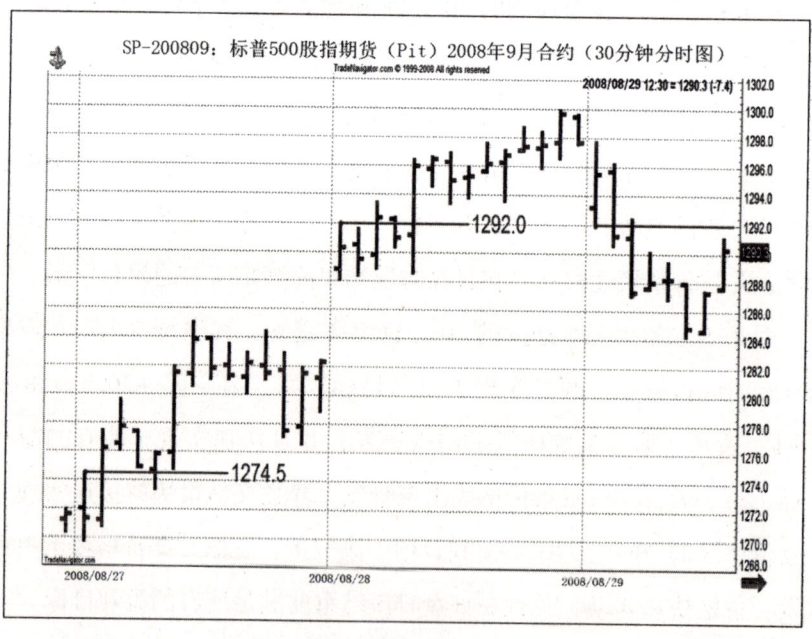

图 8-5 三个连续的 30 分钟突破交易，2008 年 8 月 27 日

第8章 30分钟突破法

图8-6显示了两个连续的30分钟突破交易中,每一个都实现了触发与利润目标。如,第一天(2008年9月3日)所示,触发发生在第五条价格线,但是该交易不能产生利润。请注意,如果一个交易员在该日早些时候买入,当价格穿透第一条价格线的高点但并没有收在高点之上时,这相当于两倍失利。第二天前一日的损失很轻易地被丰厚的利润所补偿,这证明了坚持30分钟突破交易或者其他交易方法的重要性。

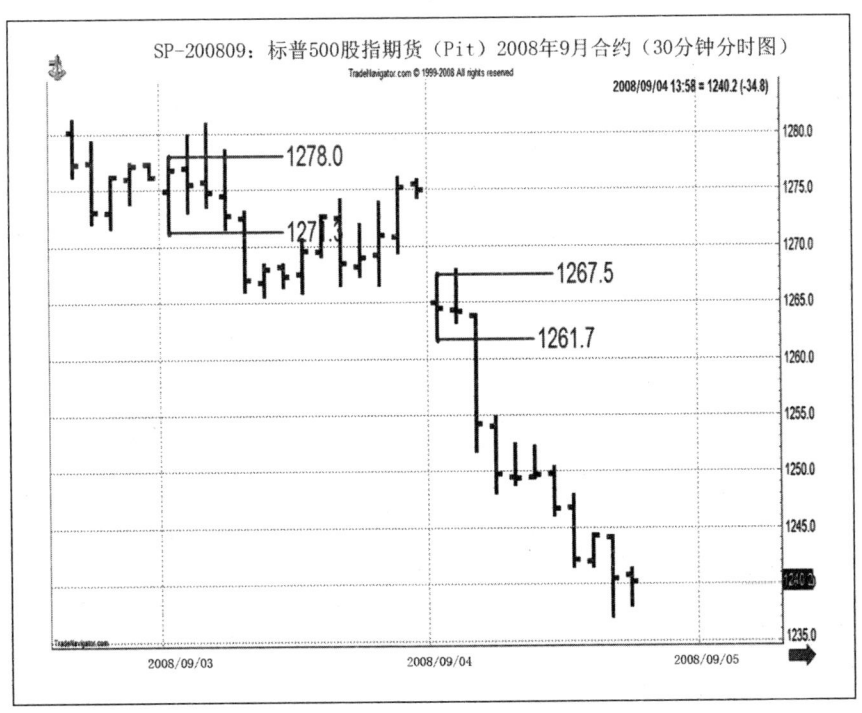

图8-6 两个连续的30分钟突破交易,2008年9月3日

图 8-7 展示了在 1987 年股灾时 30 分钟突破交易执行情况。观察在交易日中早些时段如何发生卖空触发和在下行中如何实现后续跟随而令最后一部分持仓中获得最大一部分利润。

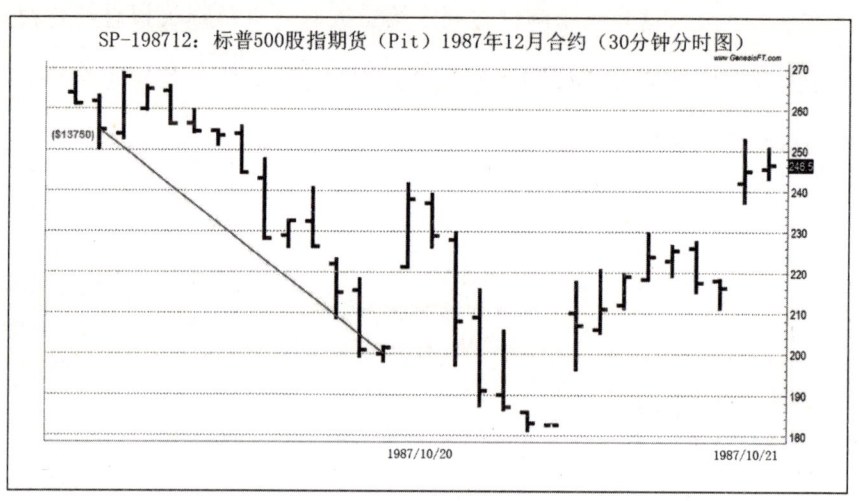

图 8-7　在 1987 年股灾中的 30 分钟突破交易

图 8-8 展示了三个连续的 30 分钟突破交易。第一天（2012 年 5 月 23 日）在第二条价格线的末端出现触发，随后价格走向继续实现全部盈利目标，并在当天晚些时候发生反转。虽然盈利，这笔交易却因为太迟而不能进入，因为在日盘交易时段结束前一个半小时不应触发进行 30 分钟突破法交易。在 5 月 24 日，卖出触发导致交易获利，同样 5 月 25 日的 30 分钟突破交易也是有利可图的。

第 8 章 30 分钟突破法

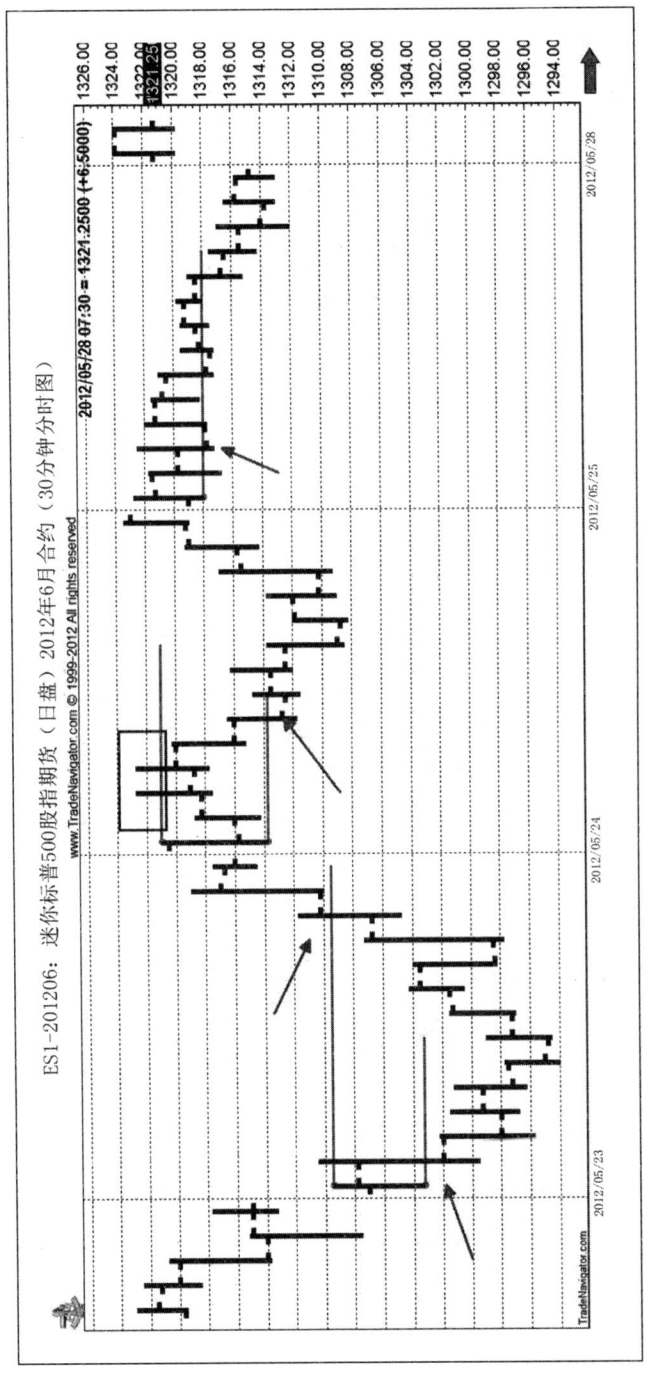

图8-8 三个连续的30分钟突破交易，2012年5月23日

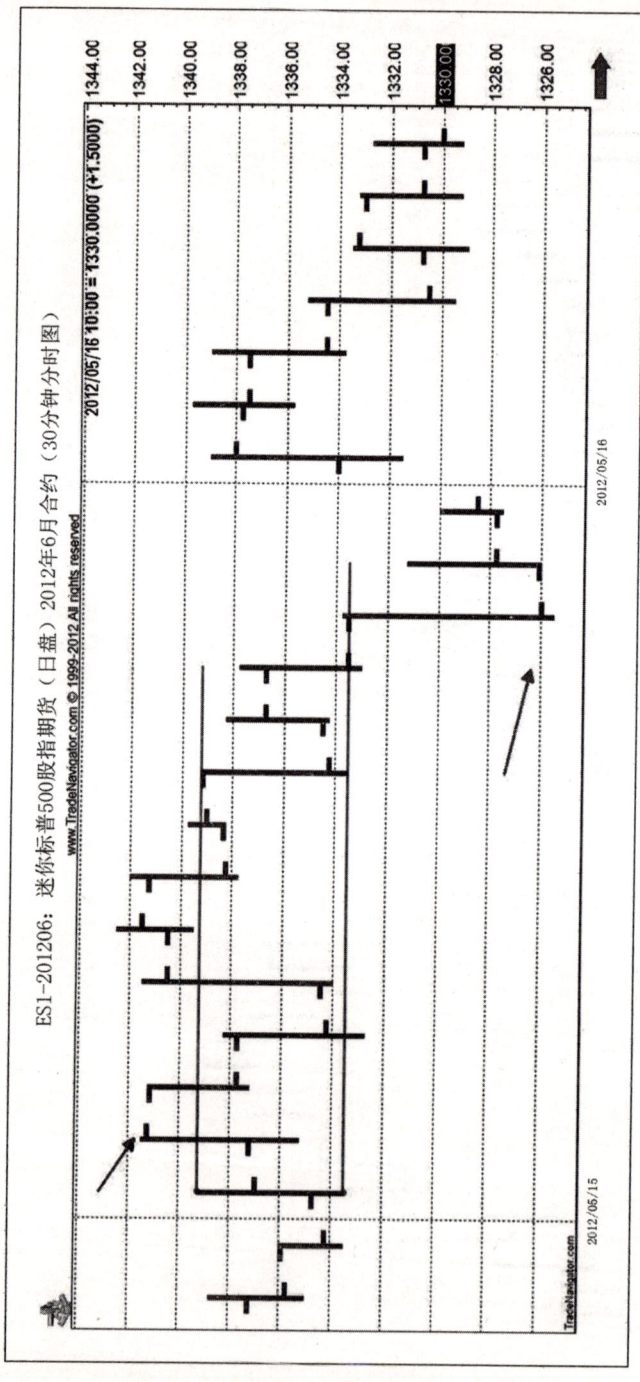

图8-9 失败的30分钟突破交易

第 8 章 30 分钟突破法

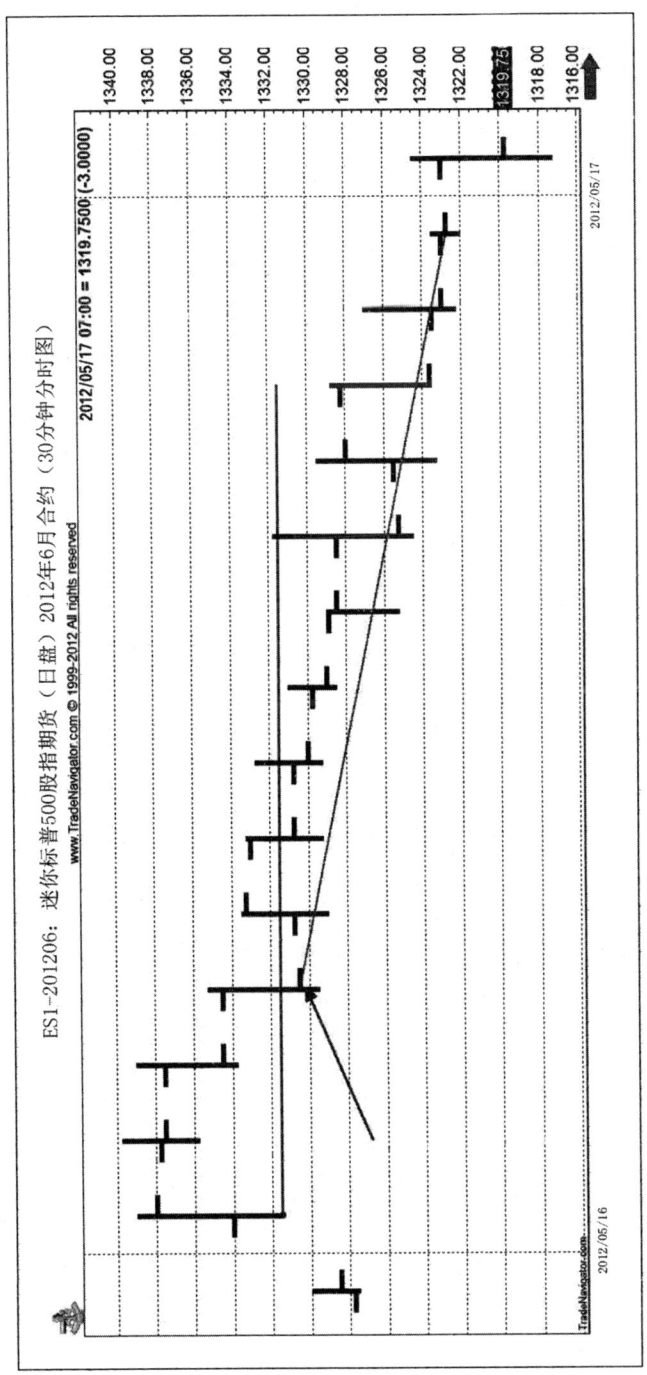

图8-10 完美的30分钟突破交易

图 8-9 解释了一个失败的 30 分钟突破交易。因第二条价格线出现了触发而建立的多头持仓，一直持续到第二个箭头所指的日终时都不能被平仓，因而产生损失。这是当天做空的卖空交易太晚执行，该日的交易以亏损收尾。

图 8-10 显示了一天完美的 30 分钟突破交易。在第四条价格线触发卖出，随后价格持续走低，在日终收盘时满足了所有的盈利目标，并且实现利润最大化的策略。

概括与总结

对于那些希望交易迷你标准普尔期货合约的交易者而言，30 分钟突破法虽然强大，但并非完美无缺。交易的法则是十分明确并且客观的。记住 30 分钟突破交易成功的关键就是保持一致性，抵制住在遭遇损失时放弃坚持方法这一想法的诱惑。如果你在开始 30 分钟突破交易就非常保守，请在连续 3 次 30 分钟突破交易亏损后仍旧保持该点。

第 9 章　要知道什么不该做

这本书的大部分章节是说明如何进行日内交易，并给读者提供相关的具体信息。我花了大量的时间和精力说明具体的指标、设置、触发、后续跟随以及相关例子。在随后的章节里，我还将会提供更多的信息。我已提供了助你成功的方法及流程列表，也许我接下来这么做有点多余，但是希望能根据我的经验，与你分享，并带你到一个交易的更高境界。

知道该做什么是很重要的，但知道什么不该做也很重要。因为交易者可以做出成千上万的错误举动，而每一个错误都有可能让你付出昂贵的代价，在最坏的情况下，你可能满盘皆输、账户清零。虽然能做的正确的事情很少，但有很多能完成的事情都是错误的。在本章中，我会给你一些具体的指导方针，针对那些我认为是错误的、会让你与成功失之交臂的交易行为和流程。当然，会有人不同意我的指导方针，这时你必须自己决定。考虑你在本章中所读到的，结合你所经历的，并做出相应的决定。

如果你要学习交易，无论是在大学里、在互联网上或在现场讲座，或以网上研讨会的形式，你的导师（们）会给你一些信息，但这些信息可能或可能不是特定的或完全客观的。正如我在这本书中所指出的那样，需要解释的信息通常是无用的，甚至可能是有害的，因为它依赖于用户如何解释它的含义和应用。因此，我再次强调客观性的重要性。我们清楚地知道，客观有助于成功。关于有利的行为及流程的列表则相对较短。我已经简要地讨论了一些可能影响你成功甚至会一定导致失败的行为和流程。在为你提供"不该做"清单时，我清楚地意识到，我很有可能会在交易圈中树立起不少敌人。在这个行业的人会对他们的方法和指标如宠物一般，占有欲很强，坚持拥护这些方法甚至不管是否它们真的有利可图。我只能告诉你，在我的交易中，什么有用什么没有用。请先试试我的建议，看看是否适合你的交易——至少给它们一次公平的考验。

不要把时间窗口混淆

正如你所知道的那样，日内交易是一种在一个交易日内进入和退出市场的交易。这是一个非常广泛的定义，同时也是一个冠冕堂皇的借口。日内交易者会使用各种各样的方法和不同的时间窗口。比如：一些交易者会用30分钟分时图进入一个日内交易，然后用一个1分钟分时图退出该交易。时间窗口有许多可能的排列组合，但我强烈建议你审慎使用这样的组合；更好的做法是，完全避免它。根据我的经验，我可以告诉你，哪个时间窗口让你进入交易的，那就还是依据同样的时间窗口退出交易。如果你决定把时间窗口混合在一起，那么你需要先验证和回测你的流程，以确保无误再交易；换句话说，如果你使用我的方法，在一个 10 分钟分时图内进入交易，使用一个 2 分钟分时图退出交易，确保提前操作能产生一定的利润。另外，我发现一些使用三重时间框架的交易方法，这个方法要求，这几个时间窗口同时指示出进入或退出的方向时，就执行交易。虽然你应该自己决定是否采用这种方法，但我发现这种方法即令人困惑又不赚钱。

避免有上限和下限的指标

有上限和下限的指标，经常会给出许多虚假的信号，特别是当用于"超买"和"超卖"方法的时候。让我给你举一个具体的例子。广泛使用的 RSI 指标（相对强弱指标），由威尔斯·威尔德提出，其上限为 100、下限为 0。交易者经常使用 RSI 作为超买或超卖指标。据该理论，当 RSI 上升到 75 以上时，应说明价格会出现一个高点，而低于 25 时，预示着价格会出现一个低点。我发现这是不正确的。因为 RSI 指标或其他任何一个类似性质的指标的下限和上限，分别都只能是 0 和 100，但现实中有可能 RSI 已经下降到接近 0，而价格继续走低，也有 RSI 上升到接近 100、价格继续走高的可能。交易者错误地认为市场马上要见顶了，这是因为 RSI "太高"往往是错误的，而这往往紧接着就是巨大的损失。

由乔治·蓝恩最早提出的随机指标（KDJ），也有类似的问题，所以，应该避免超买或超卖状态。有办法成功地使用这两个指标但不是在纯粹超买或超卖的层面上。克服这一问题的方法之一，是等到这些指标成为超买再逐渐降低，这时说明潜在的市场已经开始转而下跌了。

在一般情况下，我仍相信有其他更好的能显示和确定超买、超卖条件方面的指标，如动量、变化率、动量及其移动平均线，以及开盘价与收盘价之间的关系。

不要设定每日的利润目标

我经常不经意地听到新手说他们想每天挣 500 美元，一旦他们达到目标，他们那一天就可以休息什么都不做了。我认为，为日内交易设一个每日利润目标是极其荒谬的。交易者的目标应该是每天尽可能多地赚钱，你不应该在赚到一定的利润时就放弃了。显然，设定这样的目标会限制你的潜在利润。但另一方面，设一个每日最大损失金额倒是相当合理的。

不要听专家

在这个充斥着即时通信手段和各类有线新闻频道（如 CNBC 等）的时代，有太多丰富的资讯可供所有交易者获取。如将你自己投身于互联网上那些交易建议、股票新闻的洪流中，那么你已经拿到了打开灾难大门的钥匙。与以上这些隔离而独立交易，是我做得最好的决定。我尽我所能地将这些消息、新闻拒之门外，至少是拒绝在消息层面做我的交易。不过这种方法有一个例外，即我所说的"新闻交易"。这是我在我以前的书《短线交易大师：超短线交易秘诀》中描述过的。

第9章 要知道什么不该做

不要相信"多即是多"

有一个广为流传的错误观念认为,更多的信息当然比少的好,更大、更好的计算机当然比较小的那一种更好,交易更多会使你更有钱,你关注更多的市场会使你更有钱——这些观念都是不真实的。如果你是一个高频交易者,我是说你在极短的时间窗口里交易买卖极其巨大的仓位,那么上述所有可能是真实的。然而,高频的方法不是为一般的个人投资者能掌握的,因为不是一般人能达到上述的交易能力。因此,很多时候,少即是多。

不要微调持仓

我的意思是,避免在价格的每个涨跌波动中要死要活的心态。设定了你的计划,并进入了一个交易,然后确定你的退出策略,并尽可能地密切关注它。如果你发现你反复获得的利润都比你原计划的小得多,你会去微调你的交易而且很有可能做出情绪化的决定而不是技术上的。微调交易往往会让你陷入麻烦,甚至更糟的是,导致你在应该获取利润时却遭受损失。

不要疯狂地寻找交易

所有的交易者都常常会觉得他们应该做更多的交易。有时一天中几乎没有什么交易机会出现，一些交易者就开始疯狂地寻找事情来做。很多时候，交易者发现的机会往往不是最好的。你的目标是让交易以质取胜，而非量。花点时间，等待最好的机会，而不是为了交易而交易。

不要过早增加仓位

在一连串的好手气之后，一些交易者将开始有了一种"金刚情结"：他们开始觉得他们是无敌的，他们真的学会了如何交易，他们是无与伦比的、出色的交易者，所以他们应该交易更大的仓位头寸。这不是确定何时增加仓位大小的方法。出自本性，我是一个保守的交易者，这是我在40多年后仍在交易的一个原因。我的经验法则是，在我的账户资金翻倍后，增加我的头寸规模。你可能会觉得这过于保守，但我已经看到过太多的情况：交易者的仓位规模增长过快，并在长期交易中亏损完了所有赚来的钱。

不要忽视你的损失，把它们变成投资

日内交易只能是一天内的交易。赢、输，或平局，日内交易必须在一天结束的时候结束。有太多的交易者，包括我在内，都曾经把亏损持续到第二天，希望能扭亏为盈。这种交易用一种不可思议的方式变得更糟，而不是更好。我有一些最大的亏损就是这样发生的——最可悲的是，它们往往比原本应该的损失更多。

不要让你在日内交易方面的思维方式影响你的投资心态

作为一个日内交易者,你会倾向于快速获利,因为你需要在一天结束时退出交易。你不想让利润机会溜走,更不想蒙受损失。一旦你已经成为一个经验丰富的交易者,你可能会发现你的思维方式对投资产生了不利影响——获利了结的急迫心情阻止了交易原来可能得到的利润。你需要特别小心,不要让你的短期思维成为你中长期思维的一部分。最后,当你的短期目标不断得到回报时,你会看到在你身边有好多快速获利的机会,但是用这样的眼光去发现真正的投资会越来越难,因此你必须非常谨慎地限制一个思维方式对另一个的潜在外溢效应。

不要相信别人告诉你的

这个时代有太多的坏信息,很多信息让人很难辨别真实与虚假。大多数人对你购买他们的系统或使用他们的方法做了很多的要求,他们这样做,无论是基于精挑细选或过于优化的结果。我并不是说所有的东西都是假的,但是你最终要负责鉴别真伪。不管是我告诉你的信息,还是其他任何人告诉你的信息,你应该花一定的时间,检查你所了解到的信息,检验它们,为你自己假设的交易,并给自己足够的时间来评估是否该方法是正确的,然后决定你是否把真金白银用于该投资方法。

注意业绩记录

业绩记录是最经常被假设的。一个真实的业绩记录不一定能说明你作为一个个人投资者可以实现的水平。那些被某个人创造出的业绩记录，你可能完全无法做到，因为你可能没有足够的钱、足够的时间或足够的自律，来达到相同的结果。还记得吗？业绩记录是基于完美的情况。我以前解释过，日内交易的一些方面是很难在一个电脑化的交易系统上机械化实现的，因为在我看来，退出策略是实时根据市场条件的变化而变化的——进入策略可以完全机械话，但退出策略不能。

不要试图交易全市场

你最好是专注于某些方法或市场以及时间窗口，而不是试图做到一切。交易需要的是保持一致和持续。如果你从一只股票一下跳到另一只股票，或从这个期货或外汇市场到另一个完全不同的市场，随机或一时兴起地交易，你会完完全全地错过发生在这些市场的特有规律或模式。尽管它可能是乏味的，但你能做的最好的事情就是，专注于某一特定的市场和特定的方法，经历挫折和困难，才能获得利润的甘霖。

不要将你的表现与别人的进行比较

总有人比你做得好，至少他们会这样说。总有关于对冲基金和管理

第9章 要知道什么不该做

账户的统计数据显示它们做得有多好。总是会有人可以让你感觉不好、不充分、不称职甚至无法成功。你可以把自己痛打一顿，或者你也可以把自己和自己原来的表现作比较。你比上个月做得更好还是更坏，比上一年呢？比上一周呢？你在进步吗？你有能力在技能上有所胜任吗？你的底线利润有不断增长的趋势吗？你犯过同样的错误吗？你从错误中学习到什么了吗？这些都是你应该问和去回答的问题，你所做的比较，应该是与你自己是否取得了进步，而不是你所看到、听到或读到的关于其他交易者的成绩。

结论

如果有足够的时间，我可以将本章再扩展开五倍的长度，来与你继续分享我在日内交易中所学到的：什么是不该做的。被引用的上述例子是理解的陷阱以及避免它们的一个很好的开始。我建议你根据自己的行为和你所看到的，列出你自己的"不要做"清单。

第 10 章　风险、回报与利润最大化策略

虽然许多交易者理解了通过运用止损与追踪止损管理风险的重要性，可相对而言，只有少数交易者开始钻研利润最大化策略。作为一个具有 40 年交易经验的交易者，我获得了一些有效并且持久的结论，相信这些让我受益的结论对你也同样有效。但是，除非这些结论能够被一致地、积极地、持续地执行，否则我的结论与建议将无济于事。我所建议的策略，不能仅仅作为文字停留在纸上或者是电脑屏幕上——成功的交易者是采取行动的交易者，失败的交易者是"只说不练"的人。以下我将列出一些你将不得不面对的重要问题与困难，并提供一些建议和解决方案。

预定止损与第一盈利目标

开始每一笔交易前，你一定要提前进行止损设定，第一盈利目标也

是一样。在任何交易执行前,除非满足了这项要求,否则不论你相信与否,你都是在走向失败。成千上万参与日内交易游戏的交易者,坚信自己能够简单地通过看价格图表或者是听新闻,来直观地判断价格可能的走向。我从未遇到过任何交易者能够持续地达到这一目标,而不用执行止损规则与利润目标规则(这些规则须是清晰的、有针对性的、可预先设定且具有可操作性的)。但这只是第一步。这些特定的止损与盈利目标的规则不但要客观,也要是能够贯彻应用的。那这些规则都来自哪里呢?它们来自本书所阐述的方法论。如果你能回忆起第8章提到过的30分钟突破法,你就明白对每一笔交易而言这就是特定的止损与盈利目标规则。如今,这个事实应该是不言而喻的。如果不对——假如你仍然相信你可以通过观察或解释你的方式来成功交易——我只能恭敬地告诉你,你错了,如果你是对的,你利用直觉持续性地获得交易成功的概率,将与你赢得彩票的概率相差无几。

客观过程

　　止损与盈利目标一定要基于客观过程,例如系统、每次移动的平均利润、主观预测的价格模式或者是客观预测的价格趋势。显然,这与我们之前所讨论过的内容关系紧密,同时,我建议你去了解本书所提及的所有方法是如何推断而来的。如果你是网上所营销的那些模糊无用而又无法获利的技术(其中一些技术甚至价格昂贵)的接触者之一,我会告诫并敦促你,远离任何一切与日内交易(或者与此有关的任何其他类型的交易)有关却不是100%客观的东西。如果你能实现90%的客观性,你做得不错,但因为没有完全的达到标准,你仍旧将自己暴露在了

第 10 章 风险、回报与利润最大化策略

不必要的损失之下。

了解基础系统

每笔交易的止损，不仅是你所能承受风险的一部分功能，而且必须作为基础系统的功能。每一个客观的交易模式和系统都包含风险或亏损方面信息，或者两者皆有。如果没有，那么这明显不是合格的系统或者策略。一些人认为自己可以交易标准普尔期货，并承担 200 美元的亏损。对于你能承受多少风险，市场既不敏感也不关注，市场将按其固有的规则行事，并形成它自身的波动水平。被任何一天从高到低价格波动所定义的市场波动，多数情况下是相对稳定的，但也存在由于系统要素的功能或者新闻效应导致市场波动剧烈放大的情况——所有积极的交易系统都具备应对此类问题的规则。

这个规则要么是"在任何交易中不要损失超过 X 美元"的形式，要么是通过衡量波动自动调整所建议的止损。对于一个从高点到低点价格波动在 1200 美元的市场来说，设定 300 美元为风险承受值，是非常可笑的事情和自找亏损的。用非常小的止损的好处是你不会损失太多，但是这样做的坏处是你每次都会亏损！作为例子，可以参考下述一系列的系统测试结果。

表 10-1 到表 10-6 展示了在同一交易策略下不同的止损数额的情况。注意随着止损设定规模的增加，业绩表现有显著的提升，你还可以发现，止损规模最终将达到回报开始下滑的点位，此时增加止损规模无法再等量提升业绩。记住十分重要的一点，直到到达那个平衡点之前，你设定的止损规模越大，你所能获得的利润就越大——这一事实驳斥了

人们一般所坚持的"小规模的止损设定有利于减小损失"的说法。

表 10-1 历史交易策略：设置 500 美元止损

总结——所有交易			
汇总			
净利润	34106 美元	盈利因子（盈利金额/亏损金额）	1.44
交易总笔数	273 美元	盈利百分比	45.8%
平均交易金额	125 美元	支付率（平均盈利金额/平均亏损金额）	1.70
最大平仓回撤	-5141 美元	CPC 指数（盈利因子×盈利百分比×支付率）	1.12
最大日内回撤	-5150 美元	期望率（平均交易金额/平均亏损金额）	23.74%
账户规模要求	10550 美元	收益率	323.3%
股票持仓	0	Kelly 百分比（平均交易金额/平均盈利金额）	13.94%
市场份额	5.4%	最优 f	0.36
平均棒形数量/每一笔交易	0.56	Z 分数（盈亏预测值）	-0.6
平均交易笔数/年	27.4	目前纪录	3 笔亏损
月度利润分析			
平均月度利润	282 美元	月度夏普比率	0.20
标准差	1320 美元	年化夏普比率	0.70
		回收系数	0.66

第 10 章 风险、回报与利润最大化策略

盈利交易		亏损交易	
盈利交易总笔数	125	亏损交易总笔数	148
总利润	111988 美元	总亏损	-77882 美元
平均盈利金额	896 美元	平均亏损金额	-526 美元
最大盈利金额	4041 美元	最大亏损金额	-1847 美元
盈利交易中最大回撤	-484 美元	亏损交易中最大峰值	1141 美元
盈利交易中平均回撤	-37 美元	亏损交易中平均峰值	49 美元
盈利交易中平均走高	1156 美元	亏损交易中平均走高	49 美元
盈利交易中平均走低	-37 美元	亏损交易中平均走低	-526 美元
最长连续盈利交易笔数	6	最长连续亏损交易笔数	8
平均连续盈利交易笔数	1.92	平均连续亏损交易笔数	2.24
平均棒形数量/每一笔盈利交易	1.03	平均棒形数量/每一笔亏损交易	0.16

表 10-2 历史交易策略：设置 1000 美元止损

总结——所有交易			
汇总			
净利润	28393 美元	盈利因子（盈利金额/亏损金额）	1.25
交易总笔数	273	盈利百分比	60.4%

平均交易金额	104 美元	支付率（平均盈利金额/平均亏损金额）	0.82
最大平仓回撤	-8792 美元	CPC 指数（盈利因子×盈利百分比×支付率）	0.62
最大日内回撤	-8801 美元	期望率（平均交易金额/平均亏损金额）	9.98%
账户规模要求	14201 美元	收益率	199.9%
股票持仓	0	Kelly 百分比（平均交易金额/平均盈利金额）	12.18%
市场份额	9.1%	最优 f	0.22
平均棒形数量/每一笔交易	0.93	Z 分数（盈亏预测值）	-1.3
平均交易笔数/年	27.4	目前纪录	3 笔亏损
月度利润分析			
平均月度利润	235 美元	月度夏普比率	0.13
标准差	1695 美元	年化夏普比率	0.44
		回收系数	0.32
盈利交易		**亏损交易**	
盈利交易总笔数	165	亏损交易总笔数	108
总利润	140915 美元	总亏损	-112522 美元
平均盈利金额	854 美元	平均亏损金额	-1042 美元
最大盈利金额	4041 美元	最大亏损金额	-2409 美元
盈利交易中最大回撤	-959 美元	亏损交易中最大峰值	1141 美元

第 10 章 风险、回报与利润最大化策略

盈利交易中平均回撤	-96 美元	亏损交易中平均峰值	153 美元
盈利交易中平均走高	1101 美元	亏损交易中平均走高	153 美元
盈利交易中平均走低	-96 美元	亏损交易中平均走低	-1042 美元
最长连续盈利交易笔数	14	最长连续亏损交易笔数	7
平均连续盈利交易笔数	2.75	平均连续亏损交易笔数	1.77
平均棒形数量/每一笔盈利交易	1.18	平均棒形数量/每一笔亏损交易	0.56

表 10-3 历史交易策略：设置 1500 美元止损

总结——所有交易			
汇总			
净利润	46543 美元	盈利因子（盈利金额/亏损金额）	1.39
交易总笔数	273	盈利百分比	71.4%
平均交易金额	170 美元	支付率（平均盈利金额/平均亏损金额）	0.55
最大平仓回撤	-9830 美元	CPC 指数（盈利因子×盈利百分比×支付率）	0.55
最大日内回撤	-9913 美元	期望率（平均交易金额/平均亏损金额）	11.06%
账户规模要求	15313 美元	收益率	304.0%
股票持仓	0	Kelly 百分比（平均交易金额/平均盈利金额）	19.94%
市场份额	13.0%	最优 f	0.31

平均棒形数量/每一笔交易	1.34	Z 分数（盈亏预测值）	-2.5
平均交易笔数/年	27.4	目前纪录	3 笔亏损
月度利润分析			
平均月度利润	385 美元	月度夏普比率	0.19
标准差	1950 美元	年化夏普比率	0.64
		回收系数	0.47
盈利交易		亏损交易	
盈利交易总笔数	195	亏损交易总笔数	78
总利润	166758 美元	总亏损	-120215 美元
平均盈利金额	855 美元	平均亏损金额	-1541 美元
最大盈利金额	4041 美元	最大亏损金额	-2859 美元
盈利交易中最大回撤	-1459 美元	亏损交易中最大峰值	3679 美元
盈利交易中平均回撤	-230 美元	亏损交易中平均峰值	259 美元
盈利交易中平均走高	1118 美元	亏损交易中平均走高	259 美元
盈利交易中平均走低	-230 美元	亏损交易中平均走低	-1543 美元
最长连续盈利交易笔数	18	最长连续亏损交易笔数	4
平均连续盈利交易笔数	4.15	平均连续亏损交易笔数	1.63
平均棒形数量/每一笔盈利交易	1.46	平均棒形数量/每一笔亏损交易	1.04

第 10 章 风险、回报与利润最大化策略

表 10-4 历史交易策略：设置 2500 美元止损

总结——所有交易			
汇总			
净利润	52836 美元	盈利因子（盈利金额/亏损金额）	1.41
交易总笔数	271	盈利百分比	80.8%
平均交易金额	195 美元	支付率（平均盈利金额/平均亏损金额）	0.33
最大平仓回撤	−16308 美元	CPC 指数（盈利因子×盈利百分比×支付率）	0.38
最大日内回撤	−16317 美元	期望率（平均交易金额/平均亏损金额）	7.81%
账户规模要求	21717 美元	收益率	243.3%
股票持仓	−484 美元	Kelly 百分比（平均交易金额/平均盈利金额）	23.37%
市场份额	20.0%	最优 f	0.26
平均棒形数量/每一笔交易	2.07	Z 分数（盈亏预测值）	−2.3
平均交易笔数/年	27.2	目前纪录	2 笔亏损
月度利润分析			
平均月度利润	440 美元	月度夏普比率	0.17
标准差	2346 美元	年化夏普比率	0.60
		回收系数	0.32

盈利交易		亏损交易	
盈利交易总笔数	219	亏损交易总笔数	52
总利润	182692 美元	总亏损	-129856 美元
平均盈利金额	834 美元	平均亏损金额	-2497 美元
最大盈利金额	4041 美元	最大亏损金额	-3234 美元
盈利交易中最大回撤	-2459 美元	亏损交易中最大峰值	3679 美元
盈利交易中平均回撤	-415 美元	亏损交易中平均峰值	428 美元
盈利交易中平均走高	1102 美元	亏损交易中平均走高	428 美元
盈利交易中平均走低	-415 美元	亏损交易中平均走低	-2501 美元
最长连续盈利交易笔数	19	最长连续亏损交易笔数	3
平均连续盈利交易笔数	6.08	平均连续亏损交易笔数	1.41
平均棒形数量/每一笔盈利交易	1.89	平均棒形数量/每一笔亏损交易	2.83

表 10-5 历史交易策略：设置 4000 美元止损

总结——所有交易			
汇总			
净利润	69024 美元	盈利因子（盈利金额/亏损金额）	1.54
交易总笔数	271	盈利百分比	86.0%

第 10 章　风险、回报与利润最大化策略

平均交易金额	255 美元	支付率（平均盈利金额/平均亏损金额）	0.25
最大平仓回撤	-15612 美元	CPC 指数（盈利因子×盈利百分比×支付率）	0.33
最大日内回撤	-15612 美元	期望率（平均交易金额/平均亏损金额）	7.62%
账户规模要求	21012 美元	收益率	328.5%
股票持仓	-559 美元	Kelly 百分比（平均交易金额/平均盈利金额）	30.26%
市场份额	27.6%	最优 f	0.34
平均棒形数量/每一笔交易	2.87	Z 分数（盈亏预测值）	-1.0
平均交易笔数/年	27.2	目前纪录	2 笔亏损
月度利润分析			
平均月度利润	575 美元	月度夏普比率	0.22
标准差	2451 美元	年化夏普比率	0.77
		回收系数	0.44
盈利交易		亏损交易	
盈利交易总笔数	233	亏损交易总笔数	38
总利润	196103 美元	总亏损	127080 美元
平均盈利金额	842 美元	平均亏损金额	-3344 美元
最大盈利金额	4041 美元	最大亏损金额	-4547 美元
盈利交易中最大回撤	-3922 美元	亏损交易中最大峰值	1316 美元

盈利交易中平均回撤	-575 美元	亏损交易中平均峰值	399 美元
盈利交易中平均走高	1129 美元	亏损交易中平均走高	399 美元
盈利交易中平均走低	-575 美元	亏损交易中平均走低	-3576 美元
最长连续盈利交易笔数	22	最长连续亏损交易笔数	3
平均连续盈利交易笔数	7.52	平均连续亏损交易笔数	1.23
平均棒形数量/每一笔盈利交易	2.35	平均棒形数量/每一笔亏损交易	6.08

表 10-6 历史交易策略：未设置止损

总结——所有交易			
汇总			
净利润	75026 美元	盈利因子（盈利金额/亏损金额）	1.60
交易总笔数	268	盈利百分比	84.7%
平均交易金额	280 美元	支付率（平均盈利金额/平均亏损金额）	0.29
最大平仓回撤	-37453 美元	CPC 指数（盈利因子×盈利百分比×支付率）	0.39
最大日内回撤	-37453 美元	期望率（平均交易金额/平均亏损金额）	9.12%
账户规模要求	42853 美元	收益率	175.1%
股票持仓	-3656 美元	Kelly 百分比（平均交易金额/平均盈利金额）	31.62%
市场份额	42.8%	最优 f	0.61

第10章 风险、回报与利润最大化策略

平均棒形数量/每一笔交易	4.49	Z 分数（盈亏预测值）	-3.8
平均交易笔数/年	26.9	目前纪录	1笔亏损
月度利润分析			
平均月度利润	625 美元	月度夏普比率	0.17
标准差	3246 美元	年化夏普比率	0.60
		回收系数	0.20
盈利交易		亏损交易	
盈利交易总笔数	227	亏损交易总笔数	41
总利润	200945 美元	总亏损	-125919 美元
平均盈利金额	885 美元	平均亏损金额	-3071 美元
最大盈利金额	4041 美元	最大亏损金额	-12147 美元
盈利交易中最大回撤	-5822 美元	亏损交易中最大峰值	4129 美元
盈利交易中平均回撤	-658 美元	亏损交易中平均峰值	765 美元
盈利交易中平均走高	1216 美元	亏损交易中平均走高	765 美元
盈利交易中平均走低	-658 美元	亏损交易中平均走低	-4732 美元
最长连续盈利交易笔数	21	最长连续亏损交易笔数	7
平均连续盈利交易笔数	8.41	平均连续亏损交易笔数	1.52
平均棒形数量/每一笔盈利交易	2.71	平均棒形数量/每一笔亏损交易	14.34

多倍持仓

当价格预期会有大幅变动的时候，多倍持仓有利于灵活获取利润，持续赚取并且维持部分获利。大多数交易新手都是单一持仓，这是指他们以 100 股或者 1 张期货合约为单位进行交易。在达到预定盈利目标时，他们倾向于出清手中 100 股或者 1 手期货合约的持仓，因此，他们往往都无缘于大的市场波动。通过一个单位以上的持仓，你将自己放在有能力潜在捕捉市场剧烈波动的位置。成功的日内交易就是在于捕捉市场的大波动。除非能够持有多于一个单位的持仓，或者说你有自己的方法能够保持持仓直至市场出现大波动，否则你将不可能捕捉到这样的市场剧烈波动。即便此类市场波动没有出现，至少当市场走势对你有利时，因为已在盈亏平衡点设置止损，你能够进行"自由交易"。

大的价格变动带来丰厚的利润

需要记住的很重要的一点是，利润中 80% 到 90% 都是来自 10% 至 20% 的交易。价格大幅变动带来丰厚的利润。你的保本底线取决于所执行的大笔交易。不论是获利、亏损还是被套牢，日内交易时，你必须要在日终了解持仓。很多价格大幅波动发生在隔夜，这意味着你可能会错过这些机会，但这并不改变许多价格的大幅波动发生在日内交易时段的事实。为了成功捕捉价格大幅变动的机会，你需要有利润最大化策略，并且在达到既定盈利目标之后，为该策略保留部分持仓，但这一部分仓位要么通过追踪止损步骤在达到既定最大收益的时候清仓,要么在日盘交易结束时出清。作为一名日内交易者,当价格产生大幅波动时,有许多技术可以被用来捕捉波动。我将在第 11 章着重阐述捕捉大幅波动的一系列客观方法。

与诱惑进行对抗

日内交易者总是需要抵抗"持仓过夜"的诱惑:要么是期待隔夜持仓能够扭亏为盈,要么是期待其能带来更大的利润。如果这样做了,那就是违背了日内交易的本意。我自己犯了太多次这样的错误——好消息是随着时间的推移,此类错误我犯得越来越少了。我坚信,如果一笔交易是以日内交易开始的,那么一定要以日内交易作为结束,如此交易,破例的情况应该非常少才行。在第 11 章中,我讨论了一些例外的案例,作为我利润最大化策略的部分建议。请注意,持仓过夜也会同时影响你的经纪商的保证金要求。

持仓承诺

无论是在股票、外汇,或商品市场,一个日内交易者面临的最棘手的问题,是他的账户需有多大一部分可以用来持仓,其次,他的持仓规模应有多大。作为一个日内交易者,你必须在这个交易游戏中生存足够长的时间,才能在盈利的交易出现时捕捉到它们。你唯一可以做的,就是限制你的风险。限制风险的唯一方法,是确定在任何一个既定的交易中,你的账户中有百分之多少的比例能置于风险中。这里的规则很简单：在股票交易中，我建议设你账户规模的 5%；而在期货交易中，我建议为 3%。

来看下面的例子：你有一个 50000 美元的日内交易账户。你想在一个信号出现时进行一个日内交易。该股票以每股 50 美元的价格交易，风险为每股 3 美元。一旦你买了 100 股，而你的判断错了，你就会损失 300 美元。如果你买了 300 股，你错了，就会损失 900 美元。考虑到佣金和价格执行误差，让我们在此例中简化一些成本——将 900 美元四舍五入至 1000 美元。你现在将你 50000 美元的账户置于 1000 美元的风险。如发生 10% 的风险，损失将是 5000 美元。一个 1% 的风险就是 500 美元，以此类推，你账户规模的 5% 风险，将是 2500 美元。如果你交易 600 股股票，一旦错了，风险就是 2000 美元。这将是一个可接受的交易，它在你的 2500 美元最大风险的范围之内，也允许你交易多个持仓。我的建议是，你在同一时间交易 75% 的总账户股票，风险限为 5%，如以前所述，需对于任何一个持仓都保持如是规则。虽然一些比较保守的交易者会觉得我的建议太过自由，但我相信这个公式将会起作用。只有你能决定对你的账户、风险承受能力和心理来说什么才是对的。你必须明确一个界限，即在将你逐出这个交易游戏和没有冒足够的风险就无法让你有所收益的界限。我希望，我的准则将能帮助你做出决定。

承受过多的风险可能导致你在这场日内交易游戏中出局，但是毫无风险意味着你无法获得利润。希望我的指导有助于你做出决定。

保持专注

我们之前已经讨论过的许多内容，都与保持专注这一问题紧密相关。保持专注意味着把事情做好做精，而不是贪多而无成。能够盈利的日内交易，需要交易者对交易中需要注意的细节与特定方法还有市场都保持相当程度的专注。日内交易者经常需要判断应该采用哪一种交易方法。即便你是一名日内交易游戏的新手，你也会了解到上百种可以使用的交易方法。为了找到适合的那一种方法，你需要研究、学习并且理解。我所了解的一些优秀日间交易员们，只专注于在一个市场运用一种方法，并且他们学会了如何极致运用这一种方法。

正如我所告诉大家的，在日内交易中"少即是多"。如果你是一个期货交易者，那么你选择作为日内交易的候选市场较少。例如一些外汇期货、国债期货、原油期货和标准普尔指数期货。而在股票市场，对你而言可供选择的标的非常多。我希望你能够制定一个候选列表，或者说相对稳定的备选标的，来贯彻自己的日内交易。你应该从市场的流动性、成交量还有每天潜在价格变动来做决定，若某只股票或者大宗商品市场只有微小的日内价格波动，那就不适宜作为你日内交易的标的。

了解何时扩大交易量

另一条对日内交易者而言非常重要的问题，是何时扩大自己的交易规模。在前文中我已经提到过一些建议，例如，一些用来判断增加持仓规模时机的特定公式以及如何操作。

你不仅要知道何时扩大头寸，也应该了解何时减少头寸。你可以在一些独立程序或者一些画图软件的部分功能帮助下了解这个问题的客观答案。不论系统记录的交易情况是好是坏，都利用特定程序记录下某一个期货品种每一笔的交易数据。图10-1展示了该系统历史图表数据。将此方法与特定的资金管理系统相结合，正如图10-2中所示，以此作为依据，判断系统业绩，决定是否交易更多或更少的期货合约。

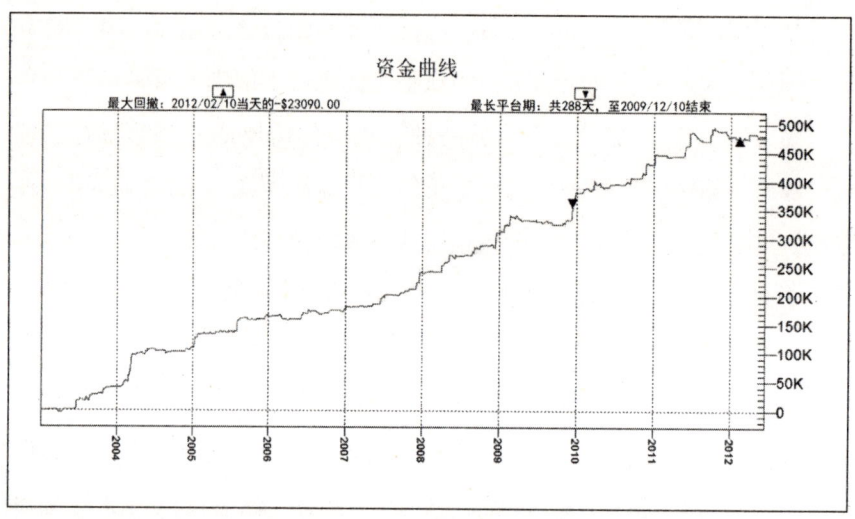

图 10-1　使用一个期货合约的交易系统 X 的历史数据

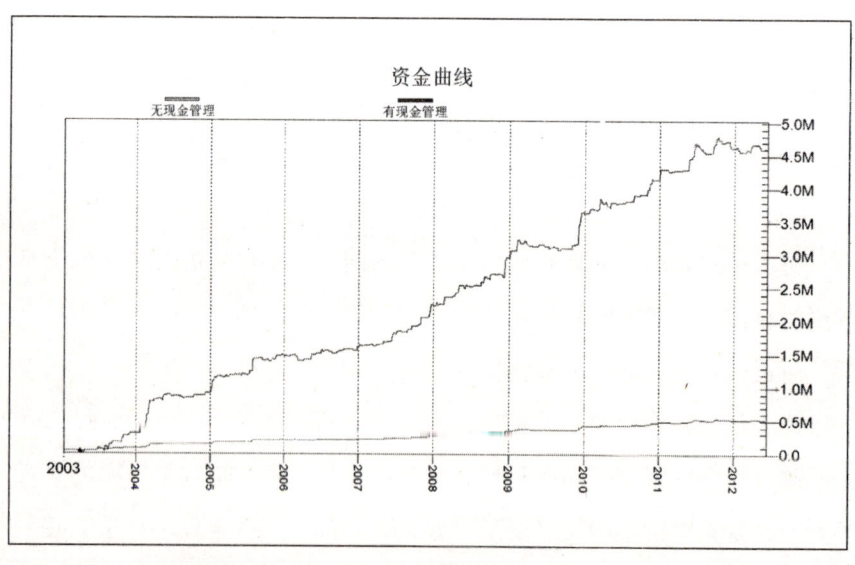

图 10-2　基于凯利公式的使用多个期货合约的交易系统 X 的历史数据

账户规模

最后，我们需要考虑的一个关键点，就是账户规模。许多日内交易者从较少的资本开始，赢得日内交易这个游戏。这些年来，关于如何定义"微小资本"，已经有了很大的变化，这变化不仅是因为市场波动性的扩大和价格的上涨，也是因为这两者变化致使经纪商也提高了保证金要求——当你读完这本书时，我建议你开始交易的初始金额可能就已经变了。

此外，股票交易、期货交易、期权交易和外汇交易所需的合理初始金额，有很大差异。以下是一些关于股票、期货还有期权的一般准则：

1. 从纯风险资本开始交易，换言之，从你能承受的损失开始。

2. 做好连续8次亏损的准备，并且仍旧保留足够的资金，来支持你继续交易。

3. 确保有充足的资金，在5个不相关的市场或者股票上进行最少3个交易单位（例如，300股、3张期货合约和3张期权合约）以上的交易。

第 11 章　做什么才能促进成功

　　一个人不会因为只读一本书、参加一个研讨会或使用一个特定的软件程序等，就成为一个成功的交易者。各种各样交易方式的推广者都声称，能帮助交易者赚到钱。在交易界，有很多自称大师或专家的人要你跟着他们一起走向通往成功的道路。慎选合作对象，慎选交易方法。一个简单的事实是，世界各地的交易者都在奋斗不息，但却很少有人能真正取得成功。日内交易者难以取得成功的原因有很多。正如我之前所说的，在市场中有很多事情你会做错，但相对较少的事情你可以做对。我真的可以一直向你重复交易中可能出现的潜在错误，但知道什么不该做，离成功的距离还不到一半。你需要知道该做些什么，否则再好的方法都没有什么用。

　　交易者经常把方法、系统和流程、实施相混淆，正如你不可能通过读一本书学会骑自行车一样，你也不能通过阅读一本书或一个课程就成为一个成功的日内交易者。在你学会一些潜在的有利可图的交易方法之后，如果你想取得成功，你需要通过正确的顺序或程序来完美地实现这些方法。随着时间的推移和经验的积累，每一个交易者都可以开发出自己的风格。日内交易者的风格可不仅由其所使用的方法、所可支配的风险资本、愿意承担的风险水平、交易频率和风险管理流程构成，也是其个性的展现。正因如此，如果把同一种交易方法教给 10 个人，交易结果各不相同。事实上，这种差异可能是如此的极端：一个交易者可能会获得了利润，而另一个则承受了损失，这两个交易者都是使用，或者声称使用了完全一样的方法。差异的因素一般是流程、实施、承受风险的能力和是否将利润最大化等。在某个地方，在从认识到一个可交易的信号到执行，乃至退出交易的过程中，很容易使一个交易者误入歧途。

在本章中，我将探讨并提出一些建议，以帮助你在交易中远离一些谬误和陷阱，同时说明如何应用促使利润最大化的方法和流程。我在这里提供的每一个建议，都来自我个人作为一个交易者的经验，以及对许多接受我多年指导的交易者的观察。

日常流程

你需要做的第一件，也是最重要的事情，就是制定一份你的日常和盘中的流程清单。你可能认为，你所做的事是如此简单，不需要列任何清单，甚至觉得自己已经内化了必须做的一切。我不能同意这一点，即使是最简单的日内交易方式，也需要一个流程的列表清单，无论它是在纸上还是在电脑文件中，它需要你时时遵守，直到这个过程变成自动的动作。如果你达到了一定的技能水平，并且该清单已经内化，你可以不再需要参考清单，除非程序更改或变得更加详细，但这往往需要一点时间。

你在交易中使用的具体的日常程序，取决于你使用的方法、系

第 11 章 做什么才能促进成功

和/或指标。在某些情况下,直到市场开盘,你才能确定如何交易。在其他情况下,你往往会对于下一个交易日要如何进行交易已经有了一个非常好的想法。不管你要在什么时候做最初的筛选或决定,你必须要有一个流程才能建立你的交易,否则你会错过很多机会。在前几章中,我详细介绍了关于交易何时被触发的问题。这些细节会很清楚地告诉你,你的日常流程应该是什么。

第 4 章中所描述的缺口交易,可作为一例。因为缺口交易只能到股票或商品市场当日开盘时才能确认,所以你无法预先确定哪些股票或商品可以做进入设置。为了做到这一点,你必须等待直到市场开盘。如果你的交易软件程序有一个过滤器或扫描器,能在所有的市场寻找有着更高或更低的缺口开盘价,你就可以在市场开盘后不久,将这类股票或商品识别出来。如果你采用缺口交易的方法,这就将是你的日常流程。

另一方面,如果你用 30 MBO 方法交易,则只有在迷你标准普尔期货的日盘的前 30 分钟结束后,才能确定如何进行操作,而且,你可以判断在第一个价格棒结束时进入交易是否太过冒险了,甚至可以在开盘第一个价格棒上就判断出来。因此,在交易迷你标普的当日很早的时候,你将能够确定今天是否能进行交易。如果你已经确定这一天没可能进行交易,你可以继续换另一个交易方法试试看。

专业化

在促使交易者成功的过程中,另一个很重要的方面就是专业化,更准确地说,是专注。我发现许多交易者试图在尽可能多的市场里进行尽可能多的交易,即使有复杂的计算机程序,一个交易者也很难在同一时间监测到多个市场和多个交易，少做一些事把它们做到完美，比起做了很多事情却做得不好，要好得多。

  不管你是否专注于外汇、期货，抑或迷你标准普尔期货、国债、货币还是黄金，底线是，精通于一个或几个市场很重要，这不仅是从一致性的角度还是从避免混乱，以及花时间来跟踪特定市场和交易的立场来说，都是成立的。不要让自己的注意力过于分散。你可以在一个市场或一只股票上将日内交易做得非常好。那么问题自然出现了，如果同时出现了一些交易机会，你会怎么做？例如，每天你的电脑会扫描缺口贸易的可能性，你可能会发现15个或20个甚至更多的潜在缺口交易。鉴于资金有限、无法同时进行所有的交易，又因为它们一旦被触发就不得不进入所有交易，要做出一定交易的决策，该决策是基于，哪个/哪些交易是首先被触发的，哪些交易的风险最小。大多数交易者在做交易决策时，是基于哪些交易有最大的获利潜力。对于这一问题，作为日内交易者，或其他任何类型的交易者，我们的目标首先且最重要的就是管理风险。如果我们有效地管理风险，并将亏损的交易保持在最低限度，同时最大限度地提高利润，那么我们最终将获得成功。很明显，如果你的风险相对于你的账户规模来说太高了，一系列的损失将消耗你的账户，导致最终不可能会有新的交易发生，而这就意味着，你已出局。

利润最大化策略

  如果没有一个利润最大化的策略，你的经历将与绝大多数的日内交易者相同：有很多小幅的利润和大量的损失，不管你的交易有多精准，你的利润总额最终会低于损失的总和，因此，在没有利润最大化策略的

第 11 章 做什么才能促进成功

交易中，损失往往比利润更大。如果你相信你是一个成功的日内交易者，因为你已经实现了 10、15 甚至 20 个连续的盈利交易，但从金额上来看都相对较小，你这时很可能犯下了大错——因为你的下一个交易如果是一个巨大的损失，即可能大于所有你之前 20 个交易的利润总额。15 个前进的小步子不及后退的一大步，如果这正是发生在你身上的事情，那么显然你的利润最大化策略是错误的，你必须改变它。

看看你的投资账户报表，别忽视它们，记住，存在即合理。根据你的喜好，可在每个月底或每 3 个月、每 6 个月甚至每一年，对这些账户报表进行审视复查。你有什么交易是获取了巨大利润吗？如果你没有这样的盈利交易，但你有很多小的盈利交易和一些大的损失交易，你是典型的日内交易者，且大概率是——你并不赚钱。虽然这么说有点太坦诚，但我建议你也对自己诚实一些——如果你不这样做，你将继续给别人和自己一种辛勤交易的假象，即你是一个很好的交易者或你正在取得进展。

增加持仓

交易者经常会遇到一个问题是，合适增加或减少他们所持的仓位。许多交易者发现，一旦他们增加了他们的仓位（在这里，仓位的意思是，每一笔交易的合约数或股票数），交易的方向就似乎变了，交易者们开始亏损。有几种方法来克服这个问题。一些交易软件的程序有一个内置的功能，基于各种性能指标，包括在你账户里的资金金额，告诉你下一笔交易中应买卖多少合约或股票手数。这些方法都是基于所谓的凯利公式。另一种解决方法是使用一个非常简单的经验法则：一旦你的账户规模翻了一番，你就可以增加25%的仓位。

有些人可能认为这种做法过于保守，但根据我的经验，这是一个比较现实且非常可行的关于交易规模的决策。请记住，当你使用某种系统或方法时，需注意其对仓位规模的要求。我主张以3为单位交易，所以我建议，当你的账户规模翻倍时，你开始交易的单位可以为4，比如股票以400股为一买卖单位，而不是300股，并采用适当的跟进流程，保留最后的两手，而不是之前的最后一手。

交易的微调管理

对日内交易者来说，最具破坏性、急需克制的行为，或许就是对仓位进行微调管理。一旦你持有了一定头寸，无论这个头寸当下是否有利可图，你会有强烈的倾向：在越来越小的时间窗口下，用越来越多的指标来管理你所拥有的仓位。你开始寻找原因（或借口），以便退出交易获取利润。你变得越发没有安全感，开始猜测目前你所享有的小量利润是否会消失，甚至转变为亏损。你的脑海中浮现出你在某本书中读到的咒语："别让一个有盈利的交易变成一个亏损的交易。"你越靠近地注视着价格本身，你就会发现越多问题。

为了看到真实的情况，这时你需要退一步，不要去干预任何交易，不要去查看那些不属于你原本交易过程或决策的信息类输入因子。记住，使你进入交易的那个特定的交易方法，也应该是同一个使你退出交易的那个交易方法。你所拥有的利润最大化和亏损最小化的策略，是你应该关注的唯一因素。如果你真的想让你每天的交易都成功，就不能通过仅关注那些不属于你原本决策过程的因素来干预你的交易。小橡子无

第11章 做什么才能促进成功

法即刻长成大橡树，它们需要一些时间成长。

脆弱

许多交易者会对他们所拥有的仓位没有安全感。如果你是长线交易员或投资者，你会不断留意观察，想知道是否有利空消息或利好消息来影响到你的持仓。你通常会接触到各种形式的消息，如国际和国内新闻、广播和电视、互联网报告、未知来源的邮件，甚至从你的经纪商或最中意的咨询服务机构那边发来的信息。我们都容易受到影响，做出与原来是否进出交易完全无关的错误的交易决策。

一些交易者会受益于新闻和消息。在第4章中，有一种交易方法是基于消息和新闻的。我将消息作为一个可能发生的交易的设置（即第4章中所述的缺口交易），而不是基于消息来决定对我已拥有的持仓进行管理或否。上述这种方法与对新闻或消息做应激反应的区别，也就是专业和业余的交易者之间的区别。专业人士会用力抓住和利用任何可见的机会，而业余者则是对形势做出反应，主动性不够。尽你最大的努力去忽略那些会增加你的脆弱度的刺激，并学会利用这些情况获取利润。

日常目标的谬误

在第9章中，我讨论了一种错误，就是交易者给自己设定一个每日的利润目标。很多时候，我们听到的关于交易（事实上，生活本身也是这样）的一切，可能表面听起来都不错，但仔细想想，结果往往是一个坏想法，甚至是一个彻头彻尾的谎言。一个典型的新进交易者要参与日内交易的原因就是："如果我每天能赚500美元，这意味着一周就有2500美元，就算一年是50周的话，就是一大笔钱了。因此，一旦我达到了每日500美元的盈利目标，我就可以停下来了。"这是我听过的最无意义的废话和最坏的想法！你的目标是作为日内交易者，需要在每天都尽可能多地赚到钱。

日内交易并没有限制你每天可以实现多少利润。如果认为仅仅是因为在某一天，你已经达到了一定金额的利润，而在某种程度上限制了你，或者让你放弃潜在的损失，那就是一种最坏的以及自我毁灭的想法。不要只因为相信你已经达到自己所能做的最大限度而放弃交易。如果你有一个方法和一个系统，你就必须始终遵循它们，否则你会发现自己在交易中放弃了大量的利润。

结论

参照本章的建议，你现在应该有了更清晰的目标和重新焕发的活力，来准备继续你的交易之路了。如果你的交易已经是有盈利的，我希望我的一些建议仍对你有所帮助。如果你的交易还不赚钱，或者如果你是一个新人，还没有做出你的第一笔交易，我相信这些信息会让你走向正确的方向。确实有很多事情你可以尝试着做。你的目标是集中精力去做那些已被在流程和操作上被清晰定义的、纯粹客观的事情，这样做，即使你在短期发现有可能会经历一系列亏损，但从长期来看，你会最终赢得利润和胜利。

第12章 日内交易的平台突破

到此为止，本书所涉及的绝大部分交易方法都是在尽可能去接近百分之百的客观。我曾经表明进入日内交易的目的，是尽可能地做到百分之百地遵循规则，而离场时的策略却必须尽可能灵活而且根据市场行为进行调整。这种离场的策略是很有必要的，因为日内交易者被迫在我们所定义的日盘交易时段收盘时结束交易。然而，我认为有些我使用并且教过的日内交易思想作为交易工具是很有潜力的，尽管它们并不如我所期待的那样客观。对于新手我不会推荐它们，但是对一些有经验的日内交易者我提供的前提是他们能够保持一致性的应用，其中一种方法就是平台突破（FB）。

作为一种突出的市场技术，平台突破法由乔·格兰维尔在他的全盛时期提出。在乔提出这一方法的20世纪60年代，这个方法在股票与期货市场并不似现在一样具有变化性。市场价格往往长时间维持横盘的形态，或者是窄幅价格区间变动。乔通过观察得出，价格在经历一个长时间的横盘变动以后，会出现一个大幅且持续的向上突破。我将平台突破视为日内交易的入场信号进行了研究，并且提出了一些应用的规则与案例。

在检验这些入场信号和规则之前，让我们看一下出现在日内交易或者其他时间框架下的平台突破形态。图12-1展示了梅若堤居公司（Meritage Homes，MTH）月线的平台突破形态，在图中我将平台形态与平台形态之上的突破点都标注了出来。

平台突破形态的观察有三个重要组成特征：首先，价格必须经历长期的横盘移动，我所指的长期，是说在你观察的时限至少要有20条价格柱状图；第二，在这段时期内价格范围必须要有相对收缩；第三，一定要有高于平台形态的突破点，该突破点的收盘价一定要高于平台形态的最高价。

图12-2进一步介绍了欧元期货中10分钟价格线上所出现的平台突破形态。正如你所见到的，在图中我标出了平台突破形态，它由20多条价格线组成的横盘形态与随后2条收盘价皆高于横盘形态最高价的连续价格线组成。很明显，随后价格爆发性的变动是由平台突破形态所触发的。我注意到，平台突破形态触发需要的时间越长，接下来价格变动就越显著。这一点乔·格兰维尔已经在他的原著中提及，而在他与我的谈话也再次被提到。这里同样需要注意的是，我们仅仅是在讨论入场策略的时点，而不涉及任何类似止损、追踪止损或者盈利目标之类的离场策略。有两件事是一定的：作为一个日内交易者，你需要在日内框架下找到平台突破形态，而且必须在收盘时平掉所有持仓。

第 12 章　日内交易的平台突破

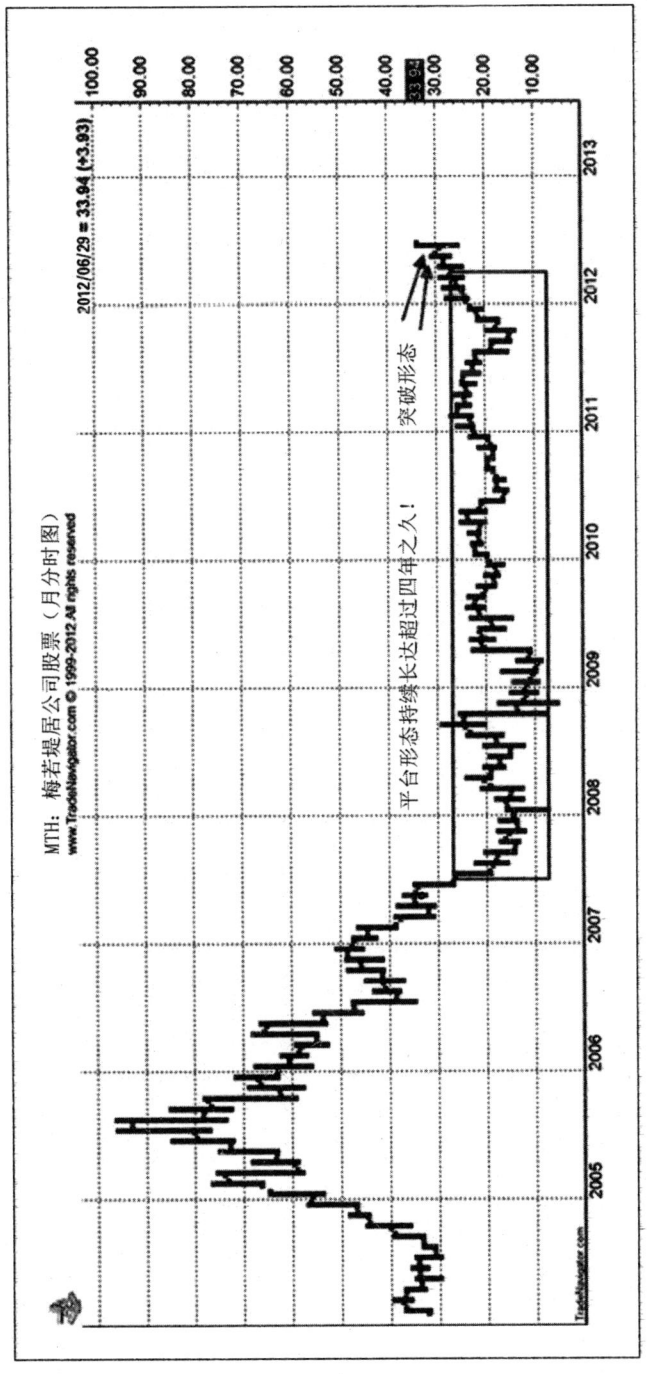

图12-1　梅若堤居公司月线中的平台形态

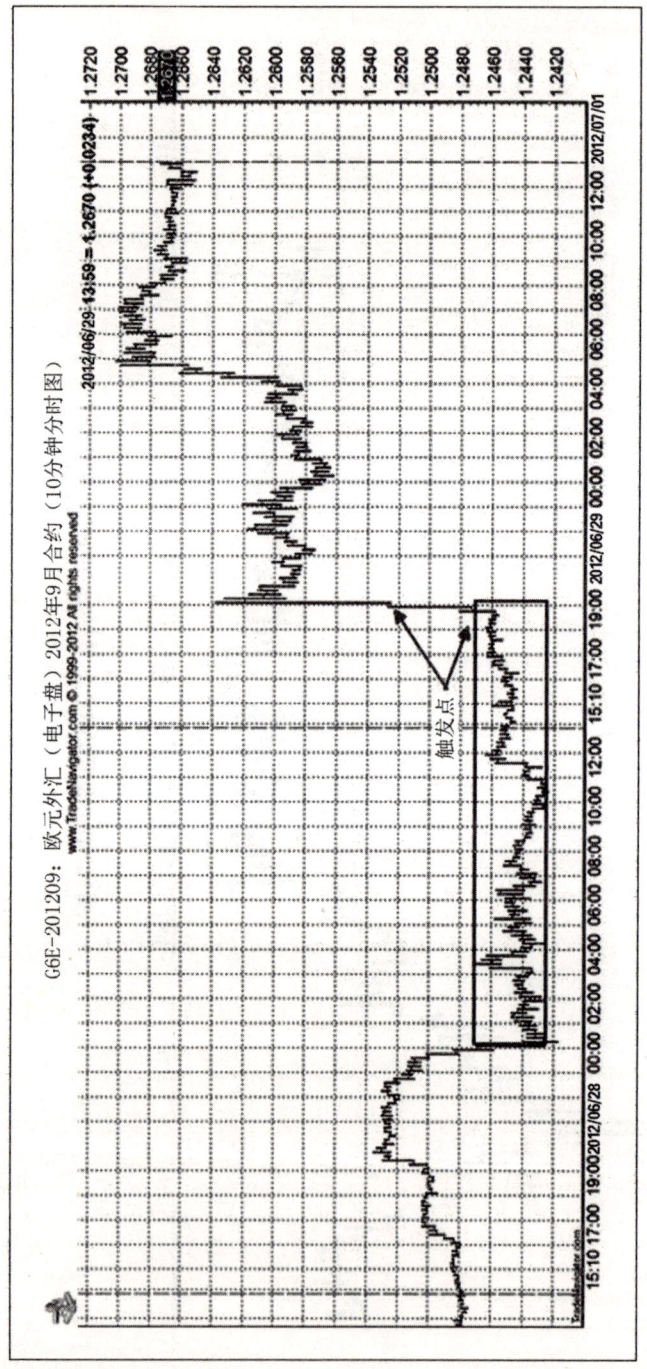

图12-2 欧元期货中10分钟价格线中的平台形态

第12章 日内交易的平台突破

现在让我们进一步了解空头的平台突破形态。在格兰维尔的原作中,他认为应优先把平台突破形态视为买入机会。尽管出现的情况不多,但是我发现,平台突破形态能被视为顶部且伴随着市场价格下降。

举个例子,在图12-3中,国债期货的10分钟价格线呈现了一个平台顶部形态,紧接着出现触发和大幅下跌。你可以很容易地观察出来,触发过程与前面第4章所讲述的设置过程是非常相似的。另外请注意,在这种情况下,日盘收盘时的平仓不仅是有利可图的,也是平仓在一天的最低价。判断确认平台突破形态并非完全是客观的,这也是我对使用这个方法最大的疑虑。交易者应该避免主观解读,而要去接近具有可操作性的过程。

接下来,我们分析5分钟价格图中迷你标普指数期货的平台突破形态。很多交易者认为,频繁地交易会产生更多的利润,这种说法并不一定真实。事实上据我观察,大多数情况下结果恰恰相反。减少交易数量的一种方式,是通过应用平台突破法,而这需要时间来培养。图12-4展示了5分钟价格图中平台突破形态的平台形态与突破点,还有触发点与随后的价格变动。在日内交易中运用平台突破法时,一定要先于收盘时了结仓位,这一点需要时刻铭记。

平台形态可以应用在任何时间框架与市场,不论是股票市场、股指市场或者是外汇市场。图12-5描绘了苹果公司5分钟股票价格线图中的平台形态,图中我仍旧标识出了平台形态、突破点和触发点,以及表示日终了结持仓的后续跟随步骤。

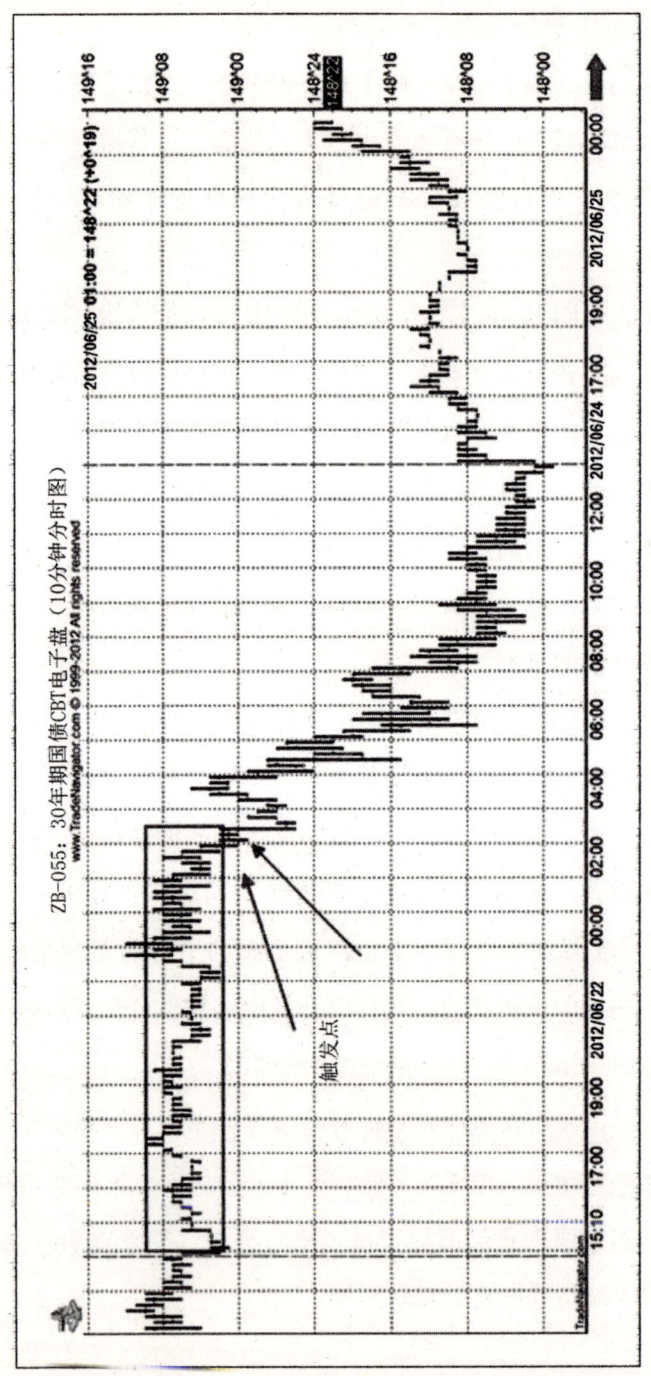

图12-3 国债期货的10分钟价格线中的平台形态

第12章 日内交易的平台突破

现在让我们回顾平台突破形态与一些应用规则。结合我的方法与经验，在这里用列表的形式总结了一些具体的应用步骤与建议：

- 不论采用何种时间框架，平台突破形态是一种至少由20条价格线构成的横盘整理形态。
- 当有2条连续价格线的结束价高于平台形态最高价时，出现买入触发。
- 此时应按市价建立多头持仓。
- 当有2条连续价格线的结束价低于平台形态最低价时，出现卖出触发。
- 此时应按市价建立空头持仓。
- 不论是多头持仓抑或是空头持仓，合理的盈利目标价范围应该是，平台形态最高点与最低点之间的价格范围，这也同样是合理的止损位。
- 为了实现利润最大化，当价格达到第一个盈利目标时，应该设定追踪止损（如图12-6所示）。

我尝试尽可能使这个应用步骤同时具有可操作性与机械化，但是我也完全明白，它在某种程度是需要主观解读的。虽然这让我存有疑虑，但是我相信这个问题能够被执行一致性与经验所克服。

鉴于平台突破形态法并不能完全达到我所希望的那样机械化，在实际使用前，请不断练习与积累经验。图12-6展示了平台突破形态的第一盈利目标和参考上述信息的止损位。

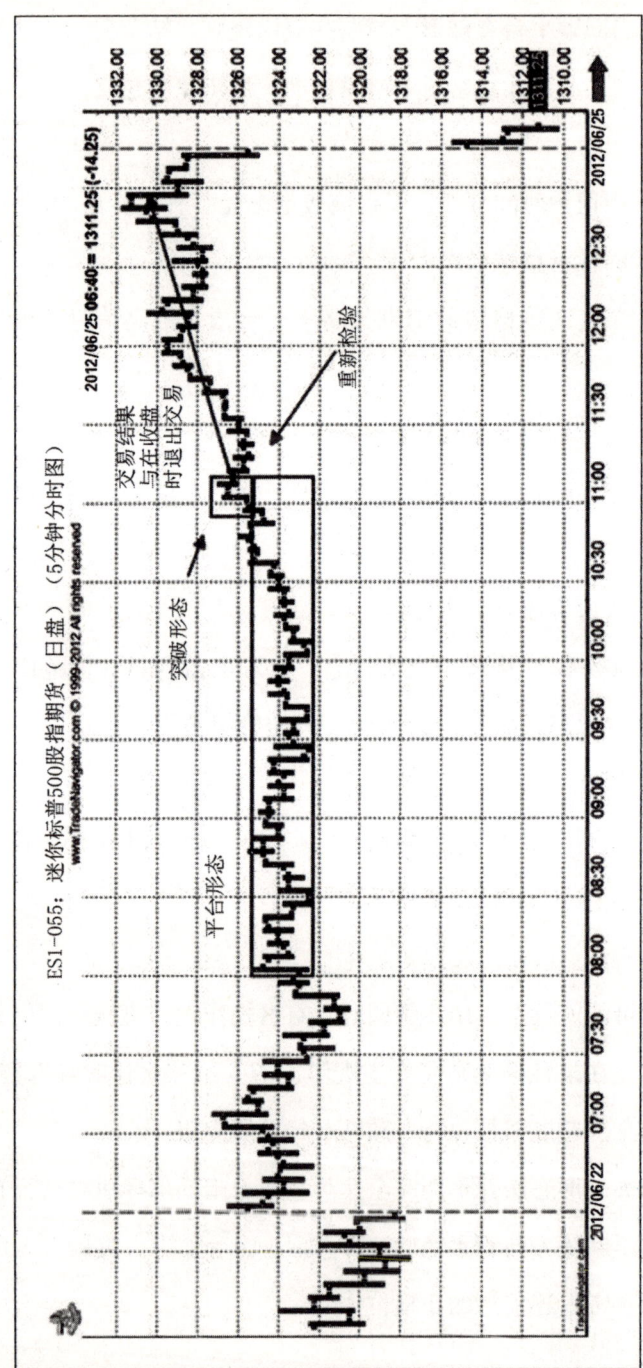

图12-4 迷你标普股指期货合约的5分钟价格线中的平台形态

第 12 章 日内交易的平台突破

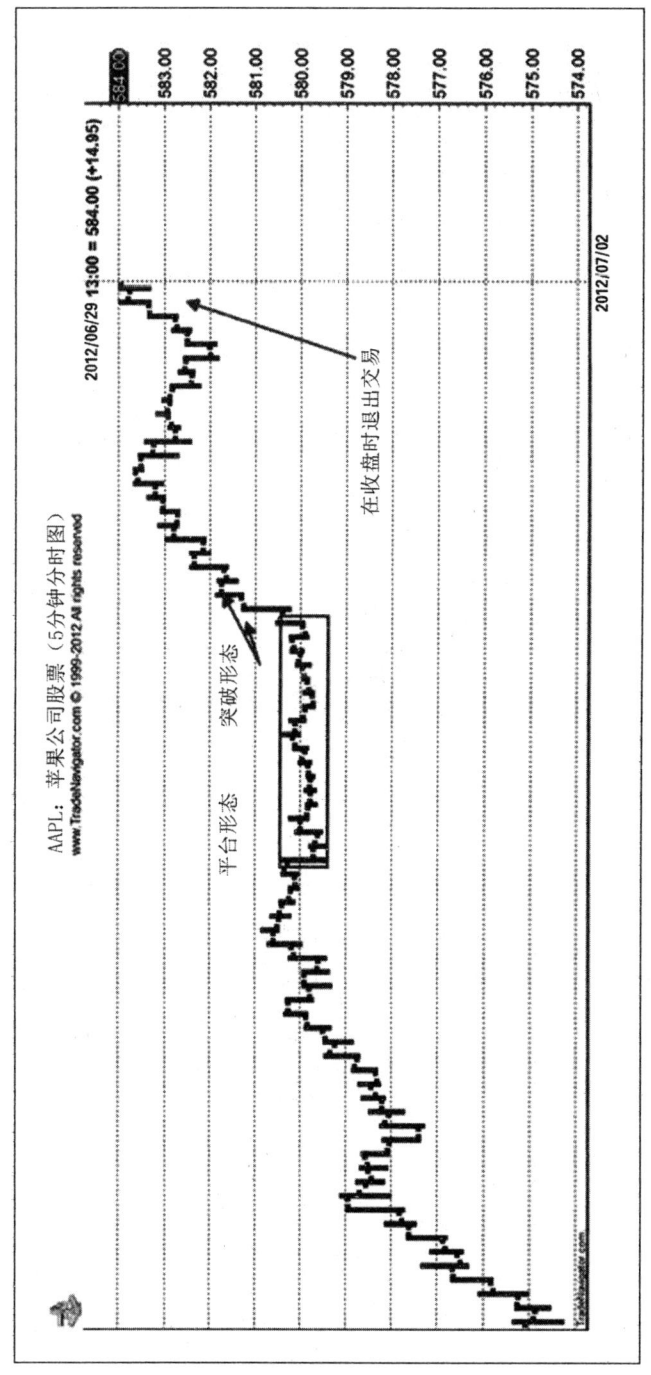

图12-5 苹果公司5分钟股票价格线图中的平台形态

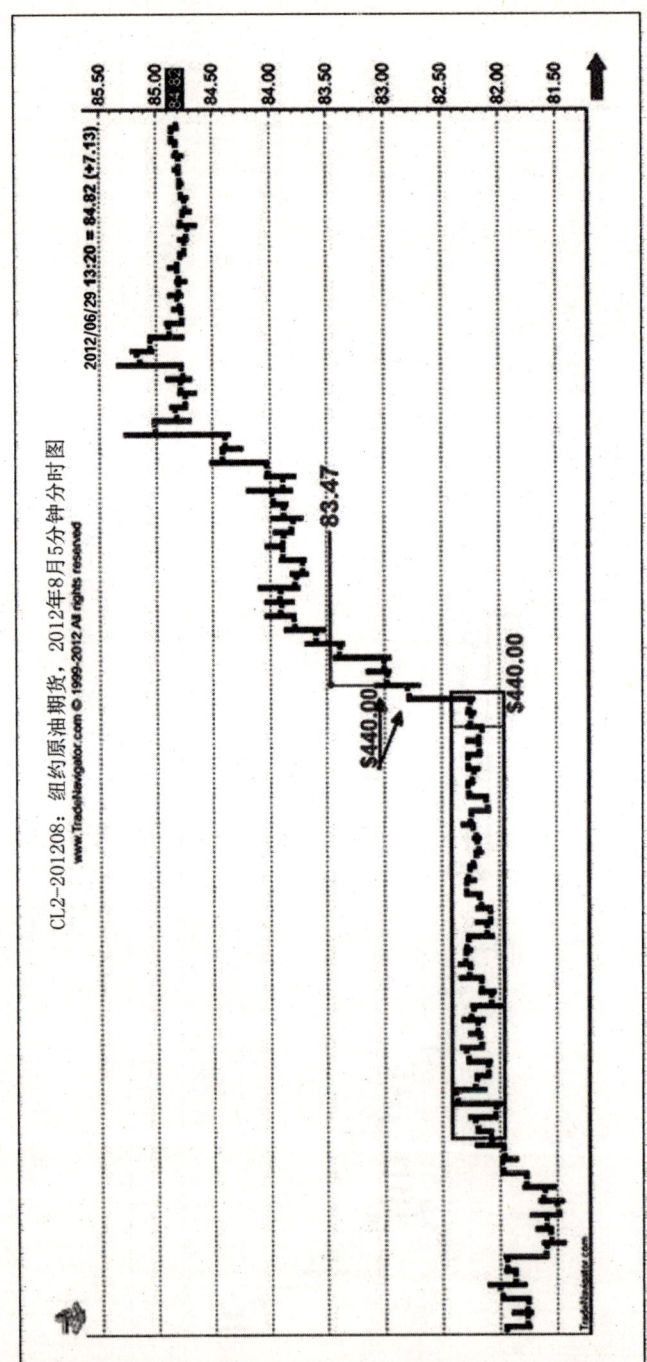

图12-6　原油期货4分钟价格线图中平台突破形态的设置，触发与第一盈利目标的后续跟随

第13章 动量日内交易法：
两个应用案例

我经常被问到这个问题：我最喜欢的时间指标是哪些？鉴于有这么多的时间指标，乍一看这个问题是很难回答的。然而，我发现根本不是这样。交易者使用的绝大多数图表程序，均强调数量而非质量。看看这些程序都验证了一个事实，那就是交易者有数以百计的指标可供选择，然而当谈到它们的结构时，绝大多数都是以价格为基础的。正因为它们基于价格，它们往往在一个底部或顶部已形成之后，触发了买入或卖出的触发信号，因此，它们滞后于价格，当它们经常急转弯时，市场是正常转弯，反之亦然。这意味着它们往往导致延后买入和卖出，即它们不是价格的领先指标。因此，它们经常被洗盘。对滞后指标，如传统的移动平均线的主要抱怨就是，它们的结果准确性通常很糟糕。

定时触发器的类型

所有交易者都应意识到,有三种基本类型的定时触发器,分别基于它们提供信号的快慢。如上面所讨论的滞后指标,几乎总是较晚进入交易,而领先指标却是完全相反的,它们的目标是在市场方向开始变化之前进入交易。实时指标的指向变化与市场趋势的变化一致。

这里有几个例子,分别是滞后指标、领先指标和实时指标:

- 滞后指标:移动平均线、随机指标、相对强弱指标以及一些基于图表的指标。
- 领先指标:价格预测、周期性、季节性、背离指标以及基于有效的支撑位和阻力位的方法。
- 实时指标:动量,(指数平滑移动平均线,MACD)以及基于一天内各时段或一周内各天的指标。

我的评估不是既定并无法更改的,也没有包含所有的指标。虽然知道各种指标是个很好的事情,如果你不知道你所使用的指标是针对哪些资产和有哪些使用上的限制,那么这样的知识对你来说其实不重要。这个问题是滞后的时间。我们可以从很多方向探寻减轻滞后时间的问题,对日内交易者来说,这是一个特别重要的问题,因为他们不

第13章 动量日内交易法：两个应用案例

能错过任何一个顶部或底部，因为时间在一分一秒地流逝，而他们必须在当天交易日结束时退出交易。试想，如果日内交易者比趋势开始时间晚25%进入交易，又比趋势结束时间晚25%退出交易，那么其实有相当大部分机会已经从市场上消失了，对日内交易而言，失去的机会就意味着失去的利润。

日内交易者可以采取的方式，是利用基于动量的时间触发器，我相信这不仅比利用移动平均的系统更准确，同时也存在较少的滞后现象，并导致更少的洗盘。

动量（MOM），也可被称为变化率（ROC），是当天的股价与X天数之前的某一天股价一个简单的计算或比较。对于MOM的计算，就是这两天数值之间作差。对于ROC来说，其值是基于这两者之间的差值。虽然最后的值不同，但作图时发现，它们的线其实是同一条。请注意，这与在计算移动平均值时有着显著的不同，后者是所有值在一定时间内都有着相同的权重，除非我们使用的是加权或指数移动平均值。

动量的计算很简单，只需关注两个值：今天和X天以前。对于盘中图表来说，我们可以将目前的价格棒与X个之前的那个价格棒作比较。例如，如果目前价格棒的收盘价为50，10个价格棒之前的收盘价也是50，则MOM等于零。如果10个价格棒之前的收盘价为50，目前价格棒的收盘价是60，MOM是+10。如果28个价格棒之前的收盘价为30，目前价格棒的收盘价为20，MOM是-10。

动量和价格之间的关系也很简单。动量效应是买家愿意以更高的价格购买或是卖方怀着以较低的价格卖出的意愿。为了使价格继续向上移动，买家必须以越来越高的价格继续购买，反映了越来越高的动量。卖方则反之。一个有可能继续保持上升趋势的市场，将因价格上涨表现出越来越高的动量，或保持横盘。一个有可能继续走低的市场，将继续表现出越来越低的功能，或至少也维持住横盘。

动量指标的长度越长，市场对价格变化的反应就越小。动量指标越短，市场对价格的变化越敏感。参见图 13-1 的示例，它显示了在同一盘中图表上，几个不同的动量指标的长度。注意它们之间的相似性和差异性。

在所有的时间指标中，找到指标的最佳长度，对于获取一致性的结果和依据特定规则进行操作来说，都是非常重要的。我们不想因为更换投资市场而改变动量，以便适应所用的指标长度，这么做的结果很可能是我们无法盈利。

动量和价格之间有许多寻常或不寻常的关系。图 13-2 和图 13-3 描绘了我认为正常的动量关系。

动量和价格之间有一个非常强大的指标。背离，依据定义，可认为是价格上升，而动量是下降的；或是价格下降，而动量正在上升。上述条件中的每一个都倾向于展示方向上的改变。此外，从一个负动量变到一个正动量，也说明了趋势上的变化，图 13-4 和图 13-5 显示了标普期货的盘中图的上述情况。

第13章 动量日内交易法：两个应用案例

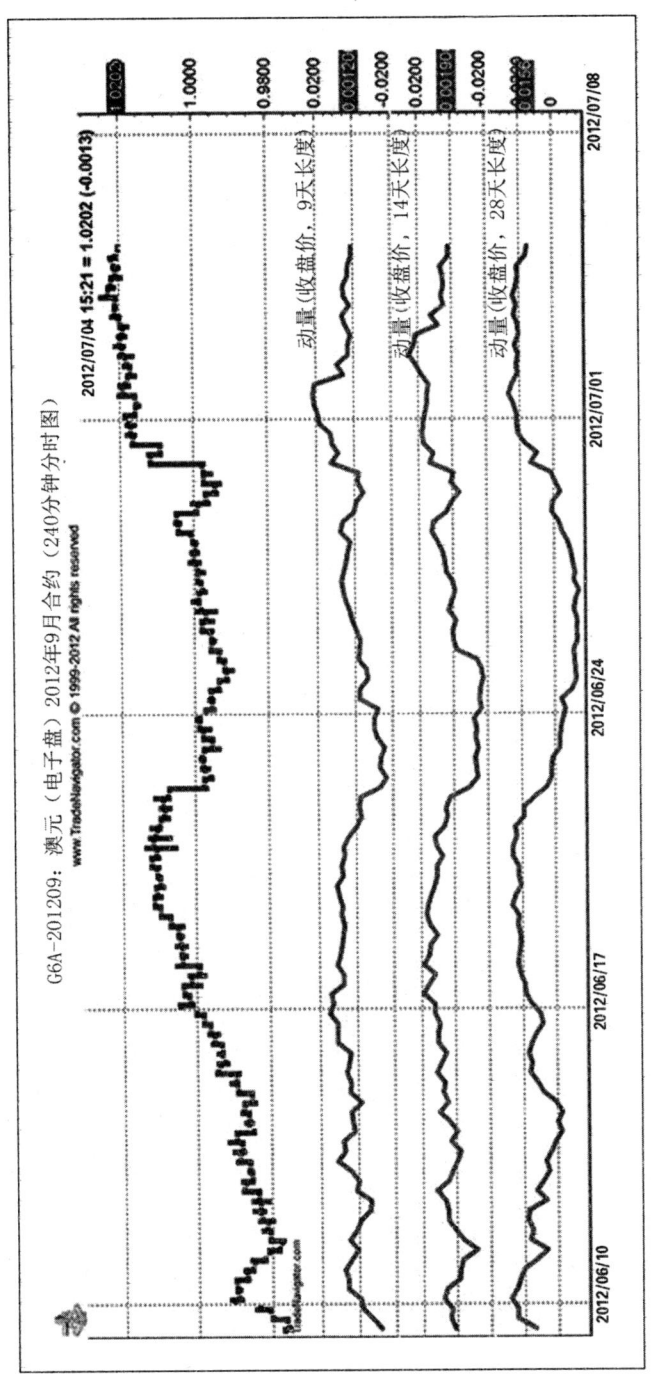

图13-1 不同长度的动量和价格

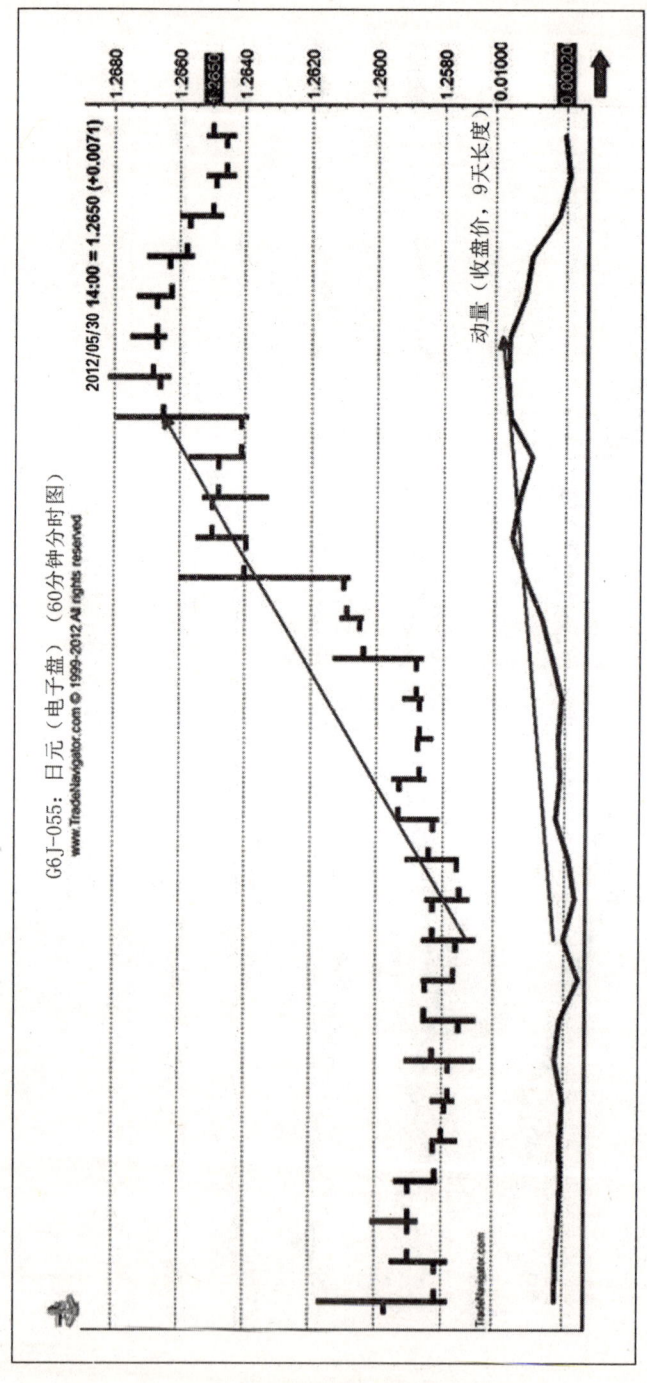

图13-2 正常看涨动量的表现

第13章 动量日内交易法：两个应用案例

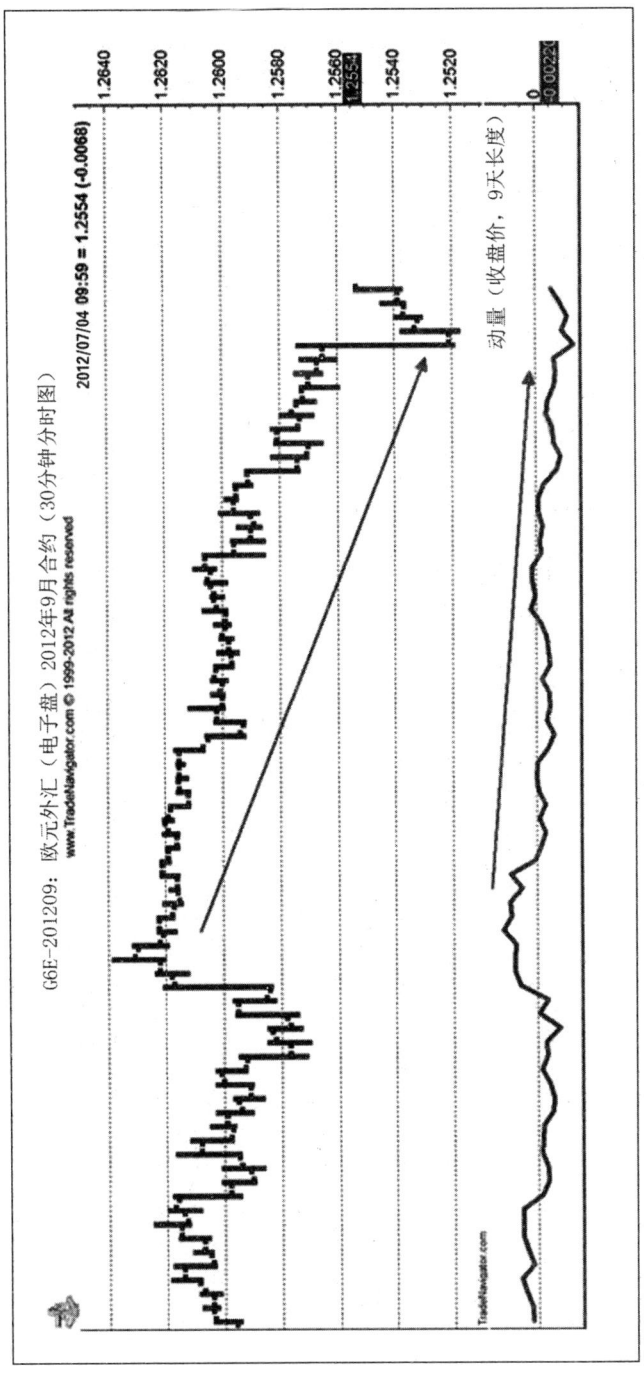

图13-3 正常看跌动量的表现

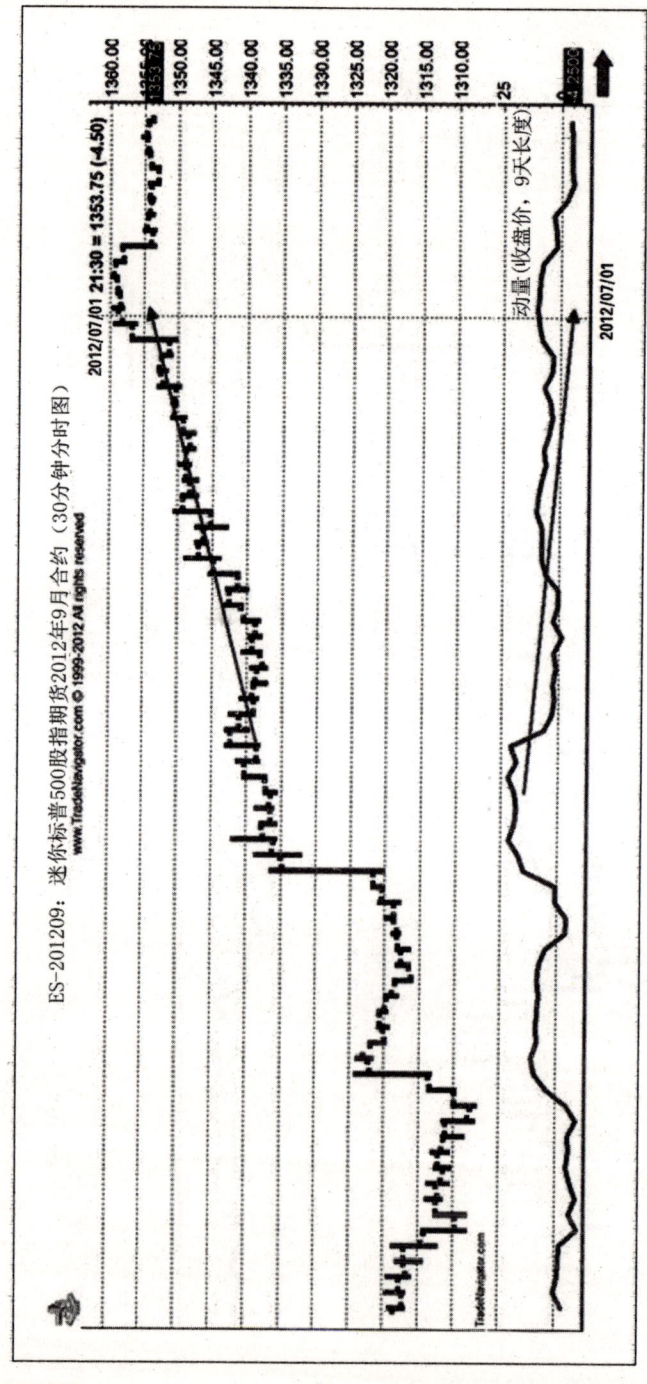

图13-4 随着价格上涨而动量下跌,这是一个看跌的领先指标

第 13 章 动量日内交易法：两个应用案例

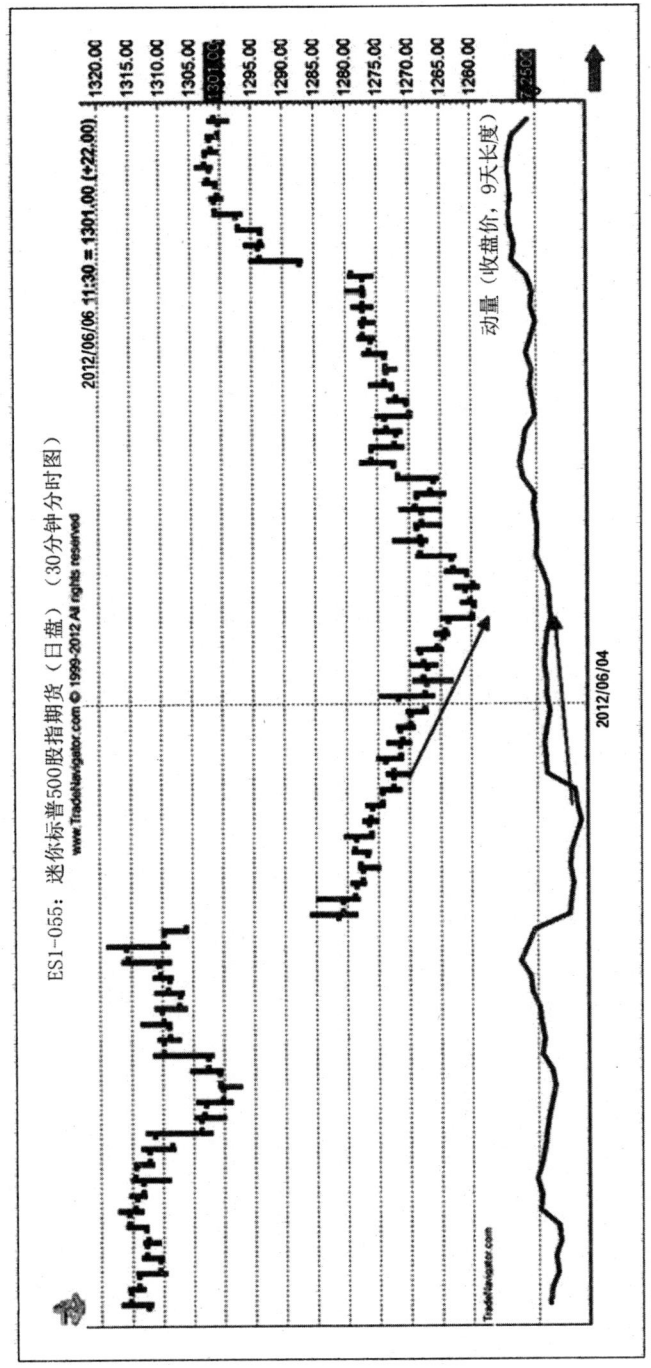

图13-5 随着价格下跌而动量上涨，这是一个看涨的领先指标

过零的动量

当动量出现负值时,因为它通常在一个向下趋势的市场,如它改变方向,越过零并回到其上方,则说明价格很有可能从跌到涨了。相反,如动量从正值变为负值,则说明价格很有可能从涨到跌了。这个关系不仅容易理解,也可以在日内交易中应用。该种应用很简单,但它涉及一些决策及使其运作的流程。

基于我之前讨论的动量和价格的方向的关系,正动量与上涨的价格、负动量与下降的价格之间的密切关联,就相对容易理解了。当动量从零下通过变为正值,就可作为新的价格上升的触发器,而从零上通过变为负值,则可视为新的价格下跌的触发器。我已经在图 13-6 和图 13-7 中说明并展示了这些信号。

图 13-6 显示了美元的 120 分钟分时图,图中有 28 条动量穿梭零值形成的线。我已经标明出来。箭头显示了动量穿过零值变为正值或负值时的买入或卖出的信号。正如你所看到的,在每一种情况下,信号都是准确的,之后的价格移动也都正如预期所示。然而,我另用盒状的框标记了一些区域,以说明此方法相关的一些问题。在这样的每一个区域内,一些买卖信号或洗盘都显示了该方法并不准确,这是使用动量指标作为过零触发信号的一个显著缺点。

虽然没有如图 13-6 中的那么严重,如图 13-7 所示,洗盘区仍然显示了动量作为过零指标的交易方法中,准确度方面的一个重大限制。这是一个坏消息,但好消息是,我们可以通过一些虽小但有效的变化,在动量方法的应用中改善这种情况。

第 13 章 动量日内交易法：两个应用案例

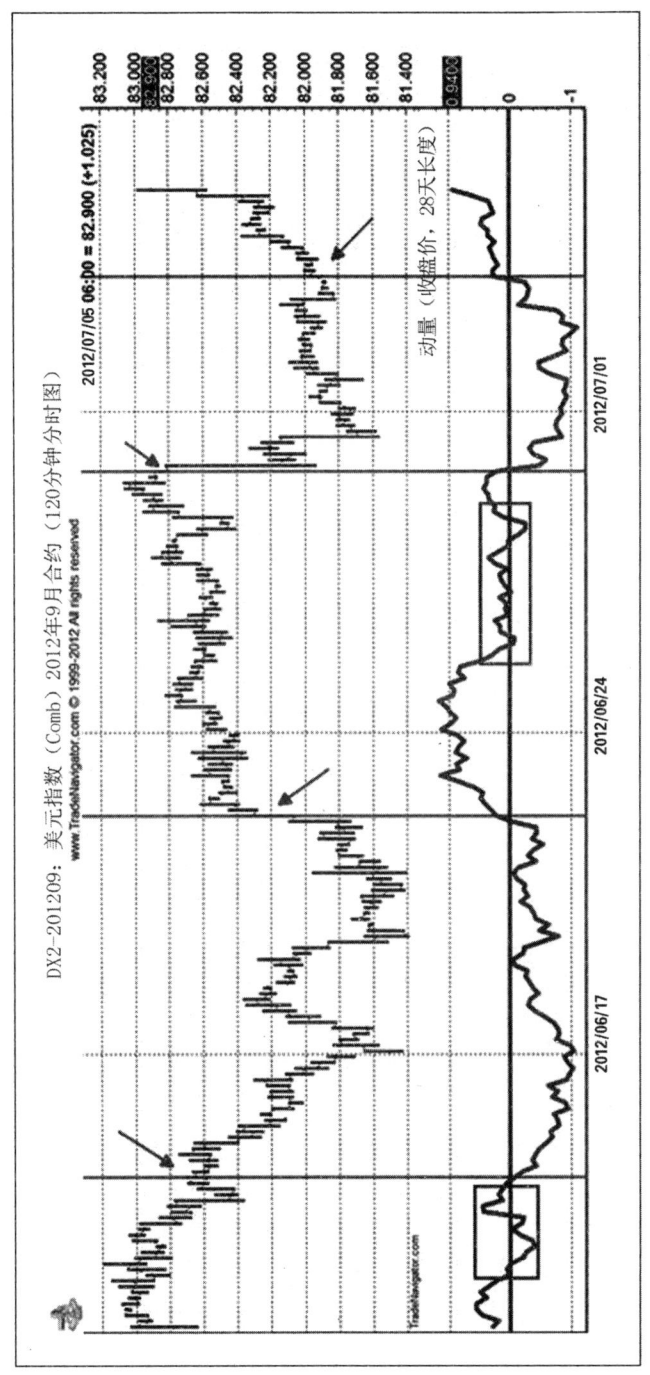

图13-6 美元的120分钟分时图显示出MOM28次过零现象

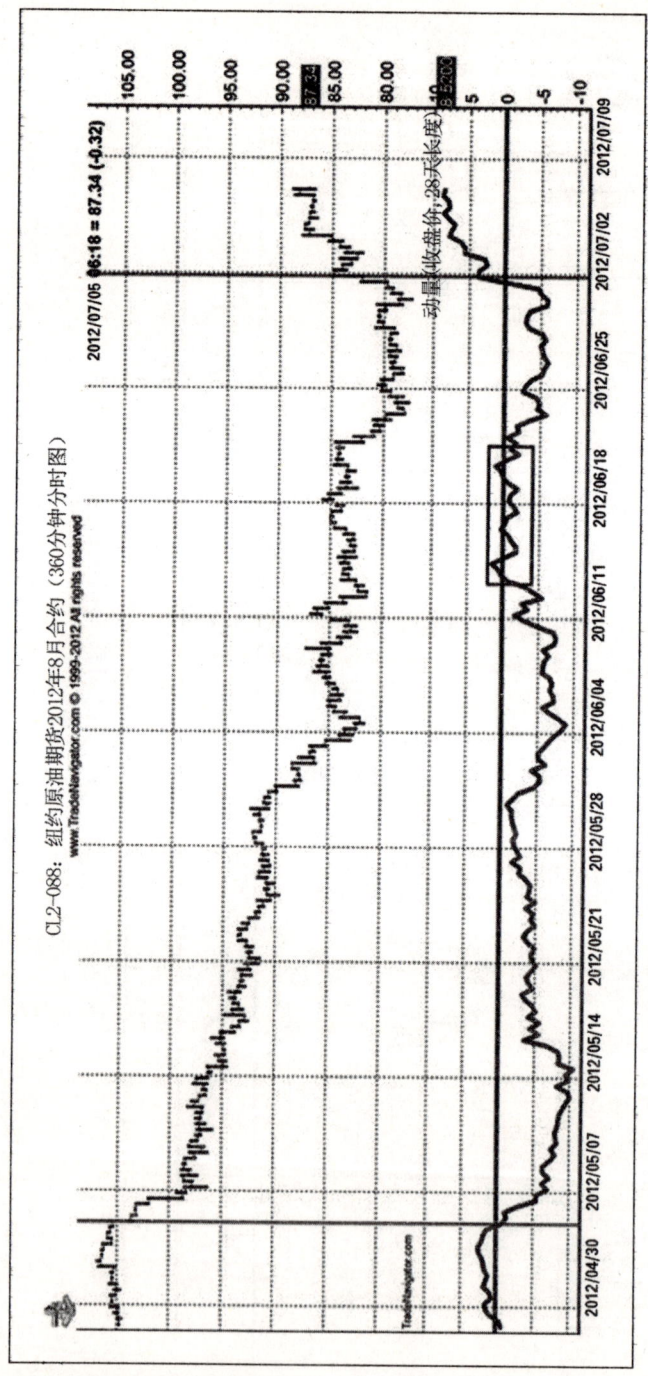

图13-7 原油期货的360分钟分时图显示出MOM有28次过零现象

第13章 动量日内交易法：两个应用案例

动量移动平均法

关于上述在动量过零时产生的问题，在使用振荡器作为定时信号后，就变得不那么明显了，这是因为它们太敏感了，使其脱敏便是解决这个问题的方法之一。将信号脱敏的办法，可通过加长指标长度或采用指标的移动平均值。通过将信号脱敏，我们可以降低其反应时间，但同时也会降低其精度。我已经开发了一种脱敏动量指标但不会严重降低其精度的方法：采用指标的移动平均，然后再将其移动平均取一个移动平均值；换句话说，该流程就是要先计算动量，取该动量的移动平均值，然后取该动量的移动平均本身的移动平均值。虽然这听起来像是故弄玄虚，但如果你正确地应用它，那么就会显著地降低错误的信号、洗盘的概率，并提高其稳定性。

图13-8用一个30分钟的迷你标准普尔股指期货的分时图，说明了该方法的使用，我已经在图表上注明了使用该方法得出的买入和卖出的信号。这种方法也如图13-9所示。如果你想使用这种交易方法，那就花一些时间增加一个跟进方面的机制，来进一步降低洗盘的信号。

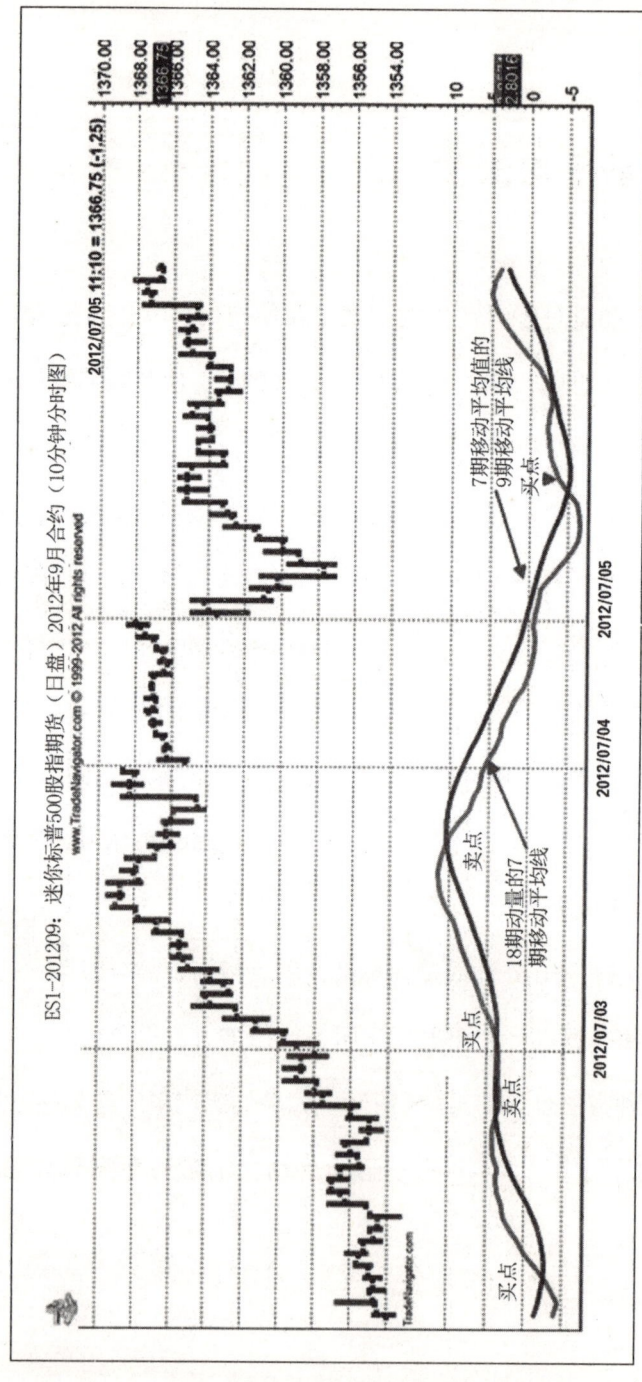

图13-8 18期动量与9期移动平均线、7期移动平均线

第 13 章 动量日内交易法：两个应用案例

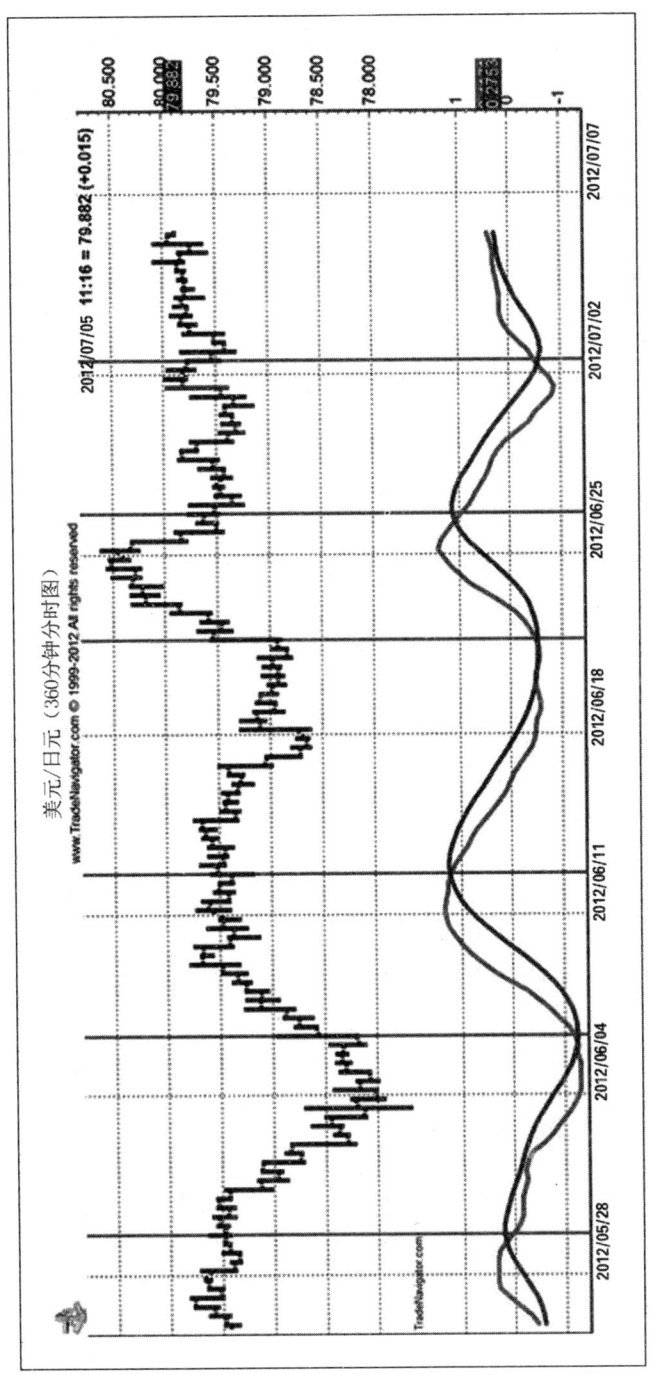

图13-9 美元/日元外汇6小时分时图的双移动平均均法

第14章 类日内交易：节前效应

　　从定义上而言，日内交易的持仓一定要在当天了结离场，否则这就不是真正意义的日内交易。对目前亏损却希望通过隔夜持仓进而扭亏为盈的交易者，又或者是已经获利但仍希望隔夜持仓可以带来更多利润的交易者而来说，他们不断地面临着这样的困惑与阻碍。根据经验与统计数据，我认为超出当日的持仓所带来的利润，并不会高于你所预测的当日最高价。因此，就日内交易而言，一旦以日内交易为目的进行开仓，那么一定要按照日内交易原则，在日盘收盘前了结持仓。撇开统计数据与经验不谈，不论日内交易是何种结果，总有一些想法会在头脑中萦绕不去：类似亏损头寸持有至明日是否能够扭亏为盈，获利头寸隔夜持仓后能否获得更大利润？盈利的日内交易是否有可能变成长线交易呢？

　　除第一盈利目标离场这种方法以外，其他方式都需要很高的准确性，其中一种基于节前效应并将日内仓位隔夜减持的方法，是我觉得最有可能带来较高利润的方法。在阿特·梅里尔所著的《华尔街价格行为》这本书中，他用统计数据说明道琼斯工业平均指数在美国大多数节假日的前一交易日高收的趋势很强劲。尽管很多交易者都很熟悉这个概念，但是很少有人明白如何具体使用。

为了能够准确有效地执行阿特·梅里尔的节前效应，你需要保证持有仓位过夜。你必须在前一交易日的收盘时开仓，并且在节前交易日的收盘时了结仓位。

我已经用我的设置、触发及后续跟随理论来多次进行检验，以确保这个方法具有可操作性且符合规则。尽管没有什么能够确保这个方法一定会持续有效，但是你可以从我提供的统计研究中发现，这个方法是可以带来显著利润的。你可以再读完我所提供的资料来自行判断。

让我们先来解说定义一下这个理论，然后再看看它的效果如何。梅里尔假设并说明的理想条件如下：从19世纪末起，道琼斯工业平均指数在美国重大节日前一交易日会以高价收盘的概率，是显著大的。我们的首要目标是去挖掘这个理论是否正确，再去判断我们能否利用这一模式盈利，最后决定是否能够制定基于应用的实践规则。

着眼于事实

以下就为期60年的美国主要节假日数据进行检验，来判断梅里尔观点的准确性：

元旦

复活节

纪念日

美国独立日

劳动节

感恩节

第14章 类日内交易：节前效应

圣诞节

表 14-1 至表 14-8 列出了一些检验结果：

表 14-1　元旦节前效应交易

交易次数	62
盈利次数	34
获利概率	55%

表 14-2　耶稣受难日节前效应交易

交易次数	62
盈利次数	45
获利概率	73%

表 14-3　美国纪念日节前效应交易

交易次数	62
盈利次数	33
获利概率	53%

表 14-4　独立日节前效应交易

交易次数	62
盈利次数	40
获利概率	55%

表 14-5　退伍军人纪念日节前效应交易

交易次数	62
盈利次数	32
获利概率	52%

表 14-6　感恩节节前效应交易

交易次数	62
盈利次数	45
获利概率	73%

表 14-7　圣诞节节前效应交易

交易次数	62
盈利次数	43
获利概率	69%

表 14-8　劳动节节前效应交易

交易次数	62
盈利次数	44
获利概率	71%

第14章 类日内交易：节前效应

适用规则

为了能够让节前交易具有可操作性，我用了下面这些规则：

- 于法定节假前一天的前一天收盘时开仓。如果这听起来像双重句意，那我用一个例子进行说明：圣诞节是12月25日。如果资本市场12月24日开市的话，在12月23日的收盘时开仓，而在12月24日的收盘时了结仓位。
- 交易品种是道琼斯工业平均指数的替代品——道琼斯指数ETF（DIA），或者如果你倾向于交易期货，也可以交易道琼斯股指期货（YM），也就是大家所俗称的5美元道琼斯（five—dollar Dow）。
- 我也使用了标普100指数期货与标普500指数期货（SPY），和与标准普尔指数或道琼斯工业指数相关的交易所交易基金（ETF）进行交易。
- 我也利用了与道琼斯指数相关性高的各种股票、期货和期权进行交易。
- 如前文所示，在开仓日以收盘价市价开仓。
- 亦如前文所指，在平仓日以收盘价市价平仓。
- 我使用过交易日前10个交易日中最大的日内振幅作为止损参数。
- 我以50%的交易日前10个交易日价格最大振幅作为第一盈利

目标。

- 我以完整的交易日前 10 个交易日价格最大振幅作为完全盈利目标。
- 在平仓日以外我不进行任何获利交易。

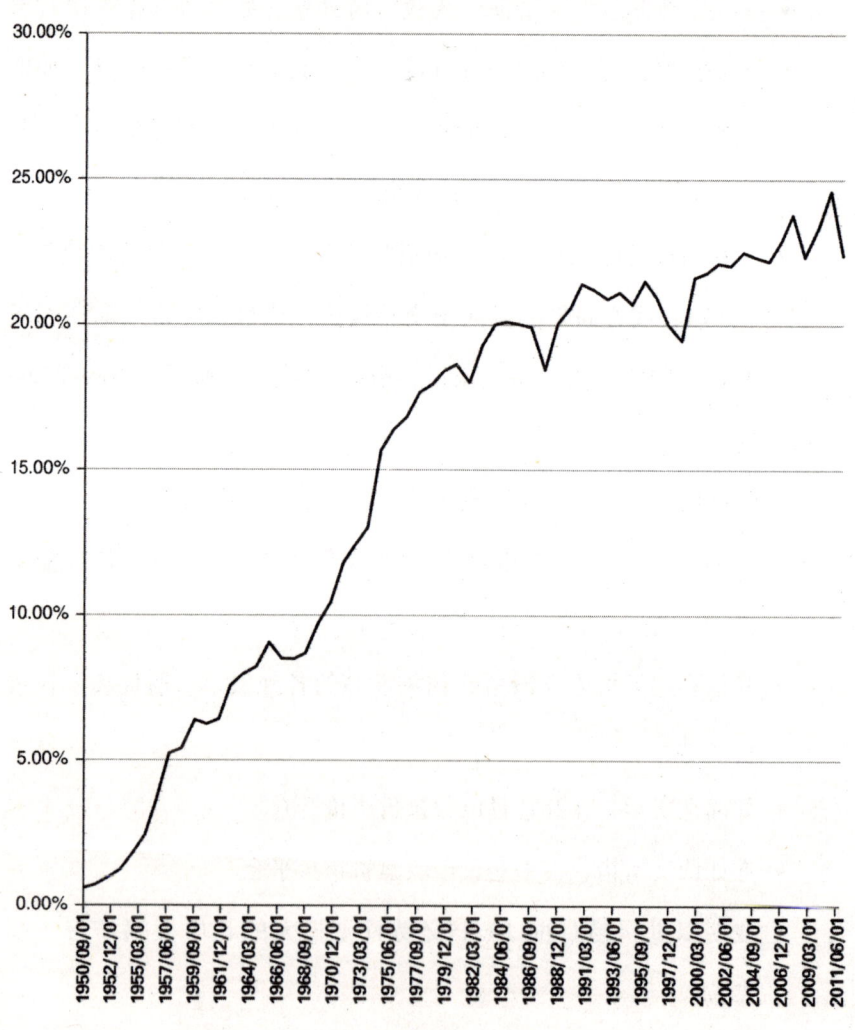

图 14-1

第14章 类日内交易：节前效应

案例说明

以下是 2011 年和 2012 年独立日假期前交易的两个例子。根据前面所述的规则，2011 年独立日的交易在道琼斯指数约在 12414 点开仓，并于第二天收盘价约为 12588 点时平仓。这是基于道琼斯工业指数的现货结果。如果交易品种的是道琼斯指数 ETF 或者是道琼斯指数期货，那么结果的美元金额会有所不同，但不管怎么说结果是盈利的。下图显示了在 2012 年独立日假期道琼斯股指期货交易情况。按照规则在这种情况下交易获利大约在 470 美元。依据交易执行的情况和交易的标的种类的不同，利润可大可小，但不论怎么说这是一个有盈利的交易。

结论

我的研究证实了道琼斯工业平均指数节前效应的存在，但正如你能从列举的统计数据中发现的，你需要具备选择性能力。研究表明，有些节假日的准确率不足 50%，而有的则能保持一致性，并且具有盈利能力。我相信节前效应是存在的，而且如果使用得当，也是一个可行和准确的方法。如本章开头所述，这并不是真正的日内交易。在就开盘价与假期前一交易日收盘价关系进行研究后，如果证实这个理论是准确的，那么这种交易就可以被视为是实际上的日内交易而执行。

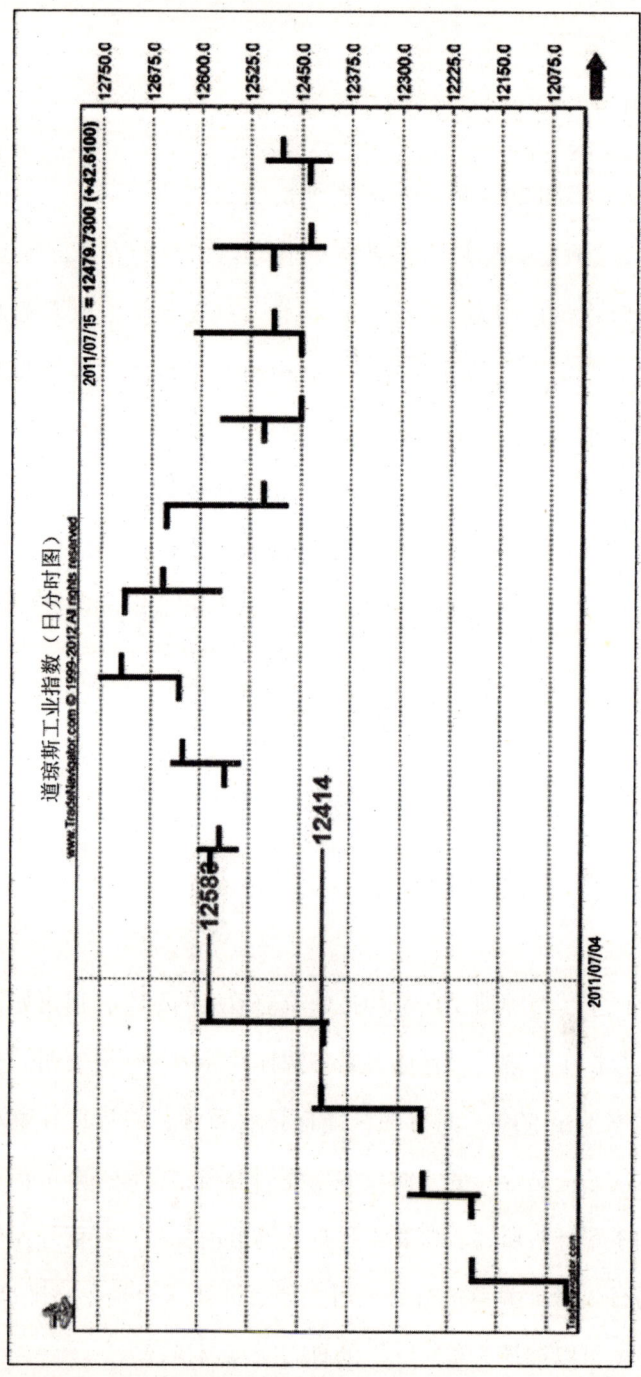

图14-2 2011年独立日的交易数据

第 14 章 类日内交易：节前效应

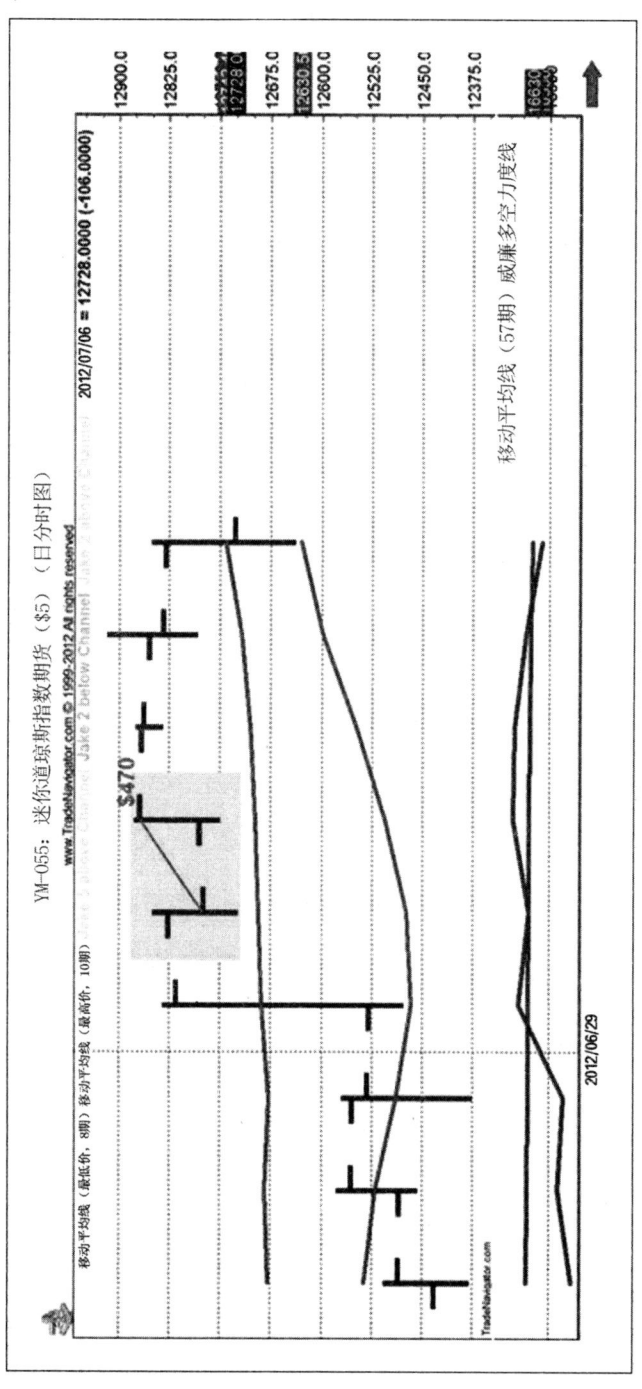

图14-3 2012年独立日的交易数据

第 15 章　在日内交易中该做的和不该做的

正如我在第 9 章所说的，日内交易者可能有许多事情做得不正确，只能做正确相对较少的事情。在这方面，日内交易几乎就与生活本身是一样的。我们从被奖励的正面行为中得到的回报，比在错误行为受惩罚时获得的更多。这是一个行为心理学的基本原则，B. F. 斯金纳完整地阐述了它，并坚决信奉它，因此也被称为行为心理学之父。有利可图的交易有可能并非完全基于方法论，它之所以成功，很大程度上是依赖正确的程序、天衣无缝的跟进机制以及交易者心理学。

日内交易者通常很少能从他们的错误中学习到什么，因为他们可以犯下数以百计的错误，包括笔误、订单输入错误、行为偏差、持仓规模偏差等。预防错误的最好方法，是它们发生之前识别出来。改善你日内交易的最好方法，是通过利润回报不断加强和巩固积极正确的行为。

如果你读了一些关于日内交易各种有效规则讨论的书籍，本章中可能会给你呈现一种不同的观点。传统的做与不做的行为规范，已为广大交易者所周知。那些市场上的新进交易者们，会从他们的利润与亏损中迅速学习或体验到不该做的那些事。虽然传统的做与不做是很重要的，但我不相信大多数交易者能完全理解它们。事实上，我发现大多数交易者只会口头上承认这些错误行为，这就是为什么他们会继续犯同样的错误。以下是我的做与不做的清单，以及每个行为的解释和详细的例子。

绝不要在任何让你害怕的市场、股票或头寸上做交易

一旦你意识到自己对股票或者商品市场上的交易感到恐慌——害怕可能产生损失，请将其视为一种对你的警告：你很可能做出情绪化而非客观性的决定。恐惧的来源是什么？以前有过的不好的经历（如亏损）、非常高的波动、非常高的价格、对特定市场的新闻影响、太大的持仓规模，或任何其他可能的恐惧诱导因素。我已经发现，做出客观决策的最好的方式，就是只交易那些不会引起你恐惧的市场品种和头寸。我在这里将恐惧和关注区分开来。关心损失是正常的，但担心失去金钱会引发情绪化的决定，这可能引起你的账户亏损。

现在很流行在货币期货市场、外汇市场或标普期货市场上做交易。在这三个市场中，外汇交易是最适合不同规模的持仓交易的，同时不会引发你的恐惧。当你交易外汇时，你可以交易任何你喜欢的头寸规模，只要符合你的经纪商的最小账户规模标准即可。

考虑你的恐惧，并在每一次你交易的时候承认并正视它。我重申，恐惧是最主要的情感因素，抑制成功，并易导致亏损。埃德温·勒菲弗在《股票作手回忆录》中写道，杰西·利弗莫尔有一次被另一交易者询问，因他在某一股票的仓位非常大，以至于引起他过度焦虑而无法入睡。他问利弗莫尔他能做什么。利弗莫尔说，"很简单，把你的仓位降

到你能安然入睡的水平",换句话说,杰西·利弗莫尔告诉他,减少头寸规模直至恐惧和焦虑消失。

定义你所理解的日内交易,并坚持其定义

这似乎是一条荒谬的规则。毕竟,日内交易是一个交易日内的交易,不是吗?正如我之前在这本书中讨论过的那样,你很可能已经知道了,从一个市场到另一个市场交易时间会有很大的不同。在股票交易中,交易日的时长是从开盘到收盘的6个半小时,具体的时点会根据你所在的时区的不同而不同。另一方面,货币期货交易为23小时,而外汇市场基本上是24小时市场。我不会将23小时的货币期货市场视为是我的日内交易日时长。我会将货币期货的一个交易日视为从日盘开盘时开始到日盘收盘时结束时为止。

根据你的报价提供商,不同的时段将有不同的符号。我建议仅使用日盘的符号。你不能有效地每天交易23小时,你需要睡眠和休息;同时,你必须在市场交易活动最积极的时段交易,因为这时,交易量达到了它的峰值,交易信号会更准确,因为进入和退出交易会更有利可图:在一个活跃的市场,买价和卖价之间的价差较小,所以更有可能获得较好的执行价格。

成为一个专家,而不是通才

通常,大多数日内交易的方法都需要交易者在交易当日保持相当大

的注意力——必须监控头寸、变动股价目标以及建仓和了结,你必须将上述所有都做到完美。书写或记录错误,常造成不可接受的损失。即使在电脑自动化的协助下,对于大多数日内交易者来说,想在同一时间内参与到很多的市场中,也是不可能的。当然,如果你的日内交易是完全自动化的,且计算机像一个机器人一样运作,为你进行进入和退出的交易,那么你就可以无限制地同时在许多不同的市场里交易。这是有可能实现的,但对于大多数交易者来说,这个方式并不被推荐,也不太可行,因为针对一般的交易者来说,他们的计算机技术和设备远远不足以支持上述方式。

最好的解决办法是,集中精力在少数几个市场上进行交易。事实上,两个或三个市场可能是最好的选择。从我的经验来看,在较少的市场进行交易,成为有经验的交易者进而变成专业人才,要比什么都尝试交易要好得多得多。你作为日内交易者所做的大部分事,也取决于你的方法论。例如,如果你使用的是缺口交易法,因为所有的订单都可以在同一时间输入,你可以很容易地在多达 10 个不相关的市场内交易。我强烈建议新进的日内交易者,在刚开始,一定只在一个时间点专注于少数几个交易,而不是扩大交易范围而犯下代价高昂的笔误的风险。

交易得少,但赚得多

如果你相信以下这个普遍的误解——交易得越多赚得越多,你一定会让自己陷入麻烦。记住,你进入和退出交易的速度越快,你能赚的钱就可能会越少。为了利用交易时段内较小的价格波动,你需要以较大规模持仓交易。你在一个交易中所待的时长,与你能赚多少钱之间,往往有一个较为明确的关系。当然，目标是要尽可能长时间地保持你的盈利交易，并迅速地退出你的亏损交易。有一些日内交易者会觉得他们每天交易的越多，他们就越能赚更多的钱。以我的经验，如你已经在使用一个行之有效的利润最大化策略，那么每天两到三次的日内交易，就足够使你置于通往成功的道路上。

定期从账户中转移出资金

由于你账户的规模会有所增长，作为给自己的一个奖励，你可以抓住机会，从自己的账户取出一部分钱，你可以花掉它，甚至更好的选择是，投资于更安全的领域。让我们面对现实吧：日内交易毕竟是高度投机的，你可能会有巨大的亏损，你肯定不想放弃你所拥有的甚至有可能更多的钱。有券商或经纪商陷入各类诈骗、骗局以及半合法甚至非法活动中，骗取了许多投资者的资金，我认为将资金只放在一家经纪商或一个账户里面，是很不谨慎的做法。此外，如果你定期（比如每个月）将你所获取的一些利润从账户里转移出来，你将总能保留一笔如有需要即可以随时调整账户规模的资金。

进入交易规则应完全客观，但退出交易规则应保持灵活

正如我在这本书前面几章中所指出的，日内交易的退出策略需要比长线交易更灵活，因为时间限制对你的交易有一定的限制。当你需要了解你的持仓时，你能做什么必须是基于这一天的交易中发生了什么。没

有两个交易日会完全一样。我敦促你对你的退出策略保持灵活性，且应是基于市场表现做出调整，同时在心中保持着原有目标，那就是在交易日结束时退出交易，或是最小化损失和/或是最大化利润。

避免进入网上聊天室

日内交易是孤独者"曲高和寡"的游戏。除非你特别强烈和坚定的心理，否则你会发现，很难摆脱其他交易者的决定和意见对你自己的交易产生的影响。我已经玩日内交易这个游戏超过3年了，我可以告诉你一项我的个人经验，这也是在我所观察到的其他数以千计的交易者的身上已被证实的：受外界意见的影响，往往对底线利润造成损害。

社交媒体网站、特别是聊天室的日益普及，似乎给交易者和投资者提供了良好的交流思想与信息的机会，但我的经验和观察使我相信，事实恰恰相反。实际上，我认为你应该避免参与聊天室的讨论，除非你是一个逆势交易者。聊天室是有害的，不仅对于上述的结果而言，更是对你作为交易者的纪律而言。在大多数情况下，当你参加任何这样的讨论时，你与陌生人在互动中，他们中很有可能存在那些既得利益者，或是在传播促进他们自身利益实现的信息，或是来兜售他们持有的股票或持仓。因此，我最好的建议是——不要去网上聊天室。

做你自己的工作

很多有抱负且活跃的日内交易者，会花太多时间和金钱去寻找"圣杯"。在互联网上有成千上万的供应商，很乐意向你兜售声称完美的交易系统，或最令人吃惊的时点触发器。我希望你不会成为这些供应商的产品的牺牲品。

其他成功和失败的行为

下列是我给出的成功和失败的行为列表，学习和领会它们会对你很有价值，让我们从失败者的行为开始学习：

1. 小止损会保护你。
2. 你做的交易越多，你就能赚越多钱。
3. "我要赚 xx 美元一个月。"
4. 期权是最好的交易品种。
5. 我的经纪商会在那里帮我。
6. 一个更大更快的电脑会帮你赚更多的钱。
7. 标普股指期货是全市场上最佳日内交易品种。
8. 外汇市场是最有利可图的交易市场。
9. 200 天移动平均法是一个很好的交易方式。
10. 跟随专业交易者所做的任何事，你就会成功。
11. 逆转和关键逆转是盈利信号。
12. 基差交易几乎无风险。

其他的潜在错误：

1. 缺乏客观的利润最大化策略。
2. 缺乏组织。

3. 听新闻。

4. "看起来"的问题：意见和解释。

5. 缺乏客观的交易方法、系统或指标。

6. 太多的指标＝太多的"分析"。

7. 在资本不足的状态下开始。

8. 同时在过多的市场中交易，或是只在一个市场交易。

9. 缺乏多样化：关于专业的好消息与坏消息。

10. 未能理解不同的指令类型。

11. 出于粗心但代价高昂的错误。

12. 冲动行为（不以方法为基础的交易）。

13. 过度的日内交易。

14. 低 Delta 的期权。

15. 止损设置的容忍度太小，不足以应对较大的波动。

16. 在风险很大的市场交易（例如，新的交易员在天然气或全标普期货或外汇市场交易）。

17. 快速地赚取利润，以尽快达到你的每日利润目标。

18. 动摇止损的决心。

19. 访问聊天室，跟失败的交易者交流，或与那些兜售他们的持仓头寸，或传播虚假信息或不良信息的人进行交流。

20. 缺乏至少连续 6 次损失的经历，否则被称为交易资本不足和/或无纪律的人。

以下是关于成功行为的清单：

1. 使用设置、触发、跟进这样的市场结构，并使用一个明确、简洁的利润最大化策略。

第15章 在日内交易中该做的和不该做的

2. 学习并使用"危险区"的概念。

3. 准备充足的资本开始交易（市场条件依赖）。

4. 仅用50%的资本用于持仓，保留50%的资本备用。

5. 如果你不能测试它，就不要交易：

（a）什么是充分的测试？（b）你需要用计算机程序来辅助进行测试吗？

6. 使用完全客观的规则，否则你就可能失败；永远不解释任何事情；没有"看起来像"的东西。

7. 在至少3个不重复的或不相关的市场中交易。

8. 如果你可以，请以多个单位交易（如以3为交易单位）。

9. 避免意见，关注事实。

10. 拒绝噪音！

11. 使用较少而非较多的指标。

12. 不要做任何让你感到害怕的事情。

13. 避免常见的思维，普通思维会带来普遍的结果，普遍的结果等同于损失。

14. 除非你想赌一把，否则不要把钱全部投进去；如果你作为买方交易期权，请使用适量的资金。

15. 如果你不能下决策，请给自己找一个交易伙伴。

16. 远离网上聊天室（如股吧）或投资博客。

17. 仔细地将时间窗口混合使用。

18. 每月分析你的交易结果，并做出必要的改变。

19. 你的止损点必须是基于市场波动性和/或交易系统，而不是基于你能承担的风险。

第 16 章 高频交易之我见

前几章中我一直强调的观点就是，日内交易不会让你成为电脑的奴隶。你会发现，无论使用缺口交易或者是 30 分钟突破法来进行日内交易，成功地进行日内交易都不需要时时刻刻关注电脑屏幕上面每一个图形标记。还是有些人坚持一个交易观念，那就是越多越好。他们认为交易的越多就会带来越多的利润。这种观点只有你交易的头寸很大时才是对的，以越小的时间间隔为框架进行交易，产生利润越小。

价格走势在 30 分钟移动平均线通道（MAC）图中的变化程度，要比在 10 分钟图中的更加明显。以 1 分钟作为时间框架交易要更加快，但除非头寸规模很大，否则不论何种交易产生的利润都会很小。

高频交易占纽约证券交易所成交量的 70%，因为它让高盛这样的企业获得了数十亿美元的利润，从 2000 年中期以来就受到广泛的关注。尽管一些人认为高频交易破坏了游戏规则，也有人觉得它提供了市场急需的流动性，也并不存在不公平的优势。考虑到高频交易员利用从交易所购买的信息，一般是在小于秒级别的 30 毫秒时间框架内买卖股票。我认为高频交易依赖于内幕信息，因此在本应该是公平竞争的市场环境里构成了不公平的优势。

使用一些本章讨论的方法，一般交易者无须购买内幕信息或复杂的高速计算机，也能成为快速处理交易的高频率交易者。虽然我的方法没有快到让使用者的表现接近高频交易的水平，但也不会让你落后于一般交易者的水平。

我的高频交易实验

用我在第 6 章提出的移动平均通道方法，我利用一个非常小的账户，开始一个有趣并且有利可图的日内高频交易实验探险——我可以在 8 周的时间内，让我的账户金额翻倍，而只承担很少的交易损失。我希望利用实际交易账户中买卖记录，来讨论与分享我的方法，以下三个注意事项，我希望你能记住：

1. 我将要告诉你的是仍然处于初期阶段的纯实验性理论，然而我相信，结合专注、实践并保持一致性，这个结果是可以持续，并且任何一个人都能复制这样的业绩。

2. 我提醒你，除非你能够每天在整个交易时段都不间断地待在电脑屏幕前，否则不要轻易地尝试我所交给你的方法。

3. 还有一条经常被提起的注意事项，那就是过去的业绩并不能保证未来的业绩。

省略了一些基础和义务性的公众警告之后，下面就来介绍我用过的方法，以及一些实际的交易和账户变动记录。

我使用的方法是移动平均通道交易法。你可以回忆一下，移动平均通道方法是 10 期最高价移动平均线、8 期最低价移动平均线与 57 期威廉多空力度线的移动平均线的结合。当连续 2 条价格棒形线高于 10 期最高价移动平均线，且威廉多空力度线大于 57 期威廉多空力度线的移动平均线时，便构成了买入触发；而连续 2 条价格棒形线低于 8 期最低价移动平均线，且威廉多空力度线小于 57 期威廉多空力度线的移动平均线时，出现卖出触发信号。

基于上述信号所定义的上升趋势下，该方法尝试在 8 期最低价移动平均线进行买入，而且盈利目标设定为 8 期最高价移动平均线。在下行趋势中，10 期最高价移动平均线作为阻力线，成为卖出时机。

我选择期货市场应用该方法，是因为日内交易无需处理保证金资金清算的问题。正如你所知道的，在股票市场上，当日平仓的资金并不能立即作为另一笔日内交易的资金进行使用，这笔资金需要在 3 个交易日后才能使用，而在股指市场，你无须考虑这样的问题。利用小额的资金（大约 4700 美元）进行高频交易实验，我需要尽可能实现所需要的交易次数，无须考虑保证金问题。

方法的具体细节

更加具体的来说，我按照以下步骤进行实验：

1. 在既定的趋势下，我利用 1 分钟价格图形，以便产生交易机会。
2. 基于上述理论，一旦有新的趋势出现，我就在上升趋势时的支撑线上买入，或者在下跌趋势时的阻力线卖出。
3. 我会选择交易足够快的市场，以确保存在大量交易机会，但不会选择快到连开仓指令都无法成交的市场。
4. 我选择了豆油期货、迷你黄金期货，还有几个根据实验效果而备用的交易品种。

以下是一个交易执行的精确配置案例。图16-1显示了在2012年7月26日豆油期货的1分钟价格图。

该图说明，价格的上涨趋势在它的威廉移动平均线上。在买入触发之后又有大量触及移动平均箱体底部的下跌与触及箱体顶部的反弹，它们每一个都构成了在移动平均箱体底部的买入与箱体顶部卖出的高频交易的机会。

在图16-2中，这些机会变成了非常短期的高频波动交易。图16-1是9月的期货合约。图16-2所示为8月的期货合约，考虑到成交量和流动性比较好，我在实验中也采用8月的合约。

让我们来分析一下我找到的另一个例子。图16-3表明，黄金期货中也有相似结构，可以提供大量在移动平均线箱体内来回往复的支持位买入和阻力位卖出的高频波动交易机会。

下面是2012年8月1日（图16-4）进行的一系列符合波动交易通道的交易（图16-3）。

在我高频交易的实验期间，我获得了非常积极的成果。图16-5表示了实验开始时账户余额，图16-6表示账单日所示的账户金额。如果我能说这样的结果是靠严格使用机械化的规则来实现的，我会非常高兴，但事实并非如此。在实验之外我确实利用深度的市场评估作为额外手段，让我能够在查看关于目前价位之上与之下上订单的重要信息。我使用的深度市场工具是CQG DOMTRADER™，这个工具能够帮助我确定，在我想要进行买卖的特定价位上，是否有明显的价格竞争。假设，我想在某一个特定的价位上买入，但是发现在这一价位上有上百个买入订单，此时，我会推迟我的决定，并在订单显著减少但价格高一个点位或者更高的位置买入。为了完成交易，我将科学的信号和需要经验判断的指标相结合。

第16章 高频交易之我见

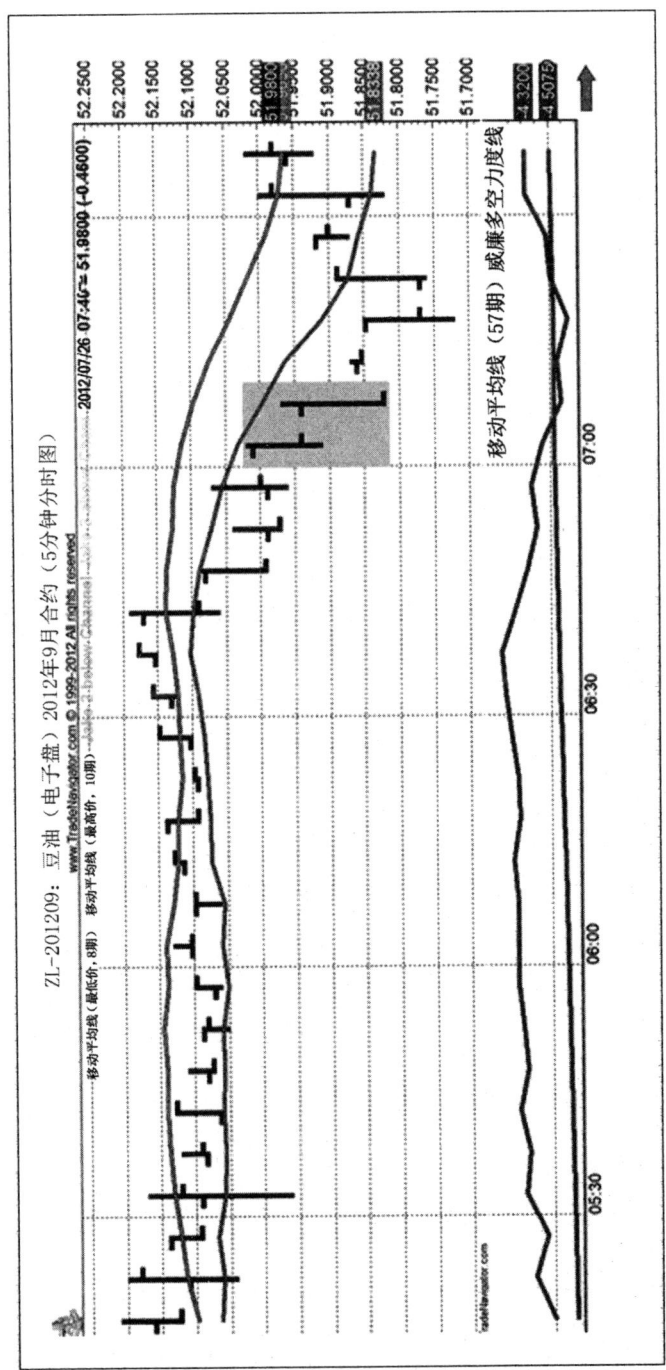

图16-1 2012年7月26日,1分钟移动平均箱体的威廉多空力度线和豆油期货的移动平均线

```
- - - -BUY SELL - - - -    P U R C H A S E   &   S A L E - - - - - - - - - - - - -
7/26    1           AUG12 CBT SOYOIL      S      51.66
7/26    1           AUG12 CBT SOYOIL      S      51.69
7/26    1           AUG12 CBT SOYOIL      S      51.83
7/26    1           AUG12 CBT SOYOIL      S      51.84
7/26    1           AUG12 CBT SOYOIL      S      51.85
7/26    2           AUG12 CBT SOYOIL      S      51.86
7/26    4           AUG12 CBT SOYOIL      S      51.87
7/26    1           AUG12 CBT SOYOIL      S      51.88
7/26    2           AUG12 CBT SOYOIL      S      51.89
7/26         2      AUG12 CBT SOYOIL      S      51.82
7/26         1      AUG12 CBT SOYOIL      S      51.89
7/26         3      AUG12 CBT SOYOIL      S      51.91
7/26         4      AUG12 CBT SOYOIL      S      51.92
7/26         1      AUG12 CBT SOYOIL      S      51.93
7/26         1      AUG12 CBT SOYOIL      S      51.94
7/26         1      AUG12 CBT SOYOIL      S      52.02
7/26         1      AUG12 CBT SOYOIL      S      52.08
        14*   14*                                P & S        708.00 *
        TOTAL COMM/FEE                           NET P&L      708.00 *
- - - - - - - - - - - - - - - - - - - - - - - - - - - - - - - - - - - - - - - - -
CURR BAL US DOLLARS FUNDS-Segregated Accounts US           7,510.27
```

图 16-2　在 2012 年 7 月 26 日，使用我的高频交易方法进行交易的 8 月大豆期货

另一个案例

应用我的方法的另一个案例，是 2012 年 7 月 20 日的迷你黄金期货合约。图 16-7 中展示了结果，而图 16-8 是那天 1 分钟波动交易部分的图形。

执行建议

虽然我是客观与机械交易方法的坚定拥护者，日内交易应该做到机械式的开仓和稍灵活的平仓相结合，但在高频交易的情况下，开平

第 16 章　高频交易之我见

仓的决定都可以综合机械式方法与基于判断的两种方法来做出，尽管从试验和误差可以看出，这样的方式并非是完全客观的。电视上展现赛车特技的车手，都会快速指出，该电视片是商业广告，是在封闭环境下拍摄的，并告诫观众"不要在家进行尝试"。如果你是一个希望提高业绩并且野心勃勃的日内交易者，你一定会希望尝试，当然要在有预防措施的前提下。在你真正承担风险之前，一定要在模拟系统上进行练习，并且掌握你自己的风格。我相信，这是一种可以被学习掌握的方法，尽管与其他所有的方法相比，这个方法认为经验是至关重要的。

　　我从不认为，两个不同的日内交易者用同一种交易方法会有相同的交易结果，但我确信，如果他们都有在同样方法的基础上开发出自己的风格，并且明确理解了一般规律，那么他们是可以得到大体相似的结果。最后我意识到，在高频交易中可能实现的美元利润较小，但是获利的幅度是很大的。我坚信，如果你打算实际测试它，或者任何其他方法，你应当使用纯风险资本，并且承担由亏损带来的无伤大雅的情绪。针对这个方法和其他所有我介绍给你的方法，我最后送给你的话是，尽可能去练习并且只使用你能负担得了的亏损的资金。

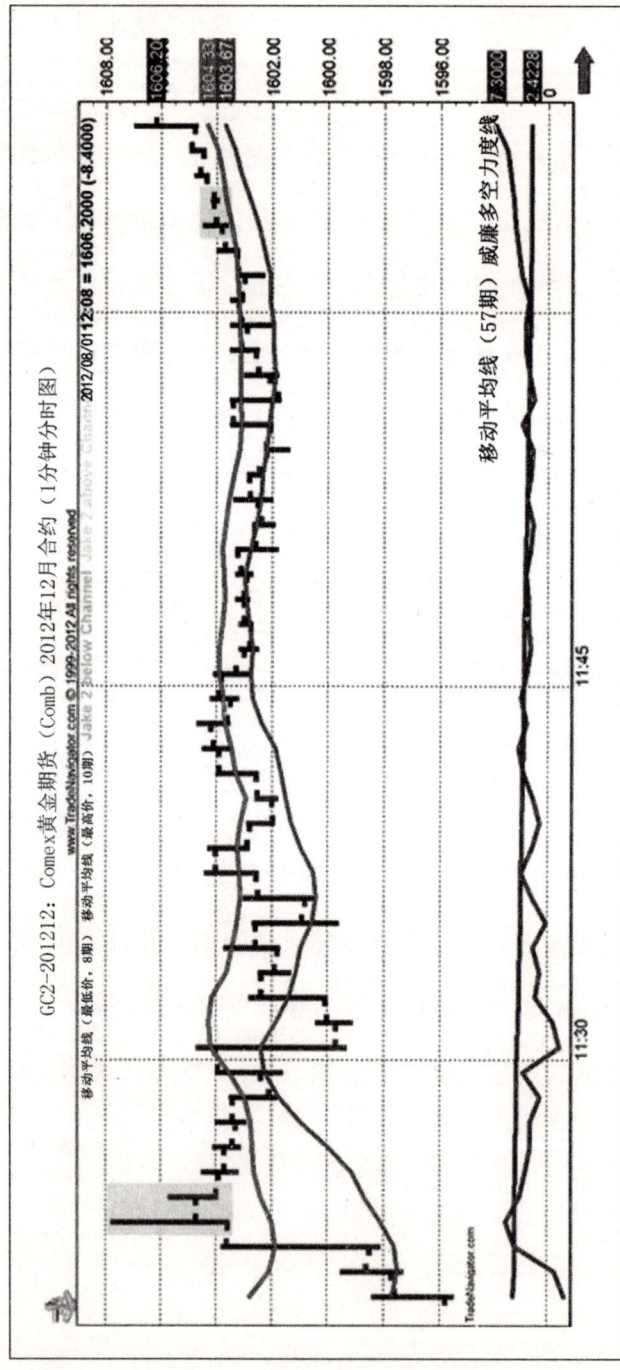

图16-3 移动平均箱体设置并触发后,看涨结构和波动交易通道在移动平均箱体低点买入、高点卖出

```
- - - -BUY SELL - - - -    P U R C H A S E   &   S A L E - - - - - - - - - - - -
  8/01    1              AUG12 CBT SOYOIL    S        52.22
  8/01           1       AUG12 CBT SOYOIL    S        52.24
          1*    1*                                    P & S              12.00 *
  8/01    1              DEC12 CBT SOYOIL    S        52.79
  8/01           1       DEC12 CBT SOYOIL    S        52.92
          1*    1*                                    P & S              78.00 *
  8/01    1              DEC12 NYSE MGOLD    G      1597.30
  8/01    1              DEC12 NYSE MGOLD    G      1599.80
  8/01    1              DEC12 NYSE MGOLD    G      1600.70
  8/01    1              DEC12 NYSE MGOLD    G      1600.90
  8/01    1              DEC12 NYSE MGOLD    G      1601.00
  8/01    1              DEC12 NYSE MGOLD    G      1601.10
  8/01    1              DEC12 NYSE MGOLD    G      1601.20
  8/01    1              DEC12 NYSE MGOLD    G      1601.60
  8/01    1              DEC12 NYSE MGOLD    G      1603.10
  8/01           2       DEC12 NYSE MGOLD    G      1601.80
  8/01           5       DEC12 NYSE MGOLD    G      1602.00
  8/01           1       DEC12 NYSE MGOLD    G      1602.10
  8/01           1       DEC12 NYSE MGOLD    G      1602.20
          9*    9*                                    P & S             371.84 *
                 TOTAL COMM/FEE                       NET P&L           461.84 *
  CURR BAL US DOLLARS FUNDS-Segregated Accounts US                     7,982.94
```

图 16-4 在 2012 年 8 月 1 日，使用高频交易方法进行交易的 8 月黄金期货

```
  BERNSTEIN                   601C              7/11/12
  7/10/12 US DOLLARS FUNDS-Segregated Accounts US                       4,780.44
- - - -BUY SELL - - - - - -   C O N F I R M A T I O N - - - - - - - - - - - - -
WE HAVE MADE THIS DAY THE FOLLOWING TRADES FOR YOUR ACCOUNT AND RISK.
           1            AUG12 NYSE MGOLD    G      1570.00
                  1     AUG12 NYSE MGOLD    G      1571.40
                  1     AUG12 NYSE MGOLD    G      1573.50
          1*    2*      COMM/FEE                      7.76-
                 TOTAL COMM                           1.40-*
                 NFA                                   .06-*
                 TRAN FEE                             5.55-*
                 ROUTINGFEE                            .75-*
                 TOTAL COMM/FEE                       7.76-                    *
- - - -BUY SELL - - - -    P U R C H A S E   &   S A L E - - - - - - - - - - - -
  7/10    1              AUG12 NYSE MGOLD    G      1569.90
  7/11    1              AUG12 NYSE MGOLD    G      1570.00
  7/11           1       AUG12 NYSE MGOLD    G      1571.40
  7/11           1       AUG12 NYSE MGOLD    G      1573.50
          2*    2*                                    P & S             166.00 *
                 TOTAL COMM/FEE                       NET P&L           166.00 *
  CURR BAL US DOLLARS FUNDS-Segregated Accounts US                     4,938.68
```

图 16-5 在 2012 年 7 月 10 日，进行高频交易方法试验的账户初始金额为 4780.44 美元

```
- - - -BUY SELL - - - -   P U R C H A S E  &  S A L E - - - - - - - - - - - - -
8/24    1              DEC12 CBT SOYOIL      S        56.66
8/24    1              DEC12 CBT SOYOIL      S        56.67
8/24    1              DEC12 CBT SOYOIL      S        56.79
8/24    1              DEC12 CBT SOYOIL      S        56.84
8/24    2              DEC12 CBT SOYOIL      S        56.85
8/24           1       DEC12 CBT SOYOIL      S        56.72
8/24           1       DEC12 CBT SOYOIL      S        56.75
8/24           2       DEC12 CBT SOYOIL      S        56.86
8/24           1       DEC12 CBT SOYOIL      S        56.87
8/24           1       DEC12 CBT SOYOIL      S        56.88
        6*     6*                            P & S               168.00 *
8/24    1              DEC12 NYSE MGOLD      G        1667.30
8/24    1              DEC12 NYSE MGOLD      G        1669.20
8/24    1              DEC12 NYSE MGOLD      G        1669.50
8/24           1       DEC12 NYSE MGOLD      G        1667.80
8/24           1       DEC12 NYSE MGOLD      G        1670.00
8/24           1       DEC12 NYSE MGOLD      G        1670.20
        3*     3*                            P & S                66.40 *
        TOTAL COMM/FEE                       NET P&L             234.40 *
- - - - - - - - - - - - - - - - - - - - - - - - - - - - - - - - - - - - - - - -
CURR BAL US DOLLARS FUNDS-Segregated Accounts US             10,432.96
```

图 16-6 在 2012 年 8 月 24 日，该高频交易账户实时金额为 10432.96 美元

```
- - - -BUY SELL - - - -   P U R C H A S E  &  S A L E - - - - - - - - - - - - -
7/20    1              AUG12 NYSE MGOLD      G        1575.20
7/20    1              AUG12 NYSE MGOLD      G        1575.30
7/20    1              AUG12 NYSE MGOLD      G        1575.70
7/20    2              AUG12 NYSE MGOLD      G        1575.80
7/20    1              AUG12 NYSE MGOLD      G        1575.90
7/20    2              AUG12 NYSE MGOLD      G        1576.80
7/20    1              AUG12 NYSE MGOLD      G        1577.60
7/20    1              AUG12 NYSE MGOLD      G        1580.60
7/20           1       AUG12 NYSE MGOLD      G        1576.00
7/20           1       AUG12 NYSE MGOLD      G        1576.20
7/20           1       AUG12 NYSE MGOLD      G        1576.50
7/20           1       AUG12 NYSE MGOLD      G        1576.70
7/20           2       AUG12 NYSE MGOLD      G        1576.80
7/20           1       AUG12 NYSE MGOLD      G        1577.50
7/20           1       AUG12 NYSE MGOLD      G        1577.60
7/20           1       AUG12 NYSE MGOLD      G        1578.50
7/20           1       AUG12 NYSE MGOLD      G        1581.90
        10*    10*                           P & S               298.80 *
        TOTAL COMM/FEE                       NET P&L             298.80 *
- - - - - - - - - - - - - - - - - - - - - - - - - - - - - - - - - - - - - - - -
CURR BAL US DOLLARS FUNDS-Segregated Accounts US              6,341.07
```

图 16-7 在 2012 年 7 月 20 日，使用高频交易方法交易黄金期货的交易结果

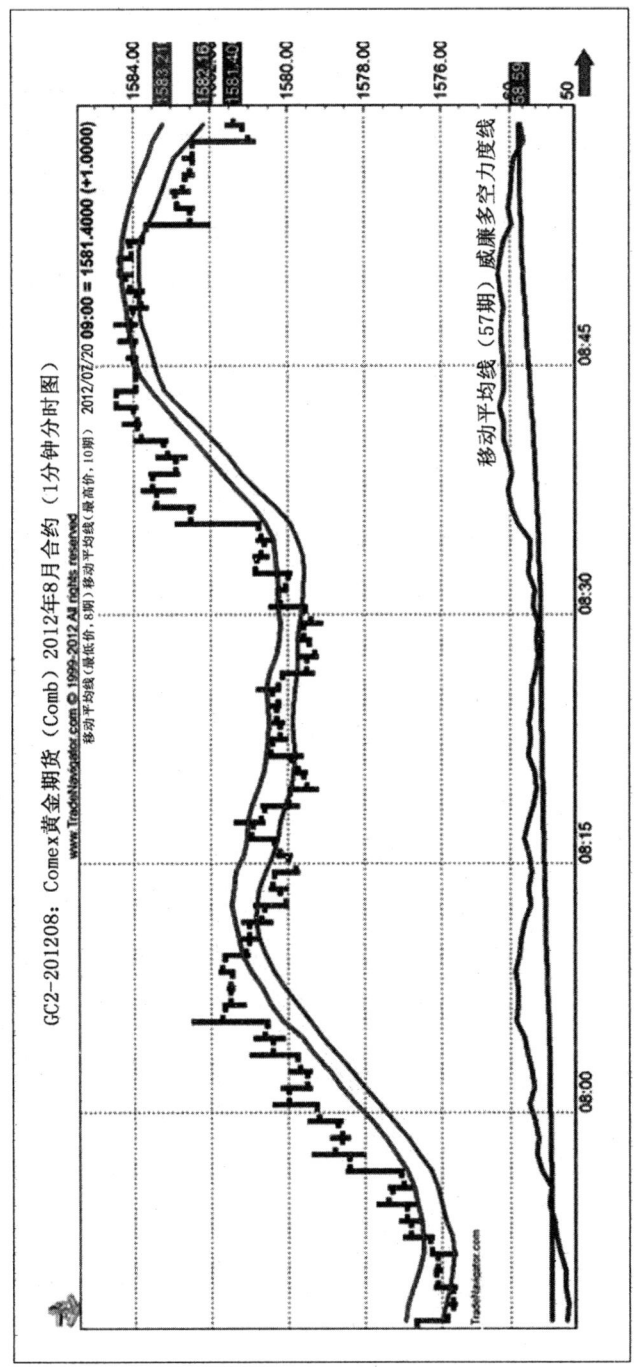

图16-8 在2012年7月20日,黄金期货合约价的1分钟分时图

第17章 一个日内交易者成功的关键要素

在股票和期货交易中浸淫多年后，我不仅获得了很多令人难以置信的愉快感受，也经历了一个不断学习经验的过程。我从自己的错误以及他人的错误中受益匪浅。多年以来，我亲自指导过数百名交易员，并一对一地训练过不少交易者，因此很幸运地，我有无数的机会去观察那些交易者不断重复犯的错误，还有那些很少有交易者做到但能为他们带来利润的事情。

但一个可悲的事实是，大多数日内交易者都会亏钱，他们之所以亏损，不是因为他们的技术无用，而是归因于各种各样的、与方法论没有直接相关的其他原因。我认为，交易者亏损的主要原因，是心理或行为层面上的。我观察自己以及其他数百人的交易，得出了一个显而易见的结论，那就是，一些行为因素可以限制或完全抑制交易的成功，而其他因素却能提高交易的成功概率。

下面是我对限制成功的因素做的一个简短的列表，排名先后并不说明其重要程度：

1. 启动资金不足。
2. 做交易前不做准备工作。
3. 交易指令下达错误。
4. 数学错误。
5. 未能遵循交易系统造成的错误。
6. 受传言影响。
7. 过度融资。
8. 过早进入或退出交易。
9. 未能维持原本的交易计划。
10. 无组织性。
11. 对细节的关注不够。
12. 在持仓已亏损之时仍选择加仓。
13. 为了避免损失而进行期差交易。
14. 用一种方法进入交易，然后以另一个方法退出交易。

当然，这些错误的范畴都较为宽泛，而可能另有数十种其他的错误。正如我已经说过的，一个交易者很可能会做成百上千件错误的事情，却基本上很少能做对的事情。在这种情况下，做"对"事情就意味着有利润。

我相信，如果能用正确的习惯代替错误的，我们可以忘记许多曾经的错误习惯，但想要做到这一点，我们需要知道能取得成功的习惯是什么。我们需要很准确地——一步一步地，或一字一句地去了解它们。我们需要知道的，不仅是上述这些广泛的错误习惯类别，还有哪些具体的行为是属于其中的类别，等等。虽然，一些伟大的交易者是天生的，但

第17章 一个日内交易者成功的关键要素

我相信,伟大的交易者也可以通过教育创造出来——除了方法论,行为是交易链中最强但也同时是最薄弱的一环。

关于学习的几句话

在我的"交易前生活",我在心理健康领域工作,我的客户包括精神病患者以及严重发育不良(如自闭症等各种形式及众多的自我虐待行为)的儿童。有人开玩笑说,我现在做同样的工作,但得到了更好的报酬。除了玩笑话之外,我的确相信,在一些使重病人困扰的和交易员参与的行为之间,存在着某种相似之处——我认为主要是关于学习曲线的相似。

不过,人类的一些严重不良行为是先天性或遗传缺陷的结果,这样的问题一般都不是交易行为功能障碍的潜在病因的一部分。我相信,解决功能性不正常交易行为,要比临床患者解决不正常的心理行为容易得多。我已经能将我在心理患者的长期观察的经验,应用到交易行为功能障碍的修复中了。让我重新以一名行为学习理论家的身份,与你分享我所学到的——在交易中,什么可以而且应该被学会,什么不应该被学会。

我们学习任何事物时有几个方法。我们的教育体系都过于注重惩罚消极的行为,而不是奖励积极的行为。行为心理学家认为,积极强化所期望的行为比惩罚消极行为更有效。在同一时间,强化或奖励积极行为,同时惩罚负面行为的综合效果,比起仅仅用惩罚消极行为一种单一方法更强大也更持久。

如果把你资金的亏损当作一种惩罚来表现,你也可以得出结论了:如果你被惩罚了,你就不会再重复它了。来看一个具体的例子:一名交易者注意到某家电视媒体推荐购买的某一只股票,她很清楚,如不先检查她的交易指标就依据推荐买入股票,是违反规定的,然而,贪婪战胜了理智,这位交易者还是买了媒体建议的股票,却只看到它的跌势开始——在几分钟内亏损就达到了300美元。

在这个时刻,交易者可能还会犯下下列的任一错误:

1. 在已亏损的仓位仍加仓。
2. 将股票持有过夜,而不是作为日内交易。
3. 在初始止损点前退出交易。
4. 为避免亏损得更多,而买了一个期权。
5. 探索其他途径,以避免损失。

假设一个错误并没有导致一系列其他过失,通常的情况会是这样。假设交易员坦然面对并承认了她的错误,立即退出交易,并接受了相对较小的损失。人们会想当然地认为,亏损的钱对于交易者是一个惩罚,同时也将是一个教训,可以让交易者永远不会再有这类行为发生。可悲的是,这种设想实现的可能是很罕见的。为什么呢?交易者曾经有过错误学习,那就是她有通过这个行为赚过钱(行为结果与本次相反),因此这类行为就被鼓励(而不是惩罚)了。有时她会亏损,有时她会盈利,但她不知道什么时候会盈利和亏损。这种类型的错误学习是最难撤销的,它是一种被称为部分随机强化模式的行为。

成千上万的交易者每天甚至每分钟都会发生这样的行为,也许作为

第17章 一个日内交易者成功的关键要素

读者的你也已经这样做了。这种行为有几个潜在的治疗方法，让我们来看看：

1. 你可以完全避免这种行为，避免收看那些曾经导致你买卖股票的商业电视节目。

2. 如果这种行为是出于交易者在互联网聊天室或股吧参与的无意义的交流，你可以避免访问网上聊天室。

3. 如果你必须要做这类行为，至少考虑一下我的建议或提示：正如我在STF交易模式中提到的那样，建立一个"设置"或一种模式，股价必须能达到某一触发点并有所跟进、后续发展。

除非这种行为能被制止，这类导致失败的行为还将继续下去，这不仅会影响业绩，还经常会破坏交易结果和削弱交易者的自信心，并将进一步削弱交易者本人的自律性。

让我们来看看另一个例子，说的是因错误的行为如何受惩罚。这是一个下达错误交易指令的交易者。在交易执行后的几分钟内，股价就开始下跌。虽然交易者承认进行这个交易是犯了错误，但他没能理解为什么会发生这种事。毕竟，依据系统来看这个交易应该是能有效运行的。止损位已设置完成，因此交易在亏损中被止损了。交易者不明白发生了什么。为什么会有损失？他知道有两种类型的行为大类会造成损失：

第一种是"聪明的亏损"，在那个特殊情况中，交易系统失效了，因此引起了亏损。需要意识到交易系统并不完美，交易者可以接受这个交易系统在30%甚至更多时间内都可能失效的事实。

第二种造成亏损的行为因素，就是"愚蠢的亏损"的行为，它的发生源于交易者的行为本身，而非制度层面的行为。在这种情况下，该系统损失了一定资金，但交易者损失的资金要比系统本来应该损失的更多。由于未能记录下他的行为，这位交易者无法确定他到底做错了什么。除非能再重现造成损失的一系列确切步骤，否则交易者将无法从他自己的惩罚中吸取任何教训。

避免大部分可能导致交易亏损问题的一个最好方法就是，通过明确和有组织的交易决策，该决策需覆盖从交易开始到交易结束。这有力地说明了，有组织和程序化的步骤对交易来说是多么有益。相对于一般投资者、短线交易者或是长线交易者，这个方法对日内交易者来说尤为重要。为什么这样？答案显而易见，日内交易是一种非常激烈的交易形式，它经常需要在短时间内做出决定。虽然我不认为自己是一个温顺的交易者，那些交易者基本每个交易日只做一个或两个交易；我也不是一个特别狂热的交易者，他们每天都做数百次日内交易。

图17-1至图17-5显示了我在一个较小的账户内做的一小部分期货日内交易，以说明即使在一个小账户也可进行的交易频率。

就算是如图17-1至17-5所示的这么少量的日内交易，且只是在一个相对小规模的账户内进行的，交易本身仍需要你进行最大可能的组织及规划，因为交易在几分钟甚至几秒钟内就会发生，实现完全的组织化、监控你的持仓是非常重要的，这样可以避免代价高昂的错误。想要实现上述的组织化，只能通过一个特定的计划以及一个能保存交易记录的系统，使你能够监控跟踪自己的交易——这一功能，可以相对容易地通过你的经纪商所提供的网上账户跟踪功能来实现。如果你的经纪商提供这样的功能，请务必学习如何使用它，并准确地了解它是如何向你报告所持仓头寸的。不同的经纪商之间提供的功能可能各有不同。不要因

第17章 一个日内交易者成功的关键要素

为你没能理解经纪商的持仓报告,或是你没有遵守下达买入、卖出、撤单、替换等指令的程序,而承受无谓的损失——对交易者来说,这种亏损没有借口。

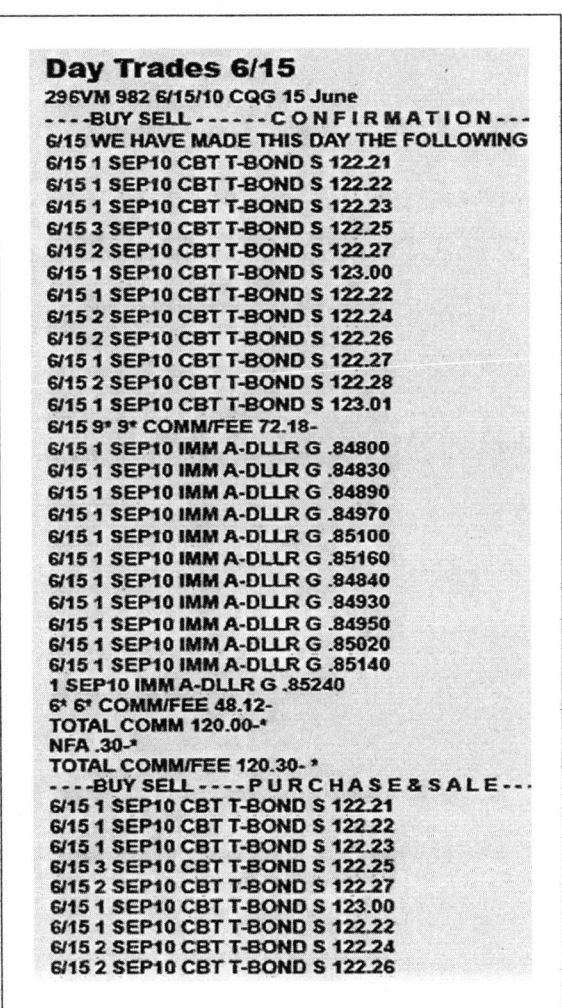

图17-1　6月15日当天关于期货的一些日内交易

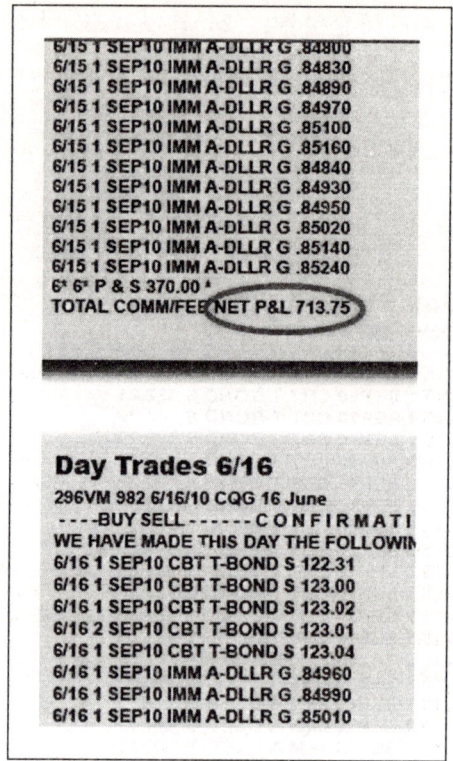

图 17-2 6 月 15 日（续）及 6 月 16 日关于期货的一些日内交易

这就把我们带到了下一个话题，就是使用指令来实现每个交易的具体目标。在你做任何交易之前，先确定你自己已经了解以下几点：

1. 如何在你经纪商的交易平台上输入一个指令。
2. 如何在该交易平台上取消一个指令。
3. 如何在该交易平台上进行指令替换。
4. 如何在市价指令下执行股票买卖。

第17章 一个日内交易者成功的关键要素

```
6/16 1 SEP10 IMM A-DLLR G .85590
6/16 2 SEP10 IMM A-DLLR G .85610
6/16 1 SEP10 IMM A-DLLR G .85030
6/16 1 SEP10 IMM A-DLLR G .85060
6/16 1 SEP10 IMM A-DLLR G .85070
6/16 1 SEP10 IMM A-DLLR G .85230
6/16 1 SEP10 IMM A-DLLR G .85350
6/16 1 SEP10 IMM A-DLLR G .85400
6/16 1 SEP10 IMM A-DLLR G .85420
6/16 1 SEP10 IMM A-DLLR G .85550
6/16 1 SEP10 IMM A-DLLR G .85570
6/16 1 SEP10 IMM A-DLLR G .85590
6/16 2 SEP10 IMM A-DLLR G .85610
6/16 1 SEP10 IMM A-DLLR G .85620
14* 14* P & S 410.00 *
TOTAL COMM/FEE NET P&L 566.25
```

图 17-3 6 月 16 日（续）当天关于期货的一些日内交易

```
6/24 1 SEP10 IMM A-DLLR G .85940
6/24 1 SEP10 IMM A-DLLR G .86080
6/24 2 SEP10 IMM A-DLLR G .86600
6/24 2 SEP10 IMM A-DLLR G .86640
6/24 2 SEP10 IMM A-DLLR G .86680
6/24 2 SEP10 IMM A-DLLR G .86700
6/24 12* 11* COMM/FEE 92.23-
TOTAL COMM 124.00-*
NFA .31-*
TOTAL COMM/FEE 124.31- *
----BUY SELL----PURCHASE&SALE
6/24 1 JUL10 CBT CORN S 3.43 3/4
6/24 1 JUL10 CBT CORN S 3.46 3/4
6/24 1 JUL10 CBT CORN S 3.45
6/24 1 JUL10 CBT CORN S 3.47 1/4
2* 2* P & S 87.50 *
6/24 2 SEP10 CBT T-NOTE S 121.07 1/2
6/24 2 SEP10 CBT T-NOTE S 121.08
2* 2* P & S 31.24 *
6/24 1 SEP10 IMM A-DLLR G .85880
6/24 1 SEP10 IMM A-DLLR G .85890
6/24 1 SEP10 IMM A-DLLR G .85930
6/24 1 SEP10 IMM A-DLLR G .85940
6/24 1 SEP10 IMM A-DLLR G .86050
6/24 2 SEP10 IMM A-DLLR G .86510
6/24 3 SEP10 IMM A-DLLR G .86650
6/24 1 SEP10 IMM A-DLLR G .86680
6/24 1 SEP10 IMM A-DLLR G .85910
6/24 1 SEP10 IMM A-DLLR G .85940
6/24 1 SEP10 IMM A-DLLR G .86080
6/24 2 SEP10 IMM A-DLLR G .86600
6/24 2 SEP10 IMM A-DLLR G .86640
6/24 2 SEP10 IMM A-DLLR G .86680
6/24 2 SEP10 IMM A-DLLR G .86700
11* 11* P & S 1,830.00 *
TOTAL COMM/FEE NET P&L 1,948.74
```

图 17-4 6 月 24 日当天关于期货的一些日内交易

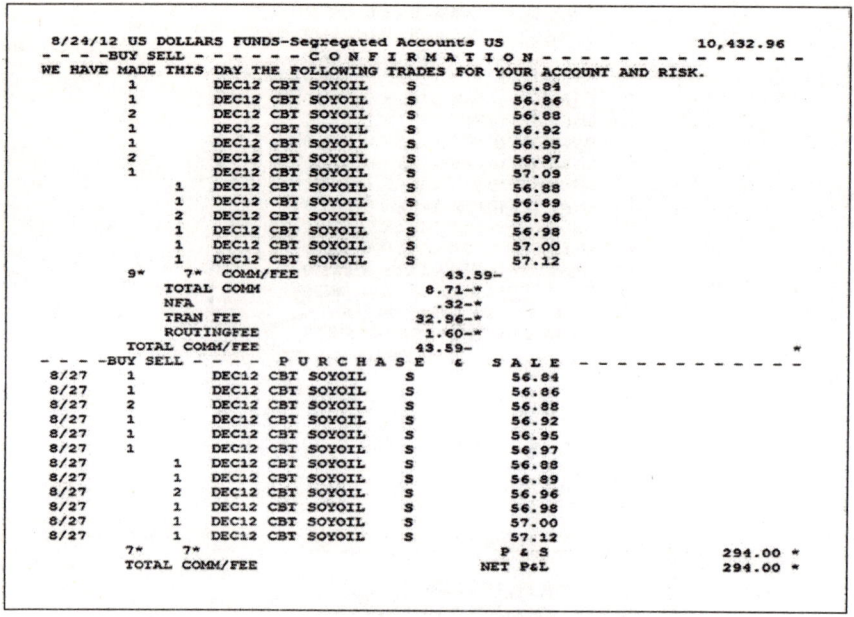

图 17-5　8 月 27 日当天关于期货的一些日内交易

5. 止损指令和止损限价指令之间的区别。

6. 如何在当前的市场价格以下放置止损指令。

7. 如何在当前市场价格之上放置止损指令。

8. 如何放置一个 OCO 订单（OCO =指令取消单）。

9. 何时在每个交易中使用适当的指令。

10. 你交易的市场开盘和收盘的时间。

11. 你的经纪商所使用的订单输入平台所使用的正确符号。

12. 你的经纪商关于在每一交易日收盘时取消指令的政策。

13. 你的经纪商关于有效直至取消（GTC）指令的政策。

14. 股票日内交易的"搭便车"规则。

15. 任何与你的交易有关的关于指令下达与使用的任何其他方面。

第17章　一个日内交易者成功的关键要素

条件型指令

因为有一些不同潜在情况可能会在日内交易中发生，对活跃的交易者最有利的办法就是，好好利用条件型指令。举一个例子，考虑以下内容：你以每股 20 美元的价格购买 600 股股票，你将止损价设为 18.25 美元，利润目标设为 21.10 美元。如果达到了这个利润目标，你就卖掉 200 股。如果这 200 股的利润目标达到以后，你希望改变你接下来 200 股的止损价位——从 18.25 美元升至 20 美元。你想要设置一个追踪止损指令，将 200 股锁定 75% 的浮盈利润。反之，如果达到了追踪止损价，你想改变你的盈亏平衡的止损点，需将 200 股的追踪止损锁定住 75% 的利润。如果这些方案都没有被执行，你便希望在市场收盘时，以市价退出交易。在通常情况下，这样的订单，鉴于众多的突发事件，除非你真的有能力执行条件型指令，否则是几乎不可能真的发生。

一些经纪商平台向交易者提供了一些执行条件型指令的能力，然而，如想要有效地利用它们，你必须把你的经纪账户连接到一个允许你解决可能遇到的各种状况的软件程序。该程序将连接到您的交易账户，然后将根据你预先设定的标准来执行你的指令。这个程序是帮你"关注市场"，然后根据你的条件标准自动履行并下达指令。不过，因为技术随时都在不断变化，因此我将不会推荐任何程序或提供建议。然而，你要知道的是，在日内交易中设想各种情形或在不同的时间窗口下的能力，是存在并在不断改进的。了解这些程序是如何工作的，并利用它们创造利润，以提升你每天的业绩，同时也会显著减少你的工作量。

如何实现组织化

我已经强调了在你的交易中保持组织化的重要性。"组织"这一术语是通用的,在日内交易中,保持组织化意味着什么呢?为了我们的目的,组织意味着要有焦点和特异性。

以下是我从自身经验中得出的一些建议,有一些建议需要做一些适当的调整,以适应你的日内交易。

组织的第一个和最重要的方面,是要知道你在交易当天或在第二天将要进行交易的市场或潜在市场是什么样子——如果你的方法允许你这样做。请将您的清单和图表准备好,此外,如果你有一个特定的程序,让你确定你进行这些交易的进入价格,你可能也要进入你的相应订单。

一些交易者不希望在市场开盘前就输入他们的指令。如果是这样的话,请准备好你的潜在交易清单,然后根据你的具体标准,在开盘之时尽快输入你的订单。使用一个清单列表的好处是,可以确保你已经正确地遵循了所有必要的程序。当你有经验了之后,相关程序将完成得更快、更自动。你不需要用昂贵的软件来得到这一点,一个简单的清单或微软 Excel 文件就可以做到。

一旦输入指令且交易已被执行,请用你经纪商发给你的持仓列表或你自有的列表来监控跟踪你的交易。我发现我的经纪商提供的平台更有效,因为从它上面可以实时观察浮盈和浮亏,且随价格变动而不断更新。请注意,有些平台会有一个 15 到 20 分钟的延迟,而不是实时跟踪交易。这样的延迟是日内交易者不能接受的,因为如果观测的非实时数据，就无从知道交易的实际情况。

如果你只使用一种交易方法，同时仅交易一只或两只股票，这个过程将更容易实现和学习。我建议从一个小规模交易着手学习。日内交易是资本市场中最快的游戏，而且它的速度还在越来越快。为了有效地竞争，你也需要加快速度。

你所使用的组织化平台也要支持你实时查询交易可用的资金余额。作为交易股票的日内交易者，你需要确认你只是使用了可用资金进行交易。一些经纪商不允许客户用仍在冻结尚未被平仓的资金做交易，或者他们会给你一个提示或是警告。在每一个交易日结束前，要确保你已了结了你的持仓，并取消了所有必须取消的订单。在市场收盘前给你的持仓和指令做一个最后的检查，以确保你已经执行了所有流程，这很有必要。

请每天检查你的账户余额、持仓和未平仓指令，不论是在每个交易日结束或开始前，或是两者都要——如果你交易许多不同的股票或商品，这对你特别重要。很显然，如果你每天都在做交易，并且按规则做，所有的仓位都必须在一天结束后关闭。

你对日内交易的时间承诺

我最近收到了一封读者来信：

伯恩斯坦先生：

您好。

我之所以写信给你，是因为日内交易已经造成的无奈。我每天花5个小时寻找日内交易的机会：研究市场、阅读新闻、消化分析师的意见，并与在聊天室里的交易员讨论潜在的交易。不幸的是，两年后的结果已经证明，我做出的努力都是徒劳的，因为我继续赔钱。事实上，我在交易上花的时间越多，我损失的钱就越多。这是一个非常令人沮丧的局面，使我有点疯狂。对于我所面临的困境，肯定有一个答案或一些答案。当然，我不是唯一一个被困在这两难处境中的人。如您在您的书中说，伟大的交易者可以创造出来，他们不是天生的——如果您有他们成功的经验，请给我一些指导：我到底做错了什么？接下来我该怎么做？

以下是我对他的回信的一部分：

亲爱的先生：

　　如果你真的一直在花费时间研究和进行交易，却得到负面的结果，那毫无疑问，你已经走错了，必定做了一些可怕的事情。你早就应该和我联系了。从你的信中判断你似乎是相当理智的。尽管不知道你的情况的所有细节，我还是要向你提供以下建议：

　　1. 专注于更少的股票，整体会花更少的时间。
　　2. 专注于更少的方法，只选择那些你曾经成功使用的方法。
　　3. 无视你在商业新闻上看到或听到的报道、建议或故事；或者，干脆把电视关掉。

第17章 一个日内交易者成功的关键要素

4. 不要在网上聊天室里浪费你的时间——为什么要与其他的失败者交流？他们只会宣传自己的无效观点，或支持他们已经拥有的股票。

5. 检查你的失败，并确定你为什么会失败：你的亏损是你自己的原因还是系统的原因？系统失效了吗？抑或日内交易者失败了？

如果在做出这些改变之后，你还在继续亏损，请再次联系我，我会继续帮助你。

我最常被问及的一个问题是，每天要为第二天交易做准备的时间需要多少？一个附带的问题是，每天花多少时间进行日内交易？毫无疑问，这些都是很重要的问题，然而没有一个单一的、适合所有交易者的答案。考虑到这些问题的重要性，我想尽可能地跟你阐述清楚，成功很大程度上取决于你的准备时间以及你所花在交易上的时间。

显然，你每天花在准备交易的时间，将基于以下三件事：

1. 你每天关注或交易的股票、商品或是外汇市场越多，用来计划你次日的交易的时间就越多。对于新进的交易者，我建议专注于质量，而不是数量。我的经验是，最初的一或两个小时就足以帮你找到交易机会，并在交易中获利。质量和集中注意力要比数量重要得多。

2. 如果你是一个日内交易者，你每天都会在交易时段在电脑前花更多的时间，同时花更少的时间来做准备。

3. 你的交易频率越高，它所占用你的时间就越多。

这些都是有助于成功的因素。正如你所看到的,这些不是神话或神秘的概念,它们是实用和机械的——忽视它们,你一定会失败,除非你有超级好运。

第18章 使用新闻，但不要滥用

市场活动的奥秘之一就是，股票市场及其他金融市场有着一种奇怪但愈加频繁的趋势，即市场会向一般人基于新闻预测的反方向运动。许多交易员以及投资散户们都很惊讶一个现象：负面新闻对某一特定股票的影响，是导致其股价上升而非下降；相反，很多情况下，积极的消息会导致股价下跌，而不是促其升高。试想，一个投资者在以上情况下对新闻做出应激反应，即买入或卖出股票，这将是一个令人多么受挫的交易，此外还会给投资者带来资金亏损的痛苦经历。以下情况被一而再，再而三地重复：当投资者因券商对股票做出的负面评级而将此股票变现后，就会变得沮丧和失望，因为当他们卖掉后，这只股票就开始涨了。

有经验的交易者都熟悉这种现象。以前有个说法："买传闻，卖新闻。"这是由许多交易老手总结的交易格言。另一个老生常谈的说法是，"买在预期和卖在实现"，当然，这是用另一种方式说，你可能通过做新闻建议的反向交易，来赚取利润。

在我看来，这种现象并不神秘。在我的经验里，新闻，可以是你的朋友，也可能是你的敌人。如果我们的交易工具非常有效，那么我们将在新闻发生时处于市场的正确面而非对立面。当一个股票因正面新闻而拉高股价时，作为日内交易者，我们需要做的不是增加仓位，而是要利用情绪化的市场反应来了结我们的头寸；同样地，如果我们在合规流程下，做空某一只股票，我们会在股价因负面新闻暴跌时获利。

为了使我们的讨论更具可操作性，使得在日内交易中可以利用新闻及其功能作为一个工具，我们首先必须定义"新闻"一词——我对其的广泛定义如下：

任何报告、公告、故事，无论是由互联网、电视、广播、传真或电子邮件传播，来自任何来源，可信或否，会立即或最终影响资本市场的价格变动。

我意识到，上述对新闻的定义是非常广泛和普遍的，用一个字面解释涵盖了每一种可能发生的场景。为了在此书的范畴中进行讨论，我具体列举了以下我认为是新闻的项目，并可用于将在本章稍后讨论的各种交易方法之中：

1. 公司盈利报告。
2. 收购或合并公告。
3. 股票拆分公告。
4. 定期及不定期的政府报告，如就业数据、美联储会议纪要、国内生产总值或国民生产总值报告、美联储声明、农作物报告和各类调查。
5. 在商业媒体、广播或电视上发表的具体交易建议。
6. 知名和/或高度受推崇的投资者发表的各种股票的具体评论。
7. 可能影响企业业务的天气预报或气候变化的消息。
8. "一次性"的事件，如9·11恐怖袭击、暗杀（如本·拉登）、针对金融机构或政府主要官员（首相、总统、独裁者等）的恐怖袭击。

9. 关于可能影响公司或金融机构、农作物或货币关系的谣言。

我意识到,这仍是一个覆盖面相当广泛的清单,虽然我试图尽可能地具体列举出来。如果你进行过短期交易,我肯定你会明白我指的是什么。

现在,我们已经知道了上述更为精确定义的新闻,让我们看看几个例子,说明可以如何好好利用它。

基本原则

约瑟夫·格兰威尔,这位富有传奇色彩和同时饱受争议的股市分析师和评论员,曾调侃说:"如果一个东西看起来很明显,那它显然是不对的。"正如他说的,如果你基于事实,相信某股票或市场的反应将会很明显,那么很可能是不正确的。有一个简单的事实是,股票和期货市场通常是领先指标。有人说,最有可能的是,股票市场比经济状况领先了6个月之多。如果今天的股市上涨了,那么很可能反映或预测了经济将在6个月后改善。是什么造成了这样的结果呢?

答案很简单。专业的投资者、现金管理者和其他精明的玩家,通过预测会发生什么来为他们自己及其客户赚钱。当他们核查公司的盈利报告或评估经济趋势时,他们会预测未来将发生什么。不管他们是否使用了盈利、销售、作物状况、经济状况等基本面的信息,抑或是使用了图表模式、移动平均数和其他形式的技术分析的信息,他们的目标是现在进行投资,并在以后获取利润。当市场向上或向下的趋势变得明显的时候,这一特指的趋势运动已经结束或濒临结束了,而其他人不曾注意到这一趋势，不相信趋势，或是等待趋势，让他们有机会进入交易，但往往未能看到交易的全局。当他们终于准备好接受市场在一个特定的方向移动时，这个趋势已经成了"旧闻"，最有可能的是，专业投资者们正在退出这个交易。

另一方面，当股价在下跌时，大多数交易者和投资者的倾向是不知道甚至根本不承认市场下行的事实。如果他们已经把钱投在某个股票里面，他们往往会变成与这只股票绑在一起，而且更有可能在股价继续下行时加仓。最后，当最坏的新闻出来后，他们往往会了结所有持仓，而对手方往往就是那些专业交易者们，后者已经做了足够的功课，意识或预期到该只股票的情况正在好转。

我刚才所说的不是理论，而是事实。交易员经常谈论艾略特波浪理论或随机游走等市场概念。事实上，在我对市场情绪的深入研究中发现，散户们最经常在底部持负面观点而卖出股票，而在顶部无比乐观持续买进股票。虽然市场情绪以及其相反理论的讨论超出了这本书的范畴，但对专业交易员和其他任何想利用它们来改善交易时机的目的来说，都是很吸引人且有效的工具。为了解释这一点，我提供了图18-1，以说明在标普500期货市场中显示出来的交易市场情绪。请先花一些时间审视图表，然后再看看我下面的评论。

图18-1显示了日间情绪指标（DSI）和迷你标准普尔期货价格之间的关系。DSI是衡量短期交易中散户交易者的情绪，我已经收集了自1987年以来的每个交易日中的DSI。当DSI升高（75%以上说明看涨情绪高涨），这通常表明股价形成顶部，将有可能下跌。这张图表清楚地表明，一个散户交易者在或接近市场的顶部时，是持非常积极的交易态度，或是说看涨的。这跟正面消息往往与市场的顶部密切相关是同一个原因。图中的箭头显示了2012年3月到达市场顶部时的DSI与价格的关系。

第 18 章 使用新闻，但不要滥用

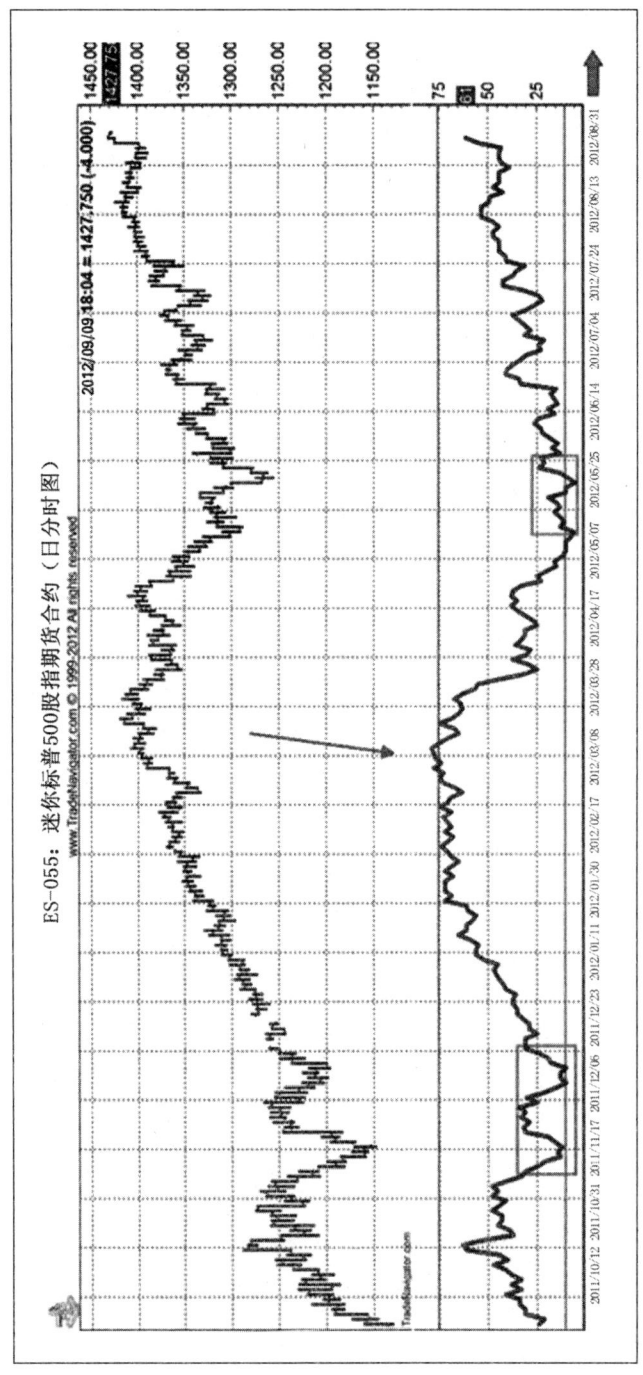

图18-1 每日情绪指数和迷你标普股指期货合约指标

图中，在此顶部之前有一个用方框标出的区域显示了走低的市场情绪，且与一个显著降低的价格相关。不知情的投资者或散户因负面新闻而情绪消极。但随即价格上涨。在图表底部，2012年5月的那处方框区域，与市场的底部也密切相关。从这一点开始，价格走高，但上述的散户情绪（以DSI描述），因其并未显示充分的积极情绪或看涨态度，故而与马上出现的股价峰值并不太相关。

在市场运动和新闻反其道而行之的方面，我们有强有力的证据。我们想探讨利用负面新闻建立多头仓位的可能性，和以积极的新闻作为契机建立一个空头仓位的可能性。

让我们来看一些基本规则和在日内交易中使用这种方法的例子。

将新闻作为设置

用新闻作为交易的设置，在日内交易中是一种非常有利可图并可持续的方法。我给这个方法在《短线交易大师：超短线交易秘诀》中举了一些具体实例，其中我称之为"基于CNBC的日内交易"，因为此过程涉及使用在CNBC上播出的市场专家们给出的建议。我通常倾向于列举具体案例，说明在CNBC财经频道的专家或嘉宾们给出买入或卖出建议后，股价是如何反应的，捕捉剧烈且即时的反应。频繁的推荐会引发股价实质性且即时的向上移动，但往往结束也很快。这些动态和高度波动的移动，可以给日内交易提供非常多有利可图的交易机会，当然是在被正确应用的前提下。执行基于CNBC的日内交易流程，请参考我上面推荐的那本书。这种类型的交易是一个典型的例子，展示交易者利用青睐的消息，通过迅速行动，并建立与新闻影响走向一致的仓位，接着迅速了结仓位，而那些反应较慢的交易者们可能仍然处于建仓阶段。

第 18 章 使用新闻，但不要滥用

流程步骤

下面是我利用新闻消息的流程步骤，在此之后，我举了两个具体的例子，说明该流程如何起效。

1. 针对单只股票的盈利报告。当该盈利报告对股票的展望为负时，说明股票被分析师预计将在下一个交易日中低开。

2. 不要想当然地认为这真的会发生。根据事实做出决定：如果盈利报告是在收盘后公布的，审查后市对其的反应；如果股价变低且持续保持低位的话，则该股票在第二天开盘式的价位也很有可能走低。

3. 第二天检查开盘前的股价是否真的比前一日收盘价低。

4. 如果股价下跌，使用你的 5 分钟 k 线图，并开始寻找购买信号，基于我在以前章节中讨论的方法，如包括动量发散、移动平均通道和缺口交易。

5. 如果基于上述任何方法你发现了一个买入，便实施交易，并按照既定规则执行下去。

6. 在当天收盘前退出交易。

7. 使用适当的利润最大化战略。

8. 执行上述所有流程前首要的是，记住没有设置、没有触发就没有交易。

现在让我们来研究一下这种方法的一个例子。

2012 年 9 月 4 日，诺氟沙星（NFLX）股票因负面新闻低开。如果你在开盘时买入，在收盘前卖出，你就亏了钱。然而，使用本章中所描述的策略时，你会用 1 分钟或 5 分钟图表，并用上述推荐的任一流程。

图 18-3 显示了 NFLX 股票在动量散度指标的设置及触发下的 1 分钟 k 线图。正如你从图表中看到的，等待触发发生才是正确的程序，而在新闻出现时卖出股票及在开盘时买入，则是错误的流程示范。我在这里再次强调贯穿本书的一点，使用设置、触发器和遵循的重要性，尤其是进行当以新闻为基础的交易时。

总结

今天的金融市场比以往任何时候都更受媒体新闻的影响甚至驱动。互联网和广播媒体传播的新闻，往往可能造成一个又一个买卖的狂潮，而它的基础是新闻被大众感知的意义及影响。电子交易经常会引发一系列的买卖指令，不过在这一交易日结束时，可能往往会被证明是一种情绪反应，或所谓的"膝跳反射"，日内交易者可以利用这一章中的一些想法来验证与利用这种现象。根据你关注的新闻类型，你可能会发现在任意交易日都能有比你想象中更多的交易机会。

计算机化的图表和交易软件可以使用过滤器和屏幕来调整，同时以特定的标准来限制你接收的新闻，从而影响你潜在的日内交易，于是交易可被看作是以一系列因素筛选出来的。这些因素包括价格范围、交易量、开盘股价下降或上涨的规模、潜在市场趋势，还有另外期货中的成交量和持仓量等因素。你不需要在一天内做很多交易，每一天你只需要做少数成功的交易。在实施我的流程之前，花一些时间来评估我已经告诉你的，并通过一些场景试运行一下，使你更熟悉这一过程和让它为你工作。如果你发现这种方法有效，请务必使它适应你自己的仓位大小、风险和利润潜力。

第 18 章 使用新闻，但不要滥用

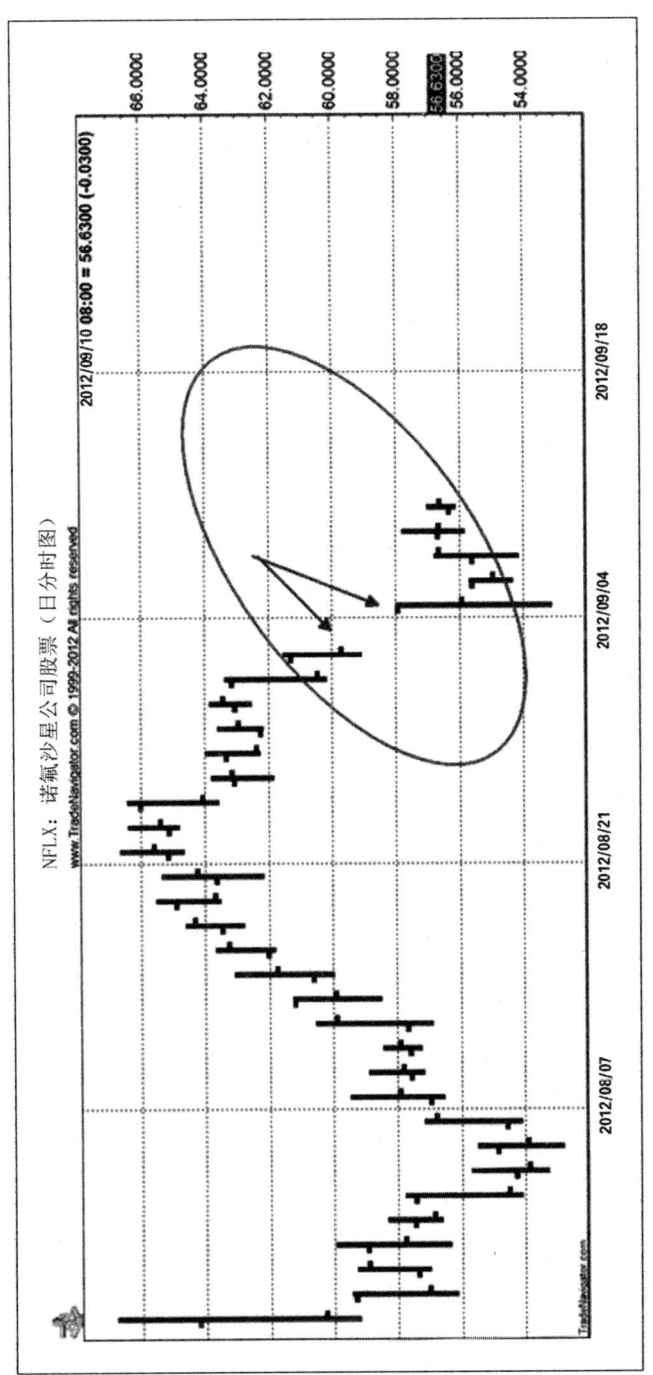

图 18-2 诺氟沙星股票因负面新闻低开

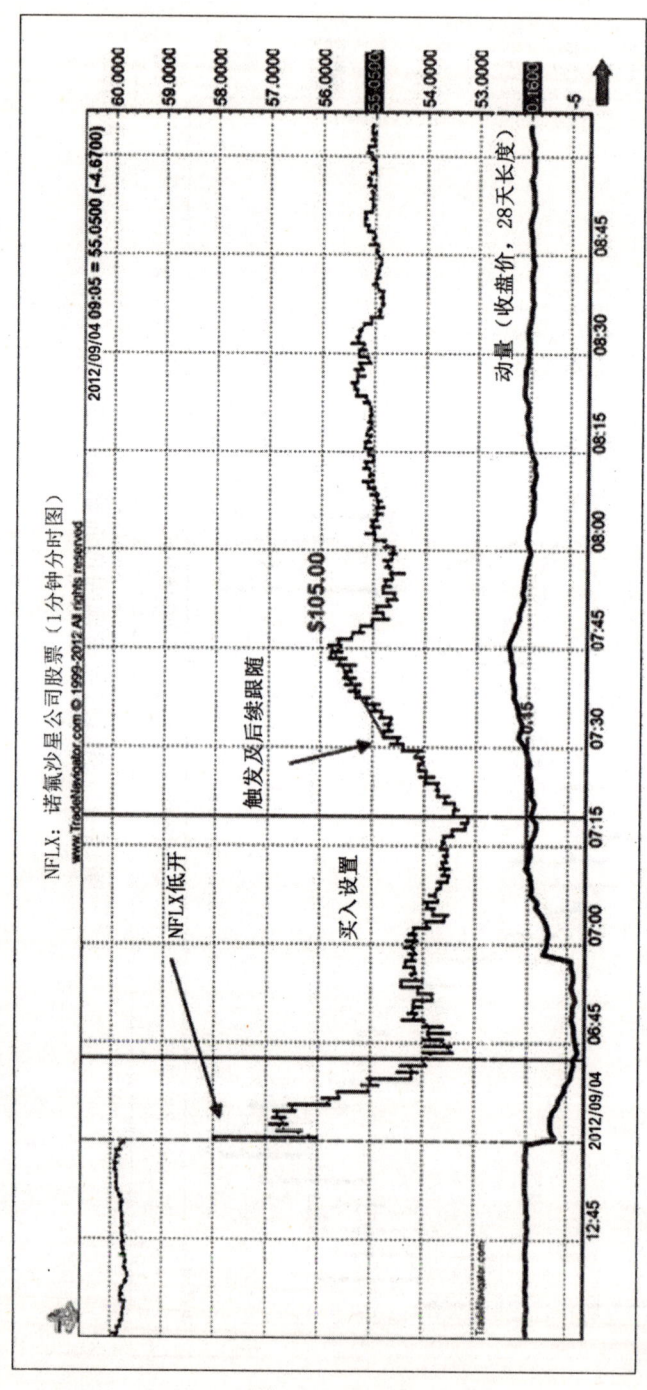

图18-3 诺氟沙星的动量散度买入触发点及后续跟随

第19章 案例分析：脸书

理论与实践是两个完全不同的世界。我可以告诉你许多不同的、能在日内交易中获得利润的方法，但除非你充分了解了它们的潜力、局限性以及互相之间的细微差别，否则你是无法很好地应用它们的。一个交易者可以拥有强大的交易工具，但是如果你希望的交易结果是获得利润，那你必须得好好应用这些工具。鉴于市场上有成千上万的股票，知道哪些股票可以做日内交易、如何找到它们以及将它们视为你的交易工具，假如它们不能为你工作的时候要何时放弃它们，做到这几点才是成功交易的关键。

在第18章中，我讨论了利用新闻作为交易股票的一种方法。我教你如何好好利用对一系列事件的膝跳反射或过度反应，事件包括诸如盈利报告、地缘政治事件和纯粹的金融事件等。通过市场研究和不断地训练你的交易技能，最终你会吸引到某些股票或商品来作为最拿手的日内交易工具。经验告诉我，最好是不断地交易相同的股票或商品品种，而不是不停地从一个标的换到另一个标的。

我解决困惑的办法，是通过强迫自己只处理我所了解的，而不是我不了解的东西。根据你所不了解的事物做决定，很可能会导致严重的后果（正如前些年布什总统认为萨达姆·侯赛因拥有大规模杀伤性武器的时候，也造成了严重的后果；如果他知道实际情况并不是他假想的那样，他的反应很有可能就会大不相同，也将导致改变历史的进程）。在这里，我想就日内交易的交易决策做一点事实说明：

1. 如果我用的是缺口交易法，我希望我选择的股票只是那些显示了开盘缺口价的股票。这很简单，电脑可以为我们做出筛选，但困难的一部分是，在任何一个交易日里，都有可能有几百只股票在开盘时存在价格缺口。这时自然会有一个问题：应该交易哪只或哪些股票呢？为了缩小选择范围，我建议将你的计算机的筛选标准缩小到只搜索 10 美元和 50 美元之间的股票，并选定过去 10 个交易日里有平均每天 5000000 股交易量的股票。这将极大地减少潜在候选股票的数量、增加你的注意力以及寻找"好"交易的可能性。当然，这只是一个例子，你应该做出自己的决定。你可以用其他方式来限制你的搜索。例如，你可以只搜索标准普尔 100 指数里的成分股或带期权的股票或能源股等，你可以看到，这么做的目的是限制你的选择，而不是扩大它。在期货市场，搜索任务较容易实现，因为只有约 22 个可行的市场供选择，并有相当多的重复品种。

2. 如果你是一个以移动平均线通道为基础进行日内波段交易，那么在缺口交易一部分的指导思想是相同的。制定一个清单，每天持续地参照它，去寻找日内交易的机会。如果你做不到，请使用你的过滤器来执行标准，但我要强调，准备一个预定的列表，同时在每一天结束时检查可能的股票，是最好的结果。

第19章 案例分析：脸书

3. 许多日内交易者都在感叹，不能持续利用最好的机会。为了在一开始就抓住重要的交易机会，你需要定义和搜索符合特定标准的股票。这种方法的成功将取决于一个人确定适当的搜索算法的能力和这些算法的有效性——等到一些机会现身，它们相关的价格变动也可能随之结束了——这在今天的市场尤其重要，因为变动速度正变得飞快。

4. 还有另一种寻找潜在日内交易股票的方法是，定期扫描在新闻中的股票。新闻中的术语是普通和模糊的，更多的操作上的定义将颇有裨益。让我们接着看。

我的选择过程

我已经发现，选择日内交易股票的最佳途径之一，就是挑选那些在新闻报道中的股票。我上述"在新闻报道中"一词涵盖广泛，我会缩小它的定义。在任何时候，因任一原因，都有股票或商品市场，以及货币市场，在纸媒、广播、互联网媒体上被广泛谈论：这可能是一只发生了特别好或特别坏消息的股票，或是准备被收购的对象，或者是正在接受调查、聆讯或是意外的收益或亏损，等等。一个投资者只需要听新闻、读一些媒体报道或互联网报告，就能确定哪些股票可以交易。通常这样的股票出现大量的日内交易机会，因为它们在一个交易日间受到的舆论影响非常大。股票的角色变化频繁，一些股票是受投资人常年钟爱的，有些则是短暂的噱头。不管怎样，找到和交易它们并不是难事。但是，这样的股票只会比你看到的更多。

首先你要找到你的一些选择目标，然后必须决定是否买入或卖出它们。我已经描述了这些步骤。当然，下一步是应用在这本书中所讨论的方法。使用脸书（Facebook）的股票（FB）作为一个案例研究，你将能够以此类推到其他股票和商品市场在新闻中出现的情况。

谢谢你，扎克伯格

即使你是最消极的投资者，对投机或日内交易并不感兴趣，但你想逃避关于脸书 IPO 铺天盖地的媒体宣传，也几乎是不可能的：在那几周时间里，到处都能看到、听到"脸书"。CNBC 每天会数次讨论脸书，博客圈充斥着各类评论和意见，比如脸书的首日挂牌价是多少啊，之后的股价走势是如何迅速或缓慢地上升，它是否能创出股价的历史最高峰，抑或是它在 IPO 之后会不会就经历大跌，等等。每个人都持有对脸书的看法，在脸书股票上市前几天，有报道说，许多父母试图鼓励他们的孩子参与股票市场，去购买其股票，因为这些孩子们是"脸书"的铁杆用户。那时，不仅仅是媒体和互联网淹没在关于"脸书"的各类新闻里，但看法与意见从最保守到最极端的都有。由于媒体对脸书的上市特别关注，我对这只股票也很感兴趣。

我对这只股票了解多少呢？我知道我对公开自己的心理活动、感受、挣扎，午餐吃了啥、上次旅行玩了啥以及脸书上的"朋友"并不感兴趣。但是，我的一位员工为我建立了一个"脸书"主页，他认为这将是让我的工作更为公众所知的好办法——结果我对此不感兴趣，从未更新过我的"脸书"主页。

第19章 案例分析：脸书

我还知道，脸书之所以连续好几个月如此积极推广和卖力宣传，是因为其股价在 IPO 后是否会飙升并不是一个定数。我频繁地想起格兰威尔的话，这话他曾告诉我很多次："如果它是明显的，这显然是不对的。"另外，我也有对领英（LinkedIn）的困惑，虽然这只股票的股价表现得更好，但我从来没交易过它。

我还知道什么？我知道在新股发行日的某个时候，脸书的股票是值得进行交易的。我知道我不想做开盘那一刻就作为一个买方或是卖方，我想给股价一点时间，以运用我的方法——制定一个设置和触发点，并据此采取行动。

我也知道，新股发行当天，股价将承受巨大的波动，在一个相当大的范围内，来回跳动。这对我来说特别有趣，因为波动性是日内交易机会的生命线。

我知道什么是我知道的，不关注我所不知道的，于是我准备好了在上市首日交易脸书的股票。记住，我对这只股票的选择是基于这样一个事实：毫无疑问，它是在新闻里。

2012年5月18日

脸书的上市在经历了大张旗鼓的宣传后略有延迟，2012 年 5 月 18 日它的股票开始正式上市交易。当天交易日结束时，已经写就了 IPO 当日股价走软的新篇章。我对此并没有兴趣。对什么感兴趣，以及应该对什么感兴趣，这是我在决定是否和如何在股票交易中所使用的流程。

我办公室的一个同事也在看股票，我们就下面的交易进行了讨论。我们使用了股票的 2 分钟 k 线图，如图 19-1 中所显示的日内走势。

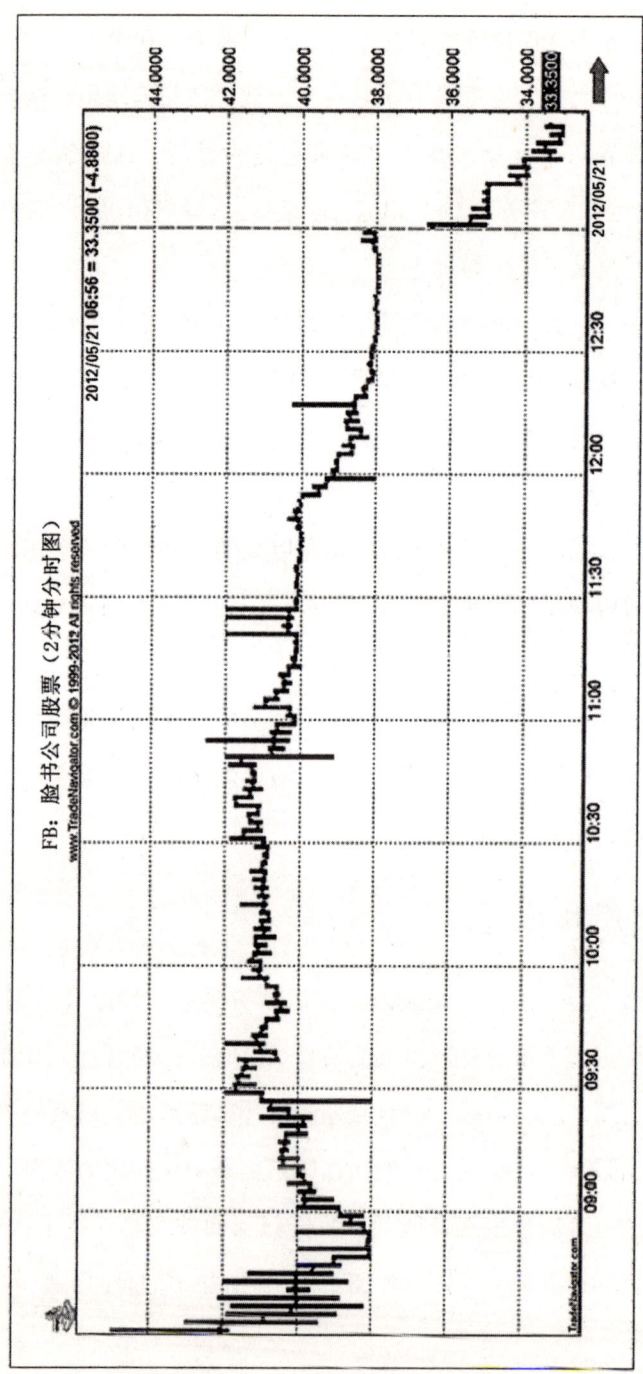

图19-1　脸书IPO当天股价的2分钟分时图

第 19 章 案例分析：脸书

正如你很容易地看到，脸书股票在开盘后很快下跌，并一直从每股约 45 美元下降到每股 38 美元。此时，我们并没有足够的数据来为脸书形成一个图表指标。然而，随着时间的过去，我们可以形成一个 MAC 指标，但仍然没有足够的数据来运行一个威廉姆斯 AD/MA 指标。当脸书以连续的价格棒形图超过移动平均线上值的时候，我得出了结论：股票暂时形成低点了，所以我想在 MAC 指标的低位买入。放置一个买入指令，并在随后的波动中成交于 38.02 美元。这个执行价是超过我们预期的，可以说是一个意外惊喜。图 19-2 中的标识显示了 2 个价格棒超过 MAC，箭头显示了交易成交的价位。

图 19-2 显示的是带买入信号的 MAC（信号为 2 个连续的价格棒在移动平均价以上），买入点（图标底部的箭头处）和价格回升后大概可执行的退出区域。

图 19-3 显示了在脸书股票上做的这笔快速交易的确认单。

脸书股价之后波动放缓、表现平稳直到收盘。从这天之后，FB 股价继续大幅下降，在这期间，它成为多数分析师们从爱到恨的股票，也成为承担美股市场全部过错的"替罪羊"。交易所因最初交易被贬低为是"软件错误"。每天都有威胁诉讼的新闻充斥着媒体。评论家们一拥而上，抱怨脸书所有的一切都做错了，包括扎克伯格的 T 恤、婚姻、态度和举止。

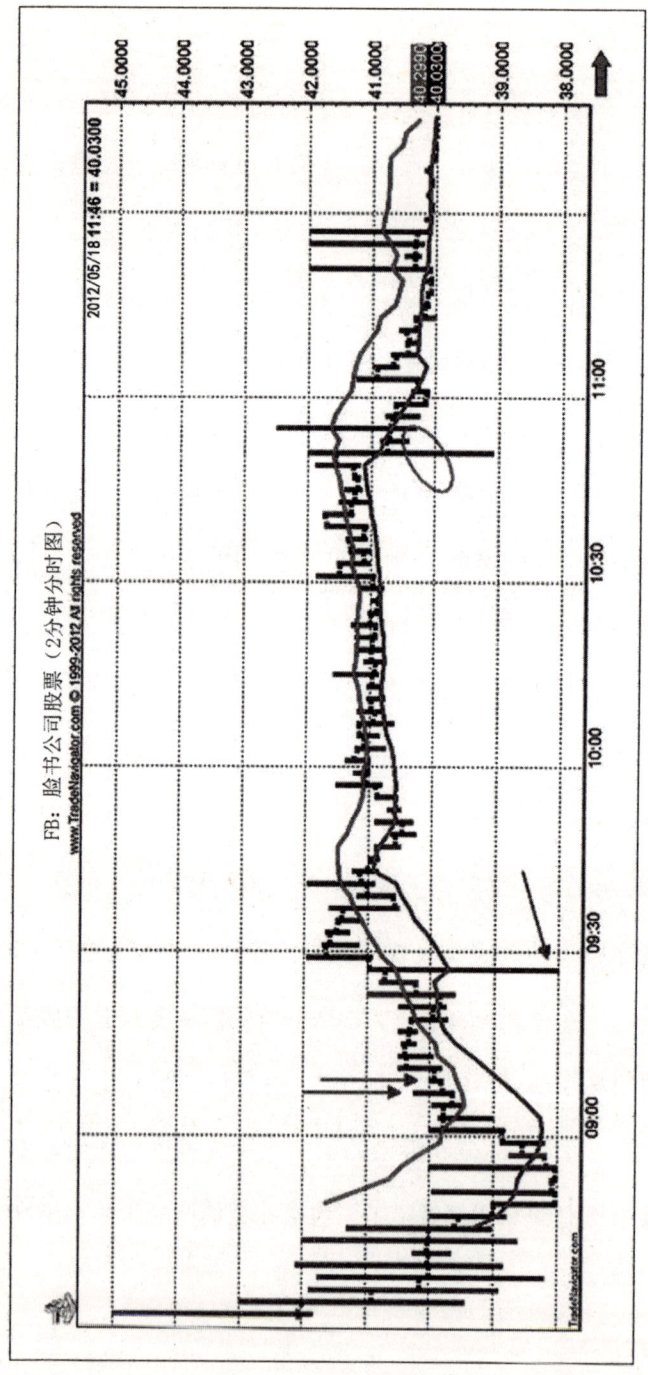

图19-2 脸书股价的2分钟移动平均线

第 19 章 案例分析：脸书

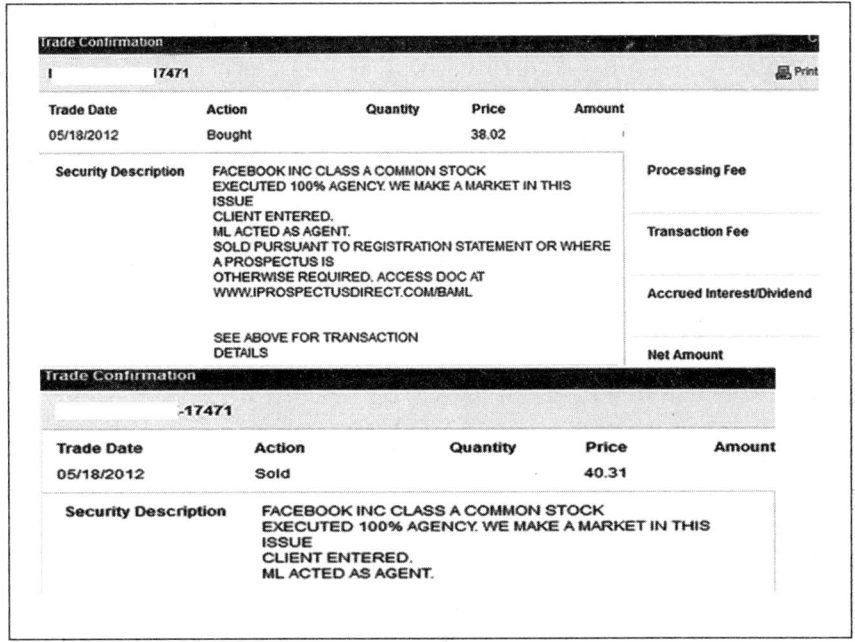

图 19-3 脸书股票交易确认单

脸书：他们从爱到恨的股票

当脸书股票几乎每天持续在下跌时，分析师、预言家、博客主和其他自封的专家都开始无情地抨击这只股票，甚至一些分析师预计说公司会因此破产。他们抱怨一切，从股票的图表走势，到无法将脸书移动应用程序成功变现，甚至有人说到内部人士内幕操纵 IPO 以尽可能地套现。

在关注这些"批评人士"的同时，我知道，总有一天，脸书股票会变得非常不受欢迎，以至于被讨厌，然后被忽略，但我认为这是最好的反转点。这是另一个我利用负面消息交易的例子，也是我对脸书股票的第二次交易。因为大众的情绪现在非常负面，而图表走势也非常消极，同时动量背离开始发展，我专注于将脸书股票作为一个潜在股价回升和看多交易的候选人。我知道，一旦股价触底，将很有可能随后的反弹不仅仅是"昙花一现"。因此，我决定在下一个动量背离触发时购买脸书股票，如果可能的话，我会持有它一段时间，而不只是进行一天的日内交易。不过，在这期间，我仍希望能有几个多方的日内交易。为什么呢？答案很简单：投资情绪如此消极，卖空者如此之多，负面新闻几乎隔一小时就接踵而至，但股票不再继续其急剧下降的趋势。因我对市场情绪的了解，不管是正面还是负面的情绪，我看到的是和IPO首日股价下降市场呈现出完全相反的情况。

请看图表

图19-4显示了"脸书"的日常图表，以及我的动量28指标。我观察到，随着价格持续走低，动量指标开始回升。我用箭头标出了这两点。我还观察到，日常的价格范围（矩形标出的区域）开始缩小，这表明买家和卖家逐渐达到平衡，很可能一个低点产生了。

图19-5显示了通过动量散度做设置和触发器，触发我购买股票和在几天之后平仓并盈利。这不是日内交易，但是在这一低点上有很多的情况下，盘中指标均出现看涨，可以发现不少潜在的日内交易机会。

第 19 章 案例分析：脸书

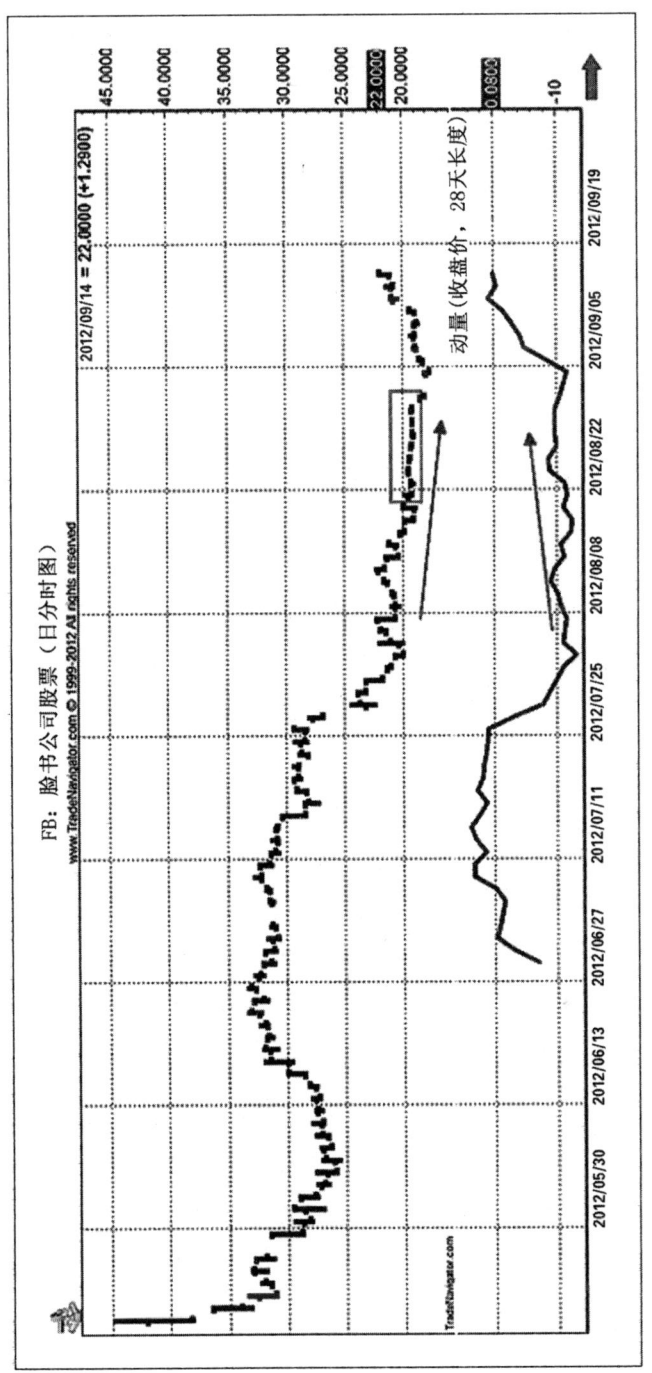

图19-4 脸书每日图显示了价格下跌但动量上涨的情况，预示着一个低点将会出现

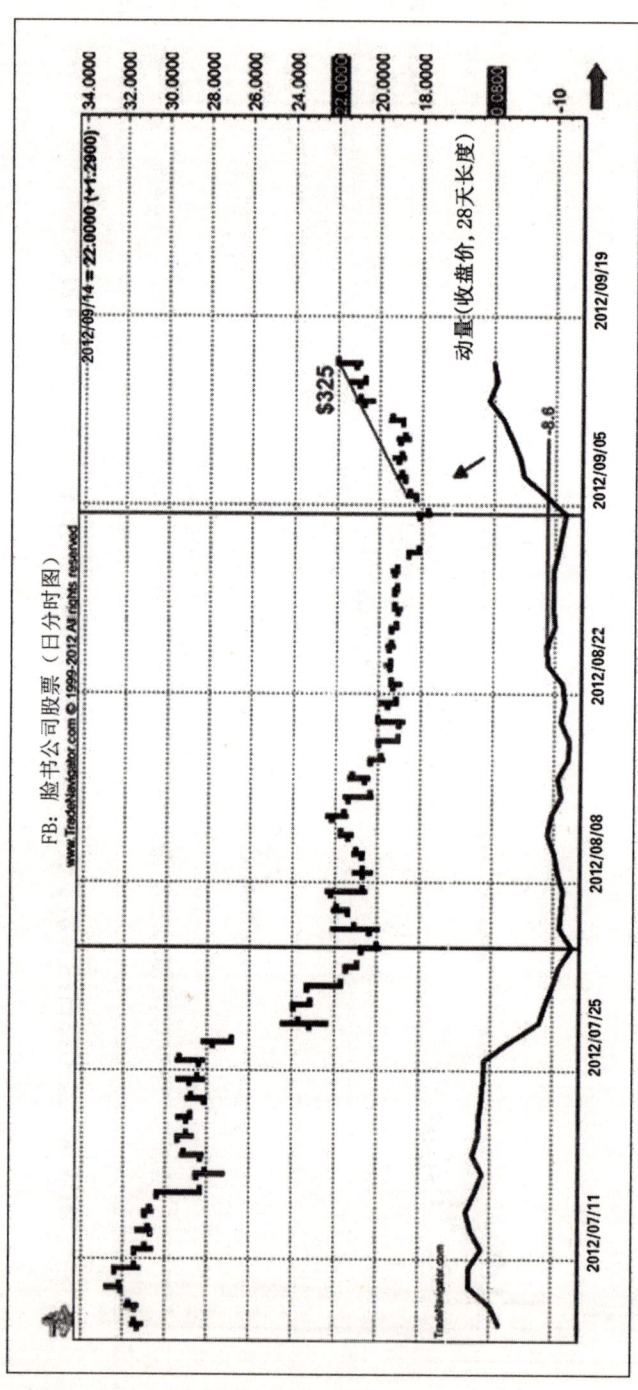

图19-5 脸书每日图显示了触发和后续跟随之后的动量背离

第19章 案例分析：脸书

我之所以介绍脸书股票交易，是出于以下几点原因：

1. 我们可以用多种方法，找到可供日内交易的股票或大宗商品。

2. 成为专家比成为通才要好得多，我的意思是，你不可能在各市场都交易，你可能会失去你的专注力，犯错并最终造成损失。

3. 如果你只在经预选的市场和有限的品种里做交易，你的业绩表现可能不错，但你可能会错失一些机会，尤其是在比较罕见的情况中，比如脸书的案例。

4. 有一个找日内交易候选标的的标准，就是找那些极端波动股票，不仅可以在盘中，短期内发生的也可以，关注新闻和消息，做一个逆势者——我有一些很成功的交易都来源于此。

5. 你可以组合使用我建议的各种方法，但请记住，我在这本书中所提出的方法是比较简单和易于实现的。在期货和外汇市场，你的选择是有限的，这是一件好事，但在股票市场，你的选择实际上是无限的，这反而是一件坏事。为了避免在无限中选择，你需要根据我所提供的建议，来缩小你的选择标准。我的建议绝不是缩小你的可能的选择唯一途径。一旦你成了有经验的日内交易者，你自然会倾向于某些特定类型的市场，这些市场能满足你的标准，无论从财务风险的角度还是心理学的角度。